资助项目：

1. 内蒙古自然科学基金项目"内蒙古社会组织参与公共服务供给的绩效评估及应用研究——以乡村振兴为例"（2021MS07021）

2. 内蒙古农业大学青年教师科研能力提升专项资助（BR220210）

西部地区社会组织发展评估研究

王 瑜 刘银喜 著

中国社会科学出版社

图书在版编目（CIP）数据

西部地区社会组织发展评估研究 / 王瑜，刘银喜著.
北京：中国社会科学出版社，2024.7. -- ISBN 978-7
-5227-3738-6

Ⅰ. C916.1

中国国家版本馆 CIP 数据核字第 202439QA63 号

出 版 人	赵剑英
责任编辑	张 浠
责任校对	姜志菊
责任印制	李寡寡

出　　版	中国社会科学出版社
社　　址	北京鼓楼西大街甲 158 号
邮　　编	100720
网　　址	http://www.csspw.cn
发 行 部	010-84083685
门 市 部	010-84029450
经　　销	新华书店及其他书店
印　　刷	北京君升印刷有限公司
装　　订	廊坊市广阳区广增装订厂
版　　次	2024 年 7 月第 1 版
印　　次	2024 年 7 月第 1 次印刷
开　　本	710×1000　1/16
印　　张	22.5
插　　页	2
字　　数	335 千字
定　　价	128.00 元

凡购买中国社会科学出版社图书，如有质量问题请与本社营销中心联系调换
电话：010-84083683
版权所有　侵权必究

目 录

上 篇

第一章 绪论 …………………………………………………… (3)
  第一节 选题的背景与意义 …………………………… (6)
  第二节 国内外研究综述 ……………………………… (10)
  第三节 研究方法 ……………………………………… (25)
  第四节 研究思路及研究内容 ………………………… (29)
  第五节 研究创新之处 ………………………………… (32)

第二章 基本概念及理论基础 ………………………………… (35)
  第一节 基本概念 ……………………………………… (35)
  第二节 理论基础 ……………………………………… (40)

第三章 西部地区社会组织发展概况 ………………………… (47)
  第一节 西部地区社会组织规模和发展情况 ………… (47)
  第二节 西部地区社会组织的特点 …………………… (56)
  第三节 西部地区社会组织的作用发挥 ……………… (63)
  第四节 现阶段西部地区社会组织发展遇到的问题 … (76)
  第五节 西部地区社会组织发展的机制保障 ………… (80)

中 篇

第四章 西部地区社会组织发展评估体系的构建原则与依据 ……（93）
  第一节 构建西部地区社会组织发展评估指标体系的意义 ……（93）
  第二节 指标体系构建的原则 ……（99）
  第三节 指标体系选取的理论依据 ……（102）

第五章 西部地区社会组织发展评估指标体系的构建 ……（116）
  第一节 西部地区社会组织发展评估指标体系设计思路 ……（116）
  第二节 西部地区社会组织发展评估指标体系的筛选 ……（130）
  第三节 西部地区社会组织各层次发展评估指标
       体系权重的确定 ……（139）

下 篇

第六章 西部地区社会组织发展评估指标体系的应用 ……（197）
  第一节 西部地区社会团体发展评估指标体系的应用 ……（201）
  第二节 西部地区民办非企业单位发展评估
       指标体系的应用 ……（226）
  第三节 西部地区基金会发展评估指标体系的应用 ……（240）
  小 结 ……（257）

第七章 西部地区社会组织发展评估的案例分析 ……（264）

附录1 西部地区社会组织发展评估指标体系筛选 ……（309）
附录2 西部地区社会组织发展评估指标体系权重打分
     调查问卷 ……（318）
附录3 西部地区社会组织发展等级评估问卷 ……（328）
参考文献 ……（343）
致 谢 ……（357）

上 篇

第一章　绪论

党的二十大报告和十九届历次全会都强调，新时代要加强和创新社会治理，完善社会治理体系，发挥社会组织在社会治理中的主体作用，建设人人有责、人人尽责、人人享有的社会治理共同体。在党和政府的大力推动下，社会组织已成为社会管理、公共服务的重要角色，对社会组织进行评估，能够更好地促进社会组织不断完善，为经济发展、社会和谐、文化保护提供最坚实的基础。构建社会组织评估指标体系、加强对社会组织进行评估，是明确社会组织职责、加强社会组织自治、激发社会组织活力的重要途径。

2021年12月民政部印发《全国性社会组织评估管理规定》，2022年5月中办、国办印发《关于改革社会组织管理制度　促进社会组织健康有序发展的意见》，旨在规范全国性社会组织评估工作，推动社会组织高质量发展。西部地区的地理位置、政治条件、经济社会状况等具有相当的独特性。一部分处于国家边境地带，涉及国家安全、社会治理的政治敏锐性强。由于远离国家政治经济文化中心，政府行为更为谨慎和保守，对相关政策的理解和执行往往会滞后于内陆发达地区；经济发展落后，产业结构比较传统单一，经济主体和市场要素发展不充分；文化传统鲜明，民族文化传统和民族心理特色鲜明。[①] 地区因素、制度环

[①] 朱燕：《借鉴与创新：边疆民族地区社会组织发展的路径——以广西P市M协会及其孵化机构为例》，《贵州民族研究》2020年第5期。

境、经济因素及社会民众需求等方面,对西部地区各类社会组织发展所具备的基础条件、内部治理水平、业务活动情况、社会评价及公信力都形成一定影响。党的十八大以来,习近平总书记在我国民族工作的重要会议中不断重申要"加强各民族交往交流交融",并在党的十九大报告中明确强调要"铸牢中华民族共同体意识,加强各民族交往交流交融,促进各民族像石榴籽一样紧紧抱在一起,共同团结奋斗,共同繁荣发展"。[①] 因此,规范社会组织评估工作,构建西部地区社会组织发展评估体系对于社会组织的生存发展而言,既是挑战也是机遇。从挑战的角度来看,要求政府提供充足的资源和支持,推动社会组织功能型转变,全面参与和承担社会公益等传统功能以及医养结合养老服务、就业创业等社会治理的新兴功能;持续强化社会组织专业化独立运作,创新社会组织企业化运营新模式。从机遇的角度来看,社会组织可以因地创新,嵌入到民族交往交流交融环境中,在民族、文化、经济、社会发展各个领域开拓创新,承接地域特色的公共产品和公共服务的供给职责,在供给产品与服务的过程中,实现西部地区政府及公众群体自身独特的信仰、价值、行为在相互交往交流中得到充分的尊重、理解和保护,更会在相互的借鉴与欣赏中实现自觉自信和共同发展。[②] 为此,本书以铸牢中华民族共同体意识为主线,以民族互嵌式发展为理念,探寻围绕"地区因素、组织特性"的社会组织发展评估要素,遵循全国性社会组织评估体系,以"共同性、差异性、融合性"作为构建评估指标体系的立足点,遵循"投入—产出均衡、可操作性、公平公正、合理性、科学性"原则,构建西部地区社会组织发展评估体系,旨在规范西部地区社会组织工作方式,增强组织公共服务能力、健全组织工作绩效机制、提升服务社会认同感,推进西部地区社会组织高质量发展。

---

① 习近平:《决胜全面建成小康社会 夺取新时代中国特色社会主义伟大胜利——在中国共产党第十九次全国代表大会上的报告》,人民出版社2017年版,第40页。
② 王瑜、马小婷:《论加强各民族交往交流交融的内涵辨析、理论释析与教育路径探析》,《广西民族研究》2020年第5期。

本书依据权威发布将中国西部地区划定为重庆、四川、贵州、云南、广西、陕西、甘肃、青海、宁夏、西藏、新疆、内蒙古十二个省、直辖市、自治区。在充分调研西部地区社会组织发展情况的基础上，运用相关科学方法，对西部地区社会组织发展情况进行整体性评估，主要评估对象包括社会团体、民办非企业单位及基金会三类社会组织。

本书分为三部分。上篇包括导论、基本概念及理论基础、西部地区社会组织发展概况三章内容。依托现代组织理论、系统理论、嵌入式理论及第三方管理理论等学术研究，以全国性社会组织评估程序、做法为经验，结合地区因素和组织特性，对西部地区社会组织发展情况、运行特点、发挥作用、面临挑战及制度保障进行概括性梳理，为西部地区社会组织未来发展提供宝贵经验。

中篇包括西部地区社会组织发展评估指标体系的构建原则与理论依据及评估指标体系的实践应用三章内容。以推动新时代西部地区社会组织高质量发展为己任，参考国家政策标准、行业标准对西部地区社会组织评估指标选取的理论依据进行归纳梳理，以"共同性、差异性、融合性"为构建评估指标体系的立足点，在提炼共同性发展指标的基础上，深入分析西部地区社会组织发展与服务的差异性，纾解由地区经济、社会、文化的特殊性引发的社会组织区域分割化、组织差别化、服务不均衡等现实困境。利用模糊综合评估法在广泛调研的基础上，对西部地区社会组织发展情况进行评估，发现西部地区社会组织发展过程中困境与挑战，为后续西部地区社会组织高质量发展提出精准性对策建议。

下篇也称应用篇。包括西部地区社会组织发展评估指标体系的应用及案例分析，针对在调研过程中发现的优秀社会组织案例，利用西部地区社会组织发展评估体系，对经典案例进行深入分析，阐述西部地区社会组织的发展过程及实践成效，探索成功地区的经验如何可靠地外推到其他西部地区，本书具有重要的政策意义与实践价值。

第一节 选题的背景与意义

一 选题背景

当前随着我国现代化进程的不断加快,社会组织作为社会管理中的重要组成部分正在发挥着不可替代的作用。社会组织作为第三部门,其发展一定程度上促进了社会治理的创新,并且社会组织在承接政府职能方面,发挥着重要的作用。社会组织参与社会治理与公共服务在现代化进程中已经成为一种"新常态"。

2007年,党的十六届六中全会和党的十七大把社会组织纳入了社会建设与管理、构建和谐社会的工作大局,我国开始正式启用"社会组织"代替"民间组织"。对传统的提法进行改造,更加明确了社会组织的非营利性、非政府性、独立性、志愿性、公益性等基本特征。同时,对社会组织的分类做出明确的规定,分为:社会团体、基金会、民办非企业单位三类,奠定了社会组织承接政府职能、加强社会管理的重要作用。2017年,民政部印发《关于大力培育社区社会组织的意见》,规范后的社会组织在数量上不断增长,在社会生活中提供普惠型及功能型服务更加明显,推动社会治理方式创新的同时拓展了社会包容力,促进多元化基层社会治理格局的形成。在深化改革的背景下,构建社会组织评估指标体系对社会组织的发展意义重大,不仅能够更好的完善社会组织,为政府与社会组织合作打下基础,更能够提升组织自身能力推进社会公益事业发展。自2011年《民政部关于探索建立社会组织第三方评估机制的指导意见》和《社会组织评估管理实施办法》颁布至今,我国社会组织评估工作已满11年,评估的科学性、规范性、权威性和覆盖率逐年提升。近年来,各种社会组织在西部地区文化、教育、卫生、环保、农村农业等多个领域发挥着积极的作用,在民族文化保护与传承方面,民族非遗组织、民俗俱乐部、学术性社会团体的功能优势尤为明显。内蒙古民政厅 2017 年将继续贯彻落实《慈善法》和自治区党委、自治区人民政府《关于改革社会组织管理制度促进社会组织健康有序发展的实施意见》，研究制定相关配套政策，抓好社会组织法人信息资源库和社会组织信息管理系统建设，规范开展政府购买社会组织服务工作，协调相关部门增加政府购买服务项目，推动自治区社会组织创新创业示范园启动开园和鄂尔多斯市、包头市昆都仑区全国社会组织创新建设示范区创建工作，持续推进社会组织党建工作"两个覆盖"，推动党组织负责人、党建联络员进入社会组织负责人层面。① 云南省民政厅 2021 年在深入贯彻《民政部关于大力培育发展社区社会组织的意见》基础上，印发《培育发展社区社会组织专项行动方案（2021—2023 年）》，通过项目计划和系列活动，意在从社区社会组织培育发展、能力提升、作用发挥及规范管理等方面，充分发挥社区社会组织在创新基层社会治理中的积极作用。② 西藏社会组织发展建设中，每万人社会组织拥有量为 1.99 个。③ 其中社会团体作为西藏社会组织主要成分占全区社会组织总数的 90% 以上，社会团体中涉及各行领域，其中社会服务类和农业及农村发展类占到社会团体总数的 45% 左右。④ 从 2016 年至今《全国性社会组织援藏援疆工作》一直在行动，由启动年的 16 家全国性社会组织为西藏实施 1.62 亿元的民政领域对口援藏项目，⑤ 到 2021 年 6 月，民政部社会组织管理局要求依据西藏人民需求形成"社会组织援藏援疆项目需求清单"，依托中国社会组织政务服务平台相关栏目分批次推送，促进了受援地区困难群

---

① 内蒙古自治区人民政府：《自治区民政厅 2017 年工作计划》，2017 年 2 月 21 日，http：//www.nmg.gov.cn/fabu/ghjh1/gzjh/201702/t20170209_597616.html，2020 年 3 月 16 日。
② 云南省民政厅：《培育发展社区社会组织专项行动实施方案（2021—2023 年）》，2020 年 12 月 07 日，http：//ynmz.yn.gov.cn/preview/ynmzt/index.jhtmlhttp://ynmz.yn.gov.cn/preview/ynmzt/index.jhtml，2021 年 8 月 9 日。
③ 中国社会组织年鉴编委会编：《中国社会组织年鉴》，中国社会出版社 2015 年版，第 509 页。
④ 嘎索荣珠：《西藏社会组织的发展现状、困境及路径探析》，《现代交际》2017 年第 2 期。
⑤ 中华人民共和国中央人民政府：《全国性社会组织援助西藏年活动启动》，2016 年 7 月 23 日，http：//www.gov.cn/xinwen/2016-07/23/content_5094048.htm，2021 年 5 月 2 日。

众的解困脱困,提升了受援地区社会组织服务群众的能力水平,锤炼了援受双方的深厚情谊,取得了显著成效。① 由此可见,社会组织在西部地区社会生活中的角色越来越重要,对其规范化的要求也越来越明显,构建西部地区社会组织评估指标体系,对社会组织的发展、角色定位具有重大的意义。

二 研究意义

西部地区社会组织发展评估兼管理与服务两项内容,评估是监管的基础和前提,做好社会组织发展评估工作,引导其从地区实际出发找准组织发展立足点和功能定位,弥补西部地区社会治理低效、提升西部地区乡村振兴、社会治理、文化融合、科技创新等方面,发挥重要作用。

1. 理论意义

第一,构建西部地区社会组织评估指标体系,可丰富民族地区社会组织基础理论研究。受经济、社会、文化和教育等因素影响,西部地区拥有着较多具有民族特色的社会组织,这类社会组织在传承和弘扬民族文化、促进文化交流等方面发挥着重要作用。但目前对于西部地区社会组织的相关研究较少,且大多集中于基础理论研究,无法满足社会组织评估和高发展需要。因此,构建西部地区社会组织评估指标体系,有助于丰富社会组织评估理论体系以及完善社会组织评估指标。

第二,依托现代组织理论、市场失灵/政府失灵理论,从质量、结构、规模、资金流动、公益性、绩效、回应性等高质量发展角度,考量西部地区社会组织发展评估体系的规范性和科学性,由表及里、由浅入深,细致分析评估指标建构层次,能提高社会组织理论研究的科

---

① 董凡:《心系雪域高原 爱驻大美边疆——民政部社管局发布通知,要求进一步做好全国性社会组织援藏援疆工作》,《慈善公益报》2021年6月30日。

学性，实现理论对实践的指导。

第三，注重案例分析与比较，分类考察，验证评估体系在西部地区社会组织发展中的合理性，引导政府不断通过制度创新、模式创新、行动支持及资源扶持，并回应西部地区社会组织高质量发展需要，使得研究结论更具有现实性、针对性和应用性。

2. 现实意义

其一，构建西部地区社会组织评估指标体系是研究西部地区社会组织现阶段发展情况的基础。目前，由于相应的指标体系的构建较少，大多集中于官方对于社会组织的年终考核、等级评估，评估标准、评估内容统一、评估结果运用范围有待进一步考量，并与西部地区社会组织发展特征仍存在一定差距。一些第三方的社会组织评估指标过于宏观，评估的指标也并未体现地域特色与民族特色。本书以"共同性、差异性、融合性"作为构建评估指标的立足点，结合地区因素、组织特性从西部地区社会组织实际出发，注重行业特色、民族特色和区域特色，针对社会团体、民办非企业单位、基金会三类组织采取分类评估方案，突显其在促进乡村振兴、绿色发展、公益服务、社会救助、文化互动中的功能型特性，有利于推动西部地区社会组织等级评定工作规范化开展，纾解社会组织发展区域化差距，为建立和完善社会组织评估标准化体系提供宝贵经验。

其二，社会组织俨然已成为社会管理、公共服务的重要角色，对社会组织进行评估，能够更好地促进社会组织不断完善，优化组织基础条件、提升组织内部治理水平、健全组织社会评价机制及重塑组织公信力。如果缺乏对社会组织的评估、对社会组织发展不加以监督监管，社会组织自身定位模糊，社会组织服务的对象也无法明确社会组织服务的内容，还会造成"监管盲区"，导致社会组织发展丧失活力并加剧区域间社会组织发展差距。以铸牢中华民族共同体意识为主线，通过构建西部地区社会组织发展评估体系，实现西部地区社会组织在服务、资源、文化、信息、人力等方面的传递与交换，推动和提升民族社会治理能力。

第二节 国内外研究综述

一 已有研究概况

目前，在社会组织建设取得显著成效，积极作用日益凸显的背景之下，学术界针对社会组织进行了大量的理论和实证研究。依托中国知网数据库，以"社会组织"为题目（篇名）进行检索，可以发现：关于社会组织的相关学术期刊，在1915—2003年为起始阶段，总体文献数量较少，大体呈逐年增加的趋势，该阶段相关研究主要集中在社会组织形式、社会组织结构等基础问题方面，部分研究将视野集中在民族地区，为后续研究提供了方向上的指引。2004—2017年为高速发展阶段，呈现出较快的增长趋势，该阶段研究主题主要集中在社会组织发展、社区社会组织、社会组织党建工作等方面。在这一阶段，"社会组织"相关的研究主题引发了学界思考，研究成果如雨后春笋般涌现出来，拓展和丰富了其理论研究的深度及范畴。其中，相关研究与社会管理有着很强的关联性，主要探讨社会组织在社会管理中的价值意蕴、理论逻辑、途径分析等内容。2018年至今，文献数量总体虽呈下降趋势，但总的数量维持在一个较高水平，各年度发表数量均超过700篇。该阶段研究主要集中于社会组织的党建工作、功能定位、发展路径等基础问题，其中，学者们更加关注社会组织参与社会治理的必要性、可行性、现实困境与对策等，为社会组织的良好发展提供了宝贵的理论基础资源。

检索结果中，从国家项目资助情况看，共有3133篇文献受到资金资助，其中，971篇文献受到国家社会科学基金资助，87篇文献受到国家自然科学基金资助，其他2000余篇文献受到其他基金资助，可以说明社会组织的研究受到了国家的高度重视。此外，下载量较高的文献中，基金资助项目主题包括：新时期加强社会组织建设研究、地方政府社会管理与社会自治的互动机制研究、当代中国转型理论与实践的国际比较研究、现代社会组织体制研究：以北京市海淀区为例、我国城市社区建设的方向与重点研究：基于治理的视角、非政府组织在构建和谐社会中的作用研究等，可以发现项目主要围绕社会组织建设、社会组织体制、社会自治、社会治理、社区治理等主题展开。

硕博论文方面，通过检索发现：以"社会组织"为题目（题名）的优秀硕博论文主要集中于2008年至今，尤其在2008—2017这一阶段呈现显著增长趋势，其相关主题主要为社区社会组织、社会组织发展、社区治理、社会治理等方面。并且，许多研究已将视野集中于民族地区，通过大量实证研究，具体分析了民族地区社会组织的发展环境、发展现状、现存问题及优化路径等，为社会组织的高质量发展提供了有效参考。

二 国外研究现状

国外对社会组织有不同的称谓，如非营利组织、非政府部门、第三部门、公益组织、志愿组织、公民社会组织等，其在理念、性质、地位等方面与我国社会组织具有互通性，基本上等同于我国的社会组织。并且，关于上述组织的相关研究较早，研究角度多样，研究成果充裕。基于此，本文针对上述组织的发展以及评估等研究内容，对国外相关研究进行综述。

在社会组织发展方面，Julie Fisher 论述了政府、公民社会和非政府组织之间的互动关系，以及非政府组织在公民社会中的重要地位和作用，并就促进非政府组织健康发展的路径展开了讨论。[①] Lan Smile 等学者从策略规划、组织架构、领导模式等方面出发，并结合非政府组织发展的内外部环境，指出非政府组织的发展方向。[②] Lisa Jordan 等

---

① ［美］朱莉·费希尔：《NGO 与第三世界的政治发展》，邓国胜、赵秀梅等译，社会科学文献出版社 2002 年版，第 45 页。

② ［加］伊恩·斯迈利、［英］约翰·黑利：《NGO 领导、策略与管理：理论与操作》，陈玉华译，社会科学文献出版社 2005 年版，第 38 页。

学者（2008）从对非政府组织问责这一视角出发，对非政府组织的权力与责任、问责的主体、问责的方式等内容展开论述，旨在提高非政府组织的社会公信力，引导其向着积极健康的方向发展。① 此外，部分学者认为社会组织的发展趋于市场化，并对此展开专门化的研究。Jennifer Alexander（1999）指出，非营利组织的发展面临着来自政府和资助者的压力，要求其在结构和实践方面效仿私营部门，呈现市场化趋势。② Hokyu Hwang 等学者（2009）主张非营利组织的商业化可以提高组织的运作效率和专业能力，从而有利于非营利部门的生存与发展。③ Yu Jianxing 等学者（2018）认为非营利组织的市场化可以减少其对政府的依赖，使其获得更灵活的生存空间，从而促进非营利组织的积极发展。④

在社会组织发展评估方面，20 世纪 60 年代，英国的效率小组提出"经济、效率、效益"规范化的三指标体系，即 3E 考核法，并逐渐运用到非营利组织运作效果和效率的评估中，其后又根据现实需要，增加了"公平"这一指标，从而对组织形成更加客观、科学的评估，促进非营利组织的高质量发展。⑤ 20 世纪 90 年代，Robert Kaplan 和 David Norton 提出平衡计分卡的绩效评价系统框架，并在社会组织评估中得到广泛应用，该体系从财务层面、流程层面、客户层面以及学习与成长能力层面对社会组织的绩效进行全面、系统以及较为客观的评估，并且该指标体系兼顾了组织发展的短期目标和长远战略，

---

① ［美］丽莎·乔丹、［荷兰］彼得·范·图埃尔主编：《非政府组织问责：政治、原则与创新》，康晓光等译，中国人民大学出版社 2008 年版，第 76 页。
② Jennifer Alexander, "Implications of Welfare Reform：Do Nonprofit Survival Strategies Threaten Civil Society？", *Nonprofit and Voluntary Sector Quarterly*, Vol. 28, No. 4, 1999.
③ Hokyu Hwang and Walter W. Powell, "The Rationalization of Charity：The Influences of Professionalism in the Nonprofit Sector", *Administrative Science Quarterly*, Vol. 54, No. 2, 2009.
④ Yu Jianxing and Chen Kejian, "Does Nonprofit Marketization Facilitate or Inhibit the Development of Civil Society? A Comparative Study of China and the USA", *International Journal of Voluntary and Nonprofit Organizations*, Vol. 29, No. 5, 2018.
⑤ 潘薇等：《非营利标准化组织评估的研究与思考》，《中国质量与标准导报》2017 年第 5 期。

从而有助于改善社会组织的内部运作机制，进一步提高社会组织的可持续发展能力。① Michael Edwards（1996）提出应该加强绩效衡量和问责制之间的联系。② Emily Barman（2007）认为由于非营利组织自身的特殊性以及面临社会环境的变化，因此对评估模式提出了新的要求，需要从能力、任务、过程、社会影响等方面进行全方位的衡量。③此外，Peter F. Drucker（2018）主张对非营利组织的评估不应当只限于关注当前绩效，还应着眼于创新能力、服务质量、运作效率等多个维度，从而实现对非营利组织的全面评估，有利于非营利组织自身的发展。④

在社会组织发展评估方法方面，大多是从不同理论视角、不同发展角度给予社会组织发展的指导性评估。例如，依托 SCC 理论、社会网络理论、一般系统理论及资源依赖视角等不同理论视角支撑；有些学者基于社会组织发展过程、服务结果、专业服务绩效、服务满意度评价等方面，构建评估指标体系，例如，社会组织参与公共服务绩效评价的指标体系建构⑤、社会组织参与社会治理的绩效评估：理论框架和评估模型⑥；还有一些学者从方法的角度构建评估模型，实现对社会组织发展过程的定量评估。这些指导社会组织评估指标体系建立的方法，主要可以总结为以下 7 种如表 1-1，以便为本书的撰写提供理论与方法支撑。

---

① ［美］罗伯特·卡普兰等：《平衡计分卡：化战略为行动》，刘俊勇、孙威译，广东经济出版社 2004 年版，第 65 页。
② Michael Edwards, "Too close for comfort? the impact of official aid on nongovernmental organizations", *World Development*, Vol. 24, No. 6, 1996.
③ Emily Barman, "What is the Bottom Line for Nonprofit Organizations? A History of Measurement in the British Voluntary Sector", *Voluntas*: *International Journal of Voluntary and Nonprofit Organizations*, Vol. 18, No. 2, 2007.
④ ［美］彼得·德鲁克：《非营利组织的管理》，吴振阳译，机械工业出版社 2018 年版，第 15 页。
⑤ 陈振明等：《公共服务绩效评价的指标体系建构与应用分析——基于厦门市的实证研究》，《理论探讨》2009 年第 5 期。
⑥ 孙莉莉、钟杨：《社会组织参与社会治理的绩效评估：理论框架和评估模型》，《宁夏社会科学》2018 年第 5 期。

表1-1 社会组织评估的指标体系统计[1]

评估模式	评估维度	具体指标
SCC 评估理论[2]	结构	合法性 正规性 组织机构 工作专门化 集权与分权 党组织建设
	技艺	人力资源管理 管理者领导能力 行业服务 业务活动 项目服务 突发事件处理
	文化	价值观 会员认同 社会影响 公信度 文化发展支持
中国社会组织评估发展报告[3]	行业协会	基础条件 内部治理 工作绩效 社会评估
	民办非企业单位	基础条件 内部治理 业务活动与诚信建设 社会评估
	基金会	基础条件 内部治理 工作绩效 社会评估
APC 评估模式[4]	问责	治理结构 信息披露 财务透明 组织总值
	绩效	适当性 效率 效果 顾客满意度 社会影响 持续性
	组织能力	组织活动 实现组织宗旨
3E 评估模式[5]	经济	资金运作 财务与资产管理
	效率	组织机构 人力资源管理 计划管理 提供服务情况 信息披露情况
	效果	社会评价 工作绩效
平衡记分卡[6]	财务	财务状况 资金来源 资金分配
	顾客	组织目标 服务范围
	组织内部执行	组织结构 质量管理 供应链管理 服务管理 流程管理
	学习成长	组织内部人员专业素质 组织培训考核机制
3D 评估模式[7]	诊断	管理问题 需求与利益
	设计	结构与战略
	发展	管理变革或创新

---

[1] 杨洋:《内蒙古社会组织发展评价指标体系的构建及应用》,硕士学位论文,内蒙古大学,2018年,第30页。

[2] 王守文:《"SCC"理论:中国社会组织评估机制研究》,硕士学位论文,华中科技大学,2013年,第15页。

[3] 邓国胜:《非营利组织"APC"评估理论》,《中国行政管理》2004年第10期。

[4] 徐家良主编:《中国社会组织评估发展报告(2016)》,社会科学文献出版社2016年版,第12页。

[5] P. B. Checkland, "Towards a system-based methodology for real world problem solving", *Journal of System Engineering*, 1972.

[6] R. S. Kaplan and D. P. Norton, "The balance scorecard: measures that drive performance", *Harvard Business Review*, 1992.

[7] John Mayne and Eduardo Zapico-Goni, "Monitoring Performance in the Public Sector", *Transaction Publishers*, 1997.

续表

评估模式	评估维度	具体指标
顾客满意度模式①	顾客需求	物质需求　精神需求　社会需求
	知识与技能	人力资源　技术认证　特色服务
	倾听不同意见	内部评价　外部评价
	值得信赖	信息公开与宣传
	尊重隐私	行业自律　会员管理
	投诉渠道畅通	反映诉求
等级评定法②	卓越	75—100　自主性强　组织能力优越　先进性　引领性
	优秀	50—74　治理结构　功能发挥　社会评价　发展失衡
	良好	25—49　治理结构　功能发挥　社会评价　总体不足
	需改进	0—24　僵尸组织　待退出组织

综合上述可以发现，社会组织评估指标体系的设计可以分为两大类：属性指标类与层级指标类。前者重点考察社会组织发展的各个方面，如财务资产、被服务对象需求、执行机构、服务绩效、组织公信力等。层级指标类指按照不同层级标准对社会组织形成分层评估，目标层、准则层、指标层。本书正是将属性指标类与层级指标类相结合，构建社会团体、基金会、民办非企业单位三大类社会组织发展评估指标体系。

三　国内研究现状

目前，国内学者针对社会组织发展评估展开了具有理论意义和实践价值的多维研究，研究成果也颇为丰富。从当前的文献来看，相关研究主要集中在以下三个方面。

围绕社会组织发展的相关研究。党的十六届六中全会首次明确提

---

① [美]西奥多·H. 波伊斯特：《公共与非营利组织绩效考评：方法与应用》，肖鸣政译，中国人民大学出版社2005年版。

② 吴东民、蓝西明：《非营利组织管理》，中国人民大学出版社2003年版。

出了"社会组织"的科学概念,并系统地阐述了其根本属性与相关思想,为社会组织的培育和发展指明了方向。目前,学术界对社会组织发展的研究聚焦于三个方面。一是社会组织发展的重要意义研究。文军(2012)认为社会组织发展是否良好是衡量社会发育是否成熟的重要标准之一,社会组织的高质量发展可以有效弥补政府和市场在公共服务和社会管理中的不足,并在维护社会的和谐与稳定方面发挥着重要作用,在促进我国社会管理的发展与创新方面具有重要意义。[①] 郁建兴等学者(2011)从社区社会组织这一主体出发,认为社区社会组织的积极发展可以有效促进社会管理的创新。[②] 廖鸿等(2011)[③]、高红等(2018)[④]、徐顽强等(2019)[⑤]、陈成文等(2020)[⑥] 等学者均对社会组织发展对于经济社会发展的积极意义展开了讨论。二是社会组织发展的制约因素研究。王名(2009)认为我国社会组织发展迅速,其在实践中的发展呈现不可逆转之势,在社会生活中的作用日益彰显。社会组织发展面临的机遇和挑战包括:改革的不断深入、持续稳定的经济增长、法律法规的不断完善、市场经济的逐渐成熟、全球化的不断深入、经济市场化和社会多元化、社会分层日益显著、互联网的不断发展与普及等,并就上述机遇和挑战,提出我国社会组织三条可能发展的道路,从理论层面诠释了社会组织的发展逻辑。[⑦] 葛道顺(2011)通过梳理我国社会组织发展现状及总体特点,认为合法化困

[①] 文军:《中国社会组织发展的角色困境及其出路》,《江苏行政学院学报》2012年第1期。

[②] 郁建兴、李慧凤:《社区社会组织发展与社会管理创新——基于宁波市海曙区的研究》,《中共浙江省委党校学报》2011年第5期。

[③] 廖鸿、石国亮:《中国社会组织发展管理及改革展望》,《四川师范大学学报》(社会科学版)2011年第5期。

[④] 高红、杨秀勇:《社会组织融入社区治理:理论、实践与路径》,《新视野》2018年第1期。

[⑤] 徐顽强、于周旭、徐新盛:《社会组织参与乡村文化振兴:价值、困境及对策》,《行政管理改革》2019年第1期。

[⑥] 陈成文、陈建平:《论社会组织参与市域社会治理的制度建设》,《湖湘论坛》2020年第1期。

[⑦] 王名:《走向公民社会——我国社会组织发展的历史及趋势》,《吉林大学社会科学学报》2009年第3期。

境和主体地位缺失制约了我国社会组织的发展。① 石国亮（2011）从文化、资源和制度的视角出发，认为公民文化的缺失、缺乏对社会组织文化的认同、资源供养上的匮乏、制度建构的不完善等因素，制约了我国社会组织功能和作用的充分发挥，限制了社会组织的持续发展。② 陈友华等学者（2020）指出，新冠疫情影响下，社会组织发展面临的现实困境包括：缺乏政策支持、自主生存能力不足、资源俘获有限性以及社会组织呈现过密化倾向。③ 同时，部分学者认为制度环境对社会组织的发展产生了重要影响，黄晓春（2015）指出社会组织在发展过程中面临不同层级政府的制度环境的影响。④ 王诗宗等学者（2013）指出我国社会组织的发展由于受到复杂的外部制度影响，呈现独立性与自主性复杂且多样组合的特征，并在总体上呈现"依附式自主"的特征，其未来发展的方向受到制度逻辑的影响。⑤ 陈成文等学者（2018）则通过总结美国、英国、日本三国在优化制度环境从而促进社会组织积极发展的政策经验，指出对我国社会组织朝着积极方向演变的启示与经验。⑥ 三是社会组织发展的方向与路径研究。王名等学者（2011）从社会组织管理体制角度出发，归纳总结了政府对于社会组织管理的三种战略，包括：发展型战略、规范性战略和控制型战略，上述三种战略相互作用，对我国社会组织的良好发展具有重要现实意义。⑦ 何欣峰（2014）从基层社会治理角度出发，以社区社会组织为研究主体展开讨论，认为社区社会组织应采取进行合理定位、

---

① 葛道顺：《中国社会组织发展：从社会主体到国家意识——公民社会组织发展及其对意识形态构建的影响》，《江苏社会科学》2011年第3期。
② 石国亮：《中国社会组织成长困境分析及启示——基于文化、资源与制度的视角》，《社会科学研究》2011年第5期。
③ 陈友华、詹国辉：《中国社会组织发展：现状、问题与抉择》，《新视野》2020年第5期。
④ 黄晓春：《当代中国社会组织的制度环境与发展》，《中国社会科学》2015年第9期。
⑤ 王诗宗、宋程成：《独立抑或自主：中国社会组织特征问题重思》，《中国社会科学》2013年第5期。
⑥ 陈成文、黄开腾：《制度环境与社会组织发展：国外经验及其政策借鉴意义》，《探索》2018年第1期。
⑦ 王名、孙伟林：《社会组织管理体制：内在逻辑与发展趋势》，《中国行政管理》2011年第7期。

有效整合资源、重塑价值体系等措施,促进其自身的健康发展,从而在参与社区治理、提供公共服务等方面发挥更加积极的作用。[①] 马立等(2017)[②]、石国亮等(2019)[③]、孟晓玲等(2021)[④]、邱玉婷(2021)[⑤]均在宏观层面对社会组织实现高质量发展的路径展开了讨论。管兵(2015)则从政府购买服务这一微观角度出发,认为政府购买服务体现了政府对社会组织发展的支持,并结合案例分析,论述了政府购买公共服务对社会组织发展的具体影响以及社会组织发展的新机遇。[⑥]然而,黄晓春等学者(2014)认为社会组织的发展具有很强的内生不稳定性,既可能促进国家与社会形成良性相倚的格局,也有可能阻碍中国社会多元治理结构的建设,故应立足长远,不仅应从管理制度、财政支持等方面的优化改善促进社会组织的良性发展,还应从社会组织与公共性、社会多元诉求联系等角度出发,对社会组织良性发展的路径进行更加深入的探讨。[⑦]

围绕社会组织发展评估的相关研究。曹天禄(2015)认为对社会组织进行科学有效的评估是政府衡量其发展状况的重要途径之一,同时也可以促进社会组织自身的良好发展。[⑧] 徐双敏等学者(2016)指出完善社会组织评估对于社会组织发展具有重大意义,具体表现在促

[①] 何欣峰:《社区社会组织有效参与基层社会治理的途径分析》,《中国行政管理》2014年第12期。

[②] 马立、曹锦清:《社会组织参与社会治理:自治困境与优化路径——来自上海的城市社区治理经验》,《哈尔滨工业大学学报》(社会科学版)2017年第2期。

[③] 石国亮、廖鸿:《推动新时代社会组织高质量发展的战略思考》,《理论与改革》2019年第1期。

[④] 孟晓玲、冯燕梅:《我国社会组织参与社区治理的模式、困境与路径》,《西安财经大学学报》2021年第3期。

[⑤] 邱玉婷:《市域社会治理现代化格局中社会组织协同治理的效能提升》,《理论导刊》2021年第8期。

[⑥] 管兵:《竞争性与反向嵌入性:政府购买服务与社会组织发展》,《公共管理学报》2015年第3期。

[⑦] 黄晓春、嵇欣:《非协同治理与策略性应对——社会组织自主性研究的一个理论框架》,《社会学研究》2014年第6期。

[⑧] 曹天禄:《社会组织评估:困境与突破——以深圳社会组织评估为例》,《湖湘论坛》2015年第6期。

进组织完善自律机制、提高组织发展意识、优化社会组织的生态环境等方面。① 陈思等学者（2017）认为加强社会组织评估一方面可以促使社会组织不断自我完善，不断加强自身建设，另一方面可以提高社会组织的公共产出质量，提高其社会认可度和群众满意度。② 同时，曹天禄（2014）指出我国社会组织评估方面存在评估主体短缺、评估信息缺失、评估机制不健全、评估结论失真、缺乏法律保障等问题，限制了评估积极作用的发挥，影响了社会组织的健康发展。③ 由此可见，关于社会组织评估的相关研究对于社会组织高质量发展具有重要的理论意义和现实价值。国内学者针对评估的相关内容展开多角度、多层次的研究，提出许多具有建设性的观点和建议。自 2013 年起，徐家良等学者定期发布《中国社会组织评估发展报告》，以《中国社会组织评估发展报告（2019）》④ 为例，该报告论述了我国社会组织评估的评估范围、评估标准、评估制度、评估指标等多方面内容，并对我国社会组织评估现状进行总结和分析，为我国社会组织评估体系的构建提供了重要借鉴。部分学者针对评估的体制机制方面展开了研究，孙录宝（2014）指出社会组织评估工作顺利开展的前提是具备完善的社会组织评估机制，不断完善和创新评估机制，形成组织健全、程序完备、运转高效的社会组织评估机制，从而保证评估工作的有序性和科学性。⑤ 李晓南（2015）主张我国应不断完善社会组织评估制度，提出完善指标体系、评估工作常态化、强化评估宣传、规范评估流程等措施建议。⑥ 陈建

---

① 徐双敏、崔丹丹：《民办非企业类社会组织评估现状及其完善研究——以浙江 N 市"阳光驿站"评估为例》，《晋阳学刊》2016 年第 2 期。
② 陈思、凌新：《社会治理精细化背景下社会组织效能提升研究》，《理论月刊》2017 年第 1 期。
③ 曹天禄：《评估困境：当前社会组织评估面临的软肋——以广东深圳为例》，《深圳职业技术学院学报》2014 年第 6 期。
④ 徐家良主编：《中国社会组织评估发展报告（2019）》，社会科学文献出版社 2020 年版，第 22 页。
⑤ 孙录宝：《社会组织评估机制创新初探》，《学会》2014 年第 8 期。
⑥ 李晓南：《治理视角下社会组织发展路径选择——以辽宁省为例》，《人民论坛》2015 年第 21 期。

国等学者（2018）认为我国社会组织评估面临的最主要问题是制度结构层面的，评估制度结构较为脆弱和封闭，并从宏观层面提出制度结构转换的思路。[①] 孙莉莉等学者（2018）从对社会组织参与社会治理的绩效评估这一微观角度出发，认为对社会组织参与的绩效评估应从合法性和有效性两个角度入手，科学合理的评估可以有效衡量社会组织参与的真实能力和水平，体现我国社会组织的发展状况和功能价值。[②] 金碧华（2015）[③]、袁同成（2016）[④]、崔英楠等（2017）[⑤] 等学者则从对社会组织提供公共服务的评估这一微观角度出发，认为当前评估体制机制急需完善，并从指标体系、主体选择、实施程序等维度出发，就如何完善评估机制展开研究。构建科学合理的评估指标体系是评估环节中的重要一环，部分学者对此展开了专门化的研究，邓国胜（2004）总结分析了国外评估理论，并结合我国非营利组织的特点和发展现状，提出"APC"评估理论，该理论包括对非营利组织的问责、绩效和组织能力三个方面的评估，并认为该评估理论有助于提高非营利组织的效率、组织能力和社会公信度，推动非营利组织的健康发展。[⑥] 叶萍（2010）认为当前社会组织绩效评估存在弊端，制约了社会组织的健康发展，并从四类维度出发，探索性地提出社会组织绩效评估指标体系，从而有助于改进对社会组织的绩效评估，促进社会组织承担起公共责任并提高社会组织的社会公信度，推进社会组织的自我完善和良好发展。[⑦] 刘传铭（2013）指出社会组织评估的指标体系

[①] 陈建国、冯海群：《社会组织评估的制度结构和改革方向》，《云南大学学报》（社会科学版）2018年第3期。

[②] 孙莉莉、钟杨：《社会组织参与社会治理的绩效评估：理论框架和评估模型》，《宁夏社会科学》2018年第5期。

[③] 金碧华：《政府向社会组织购买公共服务的评估机制研究——基于上海、广州、东莞、宁波的考察分析》，《西安电子科技大学学报》（社会科学版）2015年第3期。

[④] 袁同成：《当前政府购买社会组织服务评估模式存在的问题及对策》，《社会科学辑刊》2016年第1期。

[⑤] 崔英楠、王柏荣：《政府购买社会组织服务绩效考核研究》，《北京联合大学学报》（人文社会科学版）2017年第4期。

[⑥] 邓国胜：《非营利组织"APC"评估理论》，《中国行政管理》2004年第10期。

[⑦] 叶萍：《社会组织绩效评估指标体系研究》，《广西社会科学》2010年第8期。

构建的设计应遵循明确性、时限性、可衡量性和可实现性四大原则，并根据我国社会组织的实际情况，从组织层面、内部管理、外部运作、财务运营四个维度出发设计科学合理的指标体系。① 刘惠苑等学者（2014）指出指标体系模型的构建应遵循科学性、独立性、合理性等原则，并基于对当前评估指标体系的分析，对其发展趋势进行了总结和归纳，认为评估指标体系的构建应重视信息化建设、规范化建设、评估的可持续发展以及在社会评价、社会责任方面的表达。② 曾本伟（2016）结合理论逻辑和现实要求，从多维度出发，提出社会组织评估"GPO"模式，构建了较为科学的指标体系，并论述了其理论框架、具体内容、实践验证及可行性，丰富了我国社会组织评估方面的理论成果。③ 此外，徐双敏等（2016）④、陶传进（2016）⑤、卢敏（2020）⑥、姜耀辉等（2020）⑦等学者从第三方评估这一形式入手，认为第三方评估社会组织具有其独特优势，是促进社会组织良好发展的重要手段，有助于激发社会组织发展的内生动力和活力。但是，郑佳斯等学者（2020）则认为，目前第三方评估机构由于自身存在自利动机和谋利行为，并且受到的客观约束不足，导致其在对社会组织的评估过程中存在指标确立模糊、专家选取较为局限、过程监督较为薄弱等现象，故应不断规范第三方评估机构的运作与发展，加强对第三方评估机构的监督和管理。⑧

---

① 刘传铭：《社会组织绩效评估指标体系构建研究》，《中国社会组织》2013年第4期。
② 刘惠苑、叶萍：《社会管理体制创新视角下社会组织评估指标体系研究——以广州市社会组织评估指标体系为例》，《学会》2014年第9期。
③ 曾本伟：《多维视阈下社会组织评估的"GPO"模式探讨》，《广东行政学院学报》2016年第3期。
④ 徐双敏、崔丹丹：《完善社会组织第三方评估工作机制研究——基于5市调查数据的分析》，《中南财经政法大学学报》2016年第6期。
⑤ 陶传进：《社会组织的第三方评估》，《中国社会组织》2016年第24期。
⑥ 卢敏：《社会组织第三方评估体系的结构解析与优化建议》，《学会》2020年第6期。
⑦ 姜耀辉、刘春湘：《社会组织制度环境：经验测量及其政策意义》，《湖南师范大学社会科学学报》2020年第3期。
⑧ 郑佳斯、卜熙：《失效的第三方：组织自利性下的社会组织评估》，《华南师范大学学报》（社会科学版）2020年第5期。

围绕民族地区社会组织的相关研究。我国民族地区由于受到自然地理、历史文化、宗教信仰等诸多因素影响，呈现出与其他地区不同的特征，部分学者将研究视角聚焦于上述地区，针对该地区的社会组织发展展开了一系列专门化的研究。在社会组织发展现状方面，党秀云等学者（2016）认为我国民族地区社会组织具有明显的民族与宗教色彩以及鲜明的民族区域特征，并且强调和重视民族规则与文化的认同。[①] 陈延斌（2020）以少数民族聚居的五大民族自治区以及云南、青海、贵州三个多民族省在内的八大省级单位为样本，与全国的社会组织发展水平进行横向对比，通过对比和分析得出：民族地区社会文化组织发展较为滞后，制约了民族地区文化经济发展；民族地区科教社会服务组织发展机制不合理；民族地区社会组织整体管理机制不健全。并且，就强化民族地区社会组织与区域经济和社会发展的适应度提出政策建议，以期促进社会组织朝着健康方向发展。[②] 陆春萍（2014）认为当前西北少数民族地区社会组织发展存在资金匮乏和人员短缺、社会认同度较低、内部管理机制不完善、独立性较弱等问题。[③] 同时，部分学者根据区域的不同和社会组织类别的不同，有针对性地进行探讨。王智慧（2014）[④]、马国芳（2015）[⑤]、鲁占萍（2020）[⑥]、杜淑芳（2021）[⑦]、嘎索荣珠（2017）[⑧]、杨丽（2010）[⑨] 等学者分别针对各区域发展现状，从不同角度出发，对云南、青海、内蒙古、西藏、新疆等少数民族分布地区的社会组织发

[①] 党秀云、谭伟：《民族地区社会组织参与基层社会治理的路径选择》，《新视野》2016年第1期。

[②] 陈延斌：《民族地区社会组织结构与区域经济发展适度性研究——基于民族八省区的样本分析》，《西南民族大学学报》（人文社会科学版）2020年第3期。

[③] 陆春萍：《西北少数民族地区社会组织发展的特点与治理》，《西北师大学报》（社会科学版）2014年第3期。

[④] 王智慧、李贞：《云南社会组织绩效评价实证研究》，《学术探索》2014年第11期。

[⑤] 马国芳：《社会治理进程中云南边疆民族地区社会组织活力研究》，《云南社会科学》2015年第6期。

[⑥] 鲁占萍：《青海互助村落治理中社会组织的作用研究》，《边疆经济与文化》2020年第2期。

[⑦] 杜淑芳：《基于多元共治视角的社会组织参与城市治理研究——以内蒙古自治区为例》，《社会科学动态》2021年第11期。

[⑧] 嘎索荣珠：《西藏社会组织的发展现状、困境及路径探析》，《现代交际》2017年第2期。

[⑨] 杨丽：《新疆社会组织发展现状及对策分析》，《实事求是》2010年第3期。

展展开了专门化的研究。刘慧敏等（2019）[①]、杨先情等（2021）[②] 分别针对少数民族地区的公益社会组织和环保社会组织在运作过程中面临的问题以及发展思路展开讨论。在社会组织的作用方面，吴开松等（2014）[③]、张显伟等（2017）[④]、杜承秀（2018）[⑤]、汤辉（2022）[⑥] 等学者均认为社会组织在促进西部地区乡村社会经济的高质量发展、助推民族地区实现乡村振兴、维护民族地区的团结与稳定等方面具有重要意义，可以有效促进民族地区实现社会稳定与繁荣的良性循环。在社会组织发展路径方面，朱燕（2020）结合边疆民族地区特殊的基本制度环境和具体技术环境，指出社会组织的发展应因地创新，在功能作用、组织形式和管理策略方面有针对性地采取不同的发展路径。[⑦] 杨愫（2021）主张采取优化社会组织登记注册制度、充分发挥政策引导和激励作用、落实人才激励保障政策等措施，促进西南民族地区社会组织的良好发展。[⑧] 此外，彭庆军（2015）[⑨]、张志泽等（2016）[⑩]、佟义东（2017）[⑪]

[①] 刘慧敏、朱冬香、商云龙、包冠东等：《少数民族地区公益社会组织的发展研究》，《贵州民族研究》2019 年第 3 期。

[②] 杨先情、邓国胜：《双向嵌入与公众倡导：社会组织参与民族地区社会治理的创新路径》，《贵州民族研究》2021 年第 6 期。

[③] 吴开松、杨芳：《社会组织在西部地区社会治理创新中的价值研究》，《贵州民族研究》2014 年第 9 期。

[④] 张显伟、张书增：《民族地区传统社会组织的现代转型及其法治保障——以广西罗城仫佬族"冬"组织为例》，《广西民族研究》2017 年第 5 期。

[⑤] 杜承秀：《西部民族地区乡村治理中的新型社会组织及其法治化引导》，《广西民族研究》2018 年第 1 期。

[⑥] 汤辉：《赋权视角下社会组织承接民族地区乡村扶贫研究》，《黑龙江民族丛刊》2022 年第 1 期。

[⑦] 朱燕：《借鉴与创新：边疆民族地区社会组织发展的路径——以广西 P 市 M 协会及其孵化机构为例》，《贵州民族研究》2020 年第 7 期。

[⑧] 杨愫：《乡村振兴视域下西南民族地区农村社会组织发展现状与优化对策》，《经济研究导刊》2021 年第 24 期。

[⑨] 彭庆军：《乡村治理现代化视域下民族地区少数民族传统社会组织的功能——以黔东南 L 村侗族"寨老"组织为例》，《西南民族大学学报》（人文社会科学版）2015 年第 6 期。

[⑩] 张志泽、高永久：《传统民族社区治理现代化视阈下的社会组织发展》，《贵州民族研究》2016 年第 8 期。

[⑪] 佟义东：《少数民族传统社会组织的现代转型——以广西防城港市京族翁村为例》，《广西民族研究》2017 年第 4 期。

等学者针对民族地区的传统社会组织展开了研究，较为系统地论述了民族地区传统社会组织现代化转型的应然逻辑与实践路向。

四 研究述评

通过梳理和分析国内外研究现状，可以发现已有对社会组织发展以及评估的相关研究已经取得一定的学术研究成果，研究视角多元，研究领域广泛，研究成果丰富。

国外学者的相关研究相对国内更为成熟，尤其在社会组织发展的路径选择方面研究结果颇丰，从多个维度出发论述了社会组织发展的必要性以及发展的趋势。同时，关于评估方面的研究成果具有很强的理论意义和实践意义，已经形成了多套相对成熟的评估体系，并得到了广泛的应用，为我国社会组织发展的有效评估提供了坚实的理论基础和丰富的实践经验。但是，国外社会组织的评估指标体系存在局限性，具体表现在：（一）更加侧重于定性方面的评估，定量指标设计不够全面，且缺乏进一步的细化，从而导致评估结果没有客观科学的衡量标准，无法根据考核结果准确实施相应的奖惩措施，更加无法对不同组织之间进行客观比较，从而无法充分激发社会组织发展的活力与动力，影响了社会组织自身的发展走向。（二）在对社会组织效果的评估方面难以科学准确地进行衡量，社会组织产生的积极效果可能存在一定时间的潜伏期，效果不一定能够在短时间内被认定，且评估结果只有相对意义，容易忽视其实际效果。

国内学者依托多角度的研究视角和丰富的理论认识，关于社会组织发展评估的相关研究已经取得一定的成就，为社会组织的高质量发展提供了有效的理论指导。归结起来看，研究集中探讨了社会组织发展的重要意义、制约因素、路径选择以及评估的重要意义、体制机制、指标体系构建等方面的内容，有关理论研究也在不断深化和细化，研究视野也在不断拓宽，为我国社会组织发展评估的后续研究奠定了良好的理论基础，同时也对我国社会组织的高质量发展具有重要意义。但总体而言，现有研究仍有很大的进步空间，其不足之处主要表现在以下几个方面：（一）研究的对象有待细化，以西部地区社会组织为对象的相关研究亟待加强。目前，相关研究侧重于宏观层面的论述，部分研究将视角聚焦于北京、上海、浙江等经济发达省份，较少的关注到我国西部地区。我国西部地区由于受到自然环境、区位特征、风俗习惯、宗教文化等因素的影响，社会组织的发展具有特殊性。因此，部分理论成果受制于西部地区的特殊性，而失去其在理论和实践层面的价值。（二）缺乏系统性的研究，研究结果缺少实践价值。目前，关于社会组织发展评估的相关研究缺乏整体性和系统性，尤其是在评估的价值准则、指标体系、衡量标准等方面，虽然理论研究逐渐深入，但尚未达成共识。其中，指标体系的构建侧重于对某种标准的价值判断，且存在针对性较弱、更新不及时等问题。此外，研究结果在实践方面缺乏可操作性。不同区域、不同类别的社会组织由于面临的社会经济环境不同、自身发展能力的不同以及受益对象的不同，其发展状况和路径选择存在差异。现有研究多从宏观层面进行探讨，提出一般性的理论建议，对于不同区域、不同类别的社会组织评估方面缺乏有针对性的深度分析和研究，可借鉴性较低，缺乏可操作性。

总而言之，学术界针对社会组织发展评估展开的具有理论意义和实践价值的多角度、多层次研究，产生了大量理论成果，提高了对社会组织发展评估认识的深度和广度，但是，对西部地区社会组织的相关研究成果却相对欠缺。社会组织作为社会治理的重要主体之一，在西部地区乃至整个国家的社会治理中发挥日益重要的作用，学术界应对社会组织发展以及社会组织发展评估展开更加深入的研究，特别是对西部地区社会组织的专门化研究。

第三节　研究方法

一　文献研究法

本书通过大量阅读学术期刊、理论报刊、相关书籍的基础上，通过知识图谱可视化分析，对文献进行梳理，为社会组织发展评估指标体系的构建奠定理论基础。本书以社会组织为研究对象，从社会组织领导者、社会组织内部成员及会员、社会组织服务者的角度出发，构建科学、准确的社会组织发展评估指标体系。此外，民政部门确立的评估目标、评估内容、评估模式等标准化规则、中央及地方政府出台的关于社会组织发展的指导性政策文件，为本书提供了大量的经验指导和理论指导。

二 问卷调查法

依托民政部政策研究中心委托课题"社会组织参与乡村振兴战略研究：意愿、能力、困境与政策建议"，以及内蒙古农业大学社会组织助力牧区振兴研究中心的团队支持，2022 年 5 月—10 月期间，深入西部地区社会组织业务主管单位、承接政府服务的社会组织机构、民政厅及社会组织管理局等部门展开调研工作，收集可靠数据和资料。内容包括社会组织的使命和章程、组织发展的组成要素、组织发展的评价方法、组织发展的评价指标、组织发展的成功经验，提炼影响西部地区社会组织发展的关键问题。在此基础之上，将社会组织分为三类，并确立"西部地区社会团体发展评估指标体系""西部地区民办非企业单位发展评估指标体系""西部地区基金会发展评估指标体系"，并在新疆、西藏、宁夏、内蒙古、贵州等西部十二省区，发放问卷 2466 份，回收 2143 份，有效问卷 2075 份，占比 84.14%。问卷设计除调研者基本信息外，其余社会组织发展指标的具体考察主要运用李斯特五级量表。

三 专家打分法

本书运用专家打分法，也称德尔菲法，主要通过匿名的形式广泛征询专家意见，经多次讨论修改，直到专家意见分歧最小化，最后加权处理后求和，综合整理专家意见，对发展评估指标体系给出一个全面的、系统的评估方案。专家学者主要来自社会组织理事会、社会组织管理局、学术性社会团体负责人、社区社会组织、社会组织党支部及民政厅、局等相关单位。年龄、学历、专业分布都比较均衡，对社会组织的发展较为熟悉，在相互交流意见的基础上，总结观点得出结论，提出三类社会组织发展评估的初选指标框架。

四　层次分析法

层次分析法是由 Satty 提出的一种定性和定量相结合的层次化分析方法，属于主观赋权法的一种。本书对社会组织发展评估指标体系的构建采用层次分析法，将评估对象分解成为若干因素，根据因素的隶属度归为不同的层次分析机构，通过两两比较确定指标权重，最后通过排序结果对社会组织建立三级评估指标体系，其特点是对复杂的问题决策、影响因素及其关系在深入分析的基础上，将目标层级化，获得综合评估结果。

五　CRITIC 法

CRITIC 法是 Diakoulaki 等提出的一种适用于确定指标客观权重的方法，该方法以指标内的变异大小和指标间的冲突性来综合确定指标的客观权重。变异大小表示同一指标取值差距的大小，用标准差来表现，该指标的取值标准差越大，表明反映的信息量越大，权重越大。冲突性指两个指标间的相关系数，相关系数越小，表明反映的信息量有相似性，权重越小。另一种客观赋权法——熵权法只考虑指标值的变异程度，而西部地区社会团体发展评估各指标间具有一定的相关性，因此用 CRITIC 法确定客观权重更加科学。CRITIC 法相较于专家赋权法、层次分析法等主观赋权法更加客观，不易受人的主观认识影响。① 而相对于变异系数法、熵值法等常用的客观赋权法，CRITIC法在考虑指标差异性的基础上，更注重指标之间的关联性。遵循全国性社会组织评估体系，以"共同性、差异性、融合性"为立足点，以"可操作性、公平公正、合理性"为科学性原则，构建西部地区社会组织发展评估指标体系，更适宜选择CRITIC法。

六 模糊综合评估法

模糊综合评估法有一个相对完善的评估模型及评估过程，其基本思想是以模糊数学、模糊线性变换原理和最大隶属度原则为基础，考虑所需评估事务的各个评估指标因素，对其作出优劣等级的评估。利用隶属度作为桥梁，将不确定性（非量化因素）在形式上转化为确定性（量化结果），即将模糊性加以量化，从而利用传统数学方法对其进行分析处理。② 本书利用模糊综合评价法对定性的评价转化为定量的评价，应用模糊关系合成，从多个因素对评价对象隶属度等级状况进行综合评价，西部地区社会组织发展指标等级评判在构建模糊综合评价评语集及评价标准的基础上，确定隶属度函数，再构建模糊综合评价数据集，最终确定模糊评价矩阵和指标权重四步骤。

七 多案例分析法

案例分析借助实例认识整体，相对于单案例研究而言，多案例分析更具可靠性、普遍性和典型性。本书选取西部地区不同类型的社会团体、民办非企业单位、基金会作为典型案例加以分析，验证社会组织发展评估指标体系的合理性及科学性，为西部地区社会组织高质量发展提供宝贵经验。依托民政部政策研究中心委托课题"社会组织参

---

① 万林、章国宝、陶杰：《基于AHP-CRITIC的电梯安全性评估》，《安全与环境学报》2017年第5期。

② 张炳江：《层次分析法及其应用案例》，电子工业出版社2014年版，第33页。

与乡村振兴战略研究：意愿、能力、困境与政策建议"，以及内蒙古农业大学社会组织助力牧区振兴研究中心的团队支持，2022年5月—10月期间，深入西部十二省区社会组织业务主管单位、承接政府服务的社会组织机构、民政厅及社会组织管理局等部门展开调研工作，通过实地调研、观察和访谈获取一手资料，包括半结构化访谈记录、调查日志、会议纪要材料、政策法规文件、新闻报道、政府内部工作汇报等文本资料。在此基础上，形成三类社会组织九个典型案例用于支撑西部地区社会组织发展评估的实践启示，为欠发达地区社会组织高质量发展提供示范。

第四节　研究思路及研究内容

一　研究思路

根据现代组织理论、政府职能理论、第三部门理论作为相关理论基础，通过对社会组织、社会组织发展、社会组织发展评估的概念进行界定，分析现阶段西部地区社会组织发展现状。遵循全国性社会组织评估标准的基础上，以铸牢中华民族共同体意识为主线，以民族互嵌式发展为理念，遵循全国性社会组织评估指标体系，以"共同性、差异性、融合性"作为建立评估指标的立足点，以"投入产出均衡性、可操作性、公平公正、合理性"作为建立评估指标的科学性原则，结合地区因素、组织特性，构建西部地区社会组织发展评估指标体系，以规范西部地区社会组织工作方式、提升组织公共服务能力、健全组织工作绩效机制、提升服务认同感，推进西部地区社会组织高质量发展。本书具体研究思路见（图1-1）。

二　研究内容

第一，本书对社会组织、社会组织发展、社会组织发展评估方面

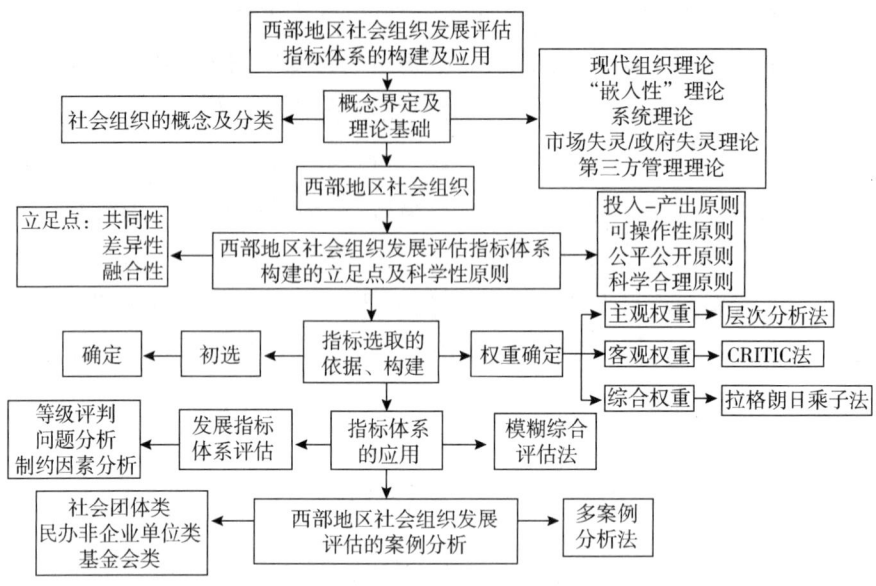

图 1-1　西部地区社会组织发展评估指标体系的构建及应用路径图

的已有研究进行梳理，依托现代组织理论、系统理论、互嵌式理论等学术研究，以全国性社会组织评估程序、做法为经验，结合地区因素及组织特征，利用模糊综合评价法和文本分析法，不断完善西部地区社会组织发展评估标准，充分彰显其在承接政府职能、弥补市场失灵、缓解公共服务供需不均及生态保护等领域的研究价值。

第二，以"铸牢中华民族共同体意识"为主线，以推动新时代西部地区社会组织高质量发展为己任，对该地区社会组织发展与运行情况进行概括梳理，包括社会组织发展的基本情况、发展规模、作用发挥及现阶段面临的突出问题，以及化解问题所需要的机制保障。旨在总结西部地区社会组织发展的共同性与差异性，为构建西部地区社会组织发展评估指标体系作好理论与实践支撑。

第三，以"共同性、差异性、融合性"作为构建指标的立足点，以"可操作性、公平公正、合理性"作为构建指标的科学性原则，参考国家政策标准、行业标准以及对现有社会组织发展评估体系的归纳总结，在兼顾社会组织整体共同性与地区差异性的前提下，确立西部地区社会组织发展评估指标体系的构建目标、构建原则及理论支撑。

第四，依托民政部政策研究中心委托课题"社会组织参与乡村振兴战略研究：意愿、能力、困境与政策建议"，以及内蒙古农业大学社会组织助力牧区振兴研究中心的团队支持，2022年5月—10月期间，深入西部民族八省区社会组织业务主管单位、承接政府服务的社会组织机构、民政厅及社会组织管理局等部门展开调研工作，收集可靠数据和资料。在相关专家学者指导下，根据西部地区社会组织实际情况，利用问卷调查法、专家打分法、AHP层次分析法、CRITIC法、拉格朗日乘子法，确定该地区社会组织发展指标的选取及权重。其中，一级指标选取遵循全国性社会组织评估标准确定为"基础条件、内部治理、工作绩效、社会评价"四方面；二级指标选取在"内部治理与工作绩效"中增加"党建工作、组织文化、人员资源、财务资产、业务活动"五个二级差异性指标，体现西部地区社会组织发展与服务的特性；保留了"法人资格、目标章程、组织机构、业务活动产出、信息公开、内部评价、外部评价"七个二级共性指标，将社会组织发展共同性指标与差异性指标相融合，意在构建一套适用性指标体系，实现拉近东西部社会组织发展差距及助力西部社会组织高质量发展。

第五，运用西部地区社会组织发展评估体系，利用模糊综合评价法，在广泛调研的基础上，对社会团体、民办非企业单位、基金会三类社会组织发展情况进行整体评价，验证该体系的合理性，推动西部地区社会组织在实践层面不断地自我调整与创新。

第六，针对在调研过程中发现的典型社会组织案例，利用西部地区社会组织发展评估指标体系，对典型案例进行深入分析，阐述该地区社会组织的特点及未来社会组织全面、可持续参与西部地区政府治理、社会治理、社区治理和组织治理所应具备的能力，为欠发达地区社会组织高质量发展提供经验性支撑。

第五节 研究创新之处

一 研究区域的创新

目前学术界主要集中于社会组织等级评估、服务绩效评估、信用评估以及监测评估的研究，对于社会组织发展评估指标体系的构建及应用鲜为少见。为了社会组织满足高质量发展需求，本书选取西部地区三类社会组织作为研究对象，探讨指标体系构建及其应用。西部地区大多为边远地区、少数民族聚居区、经济欠发达区、自然灾害频发区及生态脆弱区域，该区域具有地理位置特殊、环境条件复杂、市场活力不足、文化多元及人口密度低等地区特性，地区特性作为影响该区域社会组织发展的一个重要因素，形塑了较多具有区域特色的社会组织。该类社会组织在传承和弘扬民族文化、促进文化交流、承接民族地区政府职能、提供特色服务等方面发挥着重要作用。构建西部地区社会组织发展评估指标体系，考量地域特性、组织特征的发展指标，更能够反映该类组织使命及宗旨，丰富民族地区社会组织基础理论和实践经验，有助于完善社会组织发展评估体系。

二 研究对象的创新

基于地区特性、组织特征的考量，西部地区社会组织在注重组织目标、组织服务和组织功能差异性的基础上，探索运用"共同与差异"相结合的理念，对社会团体、民办非企业单位、基金会三类组织构建分类评估指标。将共性指标体系与差异性指标相结合，意在了解西部地区社会组织发展全貌。通过社会组织分类指标构建，把握三类组织发展的整体规律，对比三类组织发展差异。结合三类组织发展指标体系的应用，突显各类组织在基础条件、内部治理、工作绩效、社会评估中的不同优势，有助于拉近东西部三类社会组织发展差距，为全国性社会组织发展等级评估提供宝贵经验。

三 构建思路的创新

以"共同性、差异性、融合性"为社会组织发展评估指标体系构建的立足点，以"可操作性、公平公正、科学合理"作为指标体系构建的科学性原则，聚焦党和政府工作重点，设计出一套既体现全国社会组织发展共同性，又能兼顾特殊环境中社会组织发展差异性的指标体系，如"参与边远地区社会治理、组织文化促进民族交往交流交融、参与东西部协作、对口帮扶项目情况、承接地方政府转移职能"等指标，重在强调西部地区社会组织服务地区、服务群众与服务国家、服务社会间的相互渗透、相互影响，不仅彰显了国家意志和政策精神在西部地区社会组织发展服务中的渗透性，更体现了西部地区社会组织协助国家、地方政府以自治策略整合社会资源，重塑政府与社会组织互嵌式、融合式发展趋势。

四 指标设计的创新

依据"投入产出均衡性"原则，将"基础条件与内部治理"作为投入性指标，"工作绩效与社会评价"作为产出性指标，对比西部地区三类社会组织"投入—产出"的共同与差异，意在彰显西部地区不同类型社会组织的服务绩效，有助于提升社会组织基础保障能力、内部治理能力及核心业务参与能力，赢得政府及社会民众的广泛认可及认同。

五 研究方法的创新

本书采用定性分析与定量分析相结合的方法，致力于构建规范性与合理性、有效性与科学性相一致的西部地区社会组织发展评估指标体系。一方面，指标选取、筛选及确定要考虑定性指标与定量指标相结合；另一方面，运用调研访谈法、文本分析法与层次分析法、CRITIC法、拉格朗日乘子法相结合的方法构建西部地区社会组织发展评估指标体系，同时运用案例分析法、文献研究法与模糊综合评估法相结合的方法评估西部地区社会组织发展状况。

第二章 基本概念及理论基础

第一节 基本概念

一 社会组织

1. 社会组织的起源及定义

我国社会组织发展及研究起步较晚,1989年国务院颁布《社会团体登记管理条例》是对社会组织规范性发展的第一个国家级制度条例。之后,2004年《基金会管理条例》发布,将基金会从社会团体中分离出来,作为一种非营利性民间组织,在教育、医疗、社会救助、就业创业等领域发挥重要功能。2016年由全国人大审议通过的《中华人民共和国慈善法》,正式将民办非企业单位更名为社会服务机构,更能准确体现社会组织的性质及服务功能。政府通过购买服务、专项补助、土地划拨及人力资源输入等方式,鼓励民办非企业单位良性发展。社会团体、基金会、民办非企业单位成为社会组织三大主体。自十八大以来,国家治理能力现代化、公共物品有效供给、基层社会治理、乡村振兴战略等重点任务的推进,需要社会组织在其中发挥重要作用。围绕完善社会组织制度、确保党组织建设引领社会组织发展方向、发挥社会主义民主协商中行业协会、商会、学会的特殊功能等内容,学界展开了深入研究。但对于社会组织的界定至今却没有形成同一的界定。社会组织作为弥补政府失灵、市场失灵以外的第三部门,在满足多样化的社会民众需求、提升公共物品有效供给方面成效突出。社会组织在西方国家称谓各不相同，主要有"非政府组织（NGO）"、"非营利组织（NPO）"、"第三部门"、"慈善组织"、"志愿组织"等。

虽然社会组织的历史源远流长，但将社会组织作为一个独立于政府和企业的"第三部门"来研究却是在20世纪70年代中期以后的事情。① 以1975年美国私人慈善与公共福利委员会公开发表的《Giving in America》书籍中首次明确了第三部门的概念。全球公认的社会组织概念界定是莱斯特·M. 萨拉蒙（Lester M. Salamon）提出的："社会组织具有组织性、非政府性、非营利性、自治性和志愿性的特征"。② 在我国，社会组织最初称为民间组织。1998年，民政部成立了民间组织管理局，前身是社会团体管理局。此后，民间组织成为社会组织的中国官方用语并被广泛使用。2006年，中国共产党第十六届中央委员会第六次全体会议通过的《中共中央关于构建社会主义和谐社会若干重大问题的决定》提出："要健全社会组织，发挥各类社会组织提供服务、反映诉求、规范行为的作用。"③ 该文件的颁布意味着民间组织正式更名为社会组织。学术界知名学者清华大学王名教授对社会组织的界定：泛指在一个社会中由各个不同社会阶层的公民自发成立的，在一定程度上具有非营利性、非政府性和社会特征的各种组织形式及其网络形态。④ 这一社会组织的概念后续得到广泛使用。社会组织的界定及特征与其在国家治理、政府治理、社会治理及社区治理领域中的功能及作用密切联系。随着社会事务及民众需求的复杂化，需进一步健全社会组织分类管理体系，明确新时代社会组织发展目标及艰巨

---

① Ralph M. Kramer, "Third Sector in the Third Millennium?", International Journal of Voluntary and Nonpfit Organizations, *Voluntas*, Vol. 11, No. 1, 2000.

② Laster M. Salamon, "Global Civil Society: Dimensions of the Nonprofit Sector", *The Johns Hopkins Center for Civil Society Studies*, 1999, p. 3.

③ 中国共产党第十六届中央委员会第六次全体会议：《中共中央关于构建社会主义和谐社会若干重大问题的决定》，2006年10月11日，http://www.qstheory.cn/dukan/qs/2021-11/16/c_1128064152.htm，2020年10月6日。

④ 王名主编：《社会组织概论》，中国社会出版社2010年版，第25页。

使命，尤其在承接政府委托/购买服务、参与党和国家重点战略任务中的突出作用。

2. 社会组织的分类

依据不同的标准，社会组织的分类也不同。国际上通用的就是美国学者莱斯特·M. 萨拉蒙教授的分类方法 ICNPO，其按照不同的领域大致分为 12 大类。[①] 国内以民政部的划分为标准，即社会团体、民办非企业单位、基金会三类。

《社会团体登记管理条例》第二条将社会团体界定为："条例所称社会团体，是指中国公民自愿组成，为实现会员共同意愿，按照其章程开展活动的非营利性社会组织。"[②] 《基金会管理条例》第二条将基金会界定为："本条例所称基金会，是指利用自然人、法人或者其他组织捐赠的财产，以从事公益事业为目的，按照本条例的规定成立的非营利性法人"。[③] 《民办非企业单位登记管理暂行条例》第二条将民办非企业单位界定为："本条例所称民办非企业单位，是指企业事业单位、社会团体和其他社会力量以及公民个人利用非国有资产举办的，从事非营利性社会服务活动的社会组织。"[④] 本书研究的三类社会组织发展评估体系正是以民政部划分为准。

二 社会组织发展

民政部印发《"十四五"社会组织发展规划》（以下简称《规划》），明确了"十四五"时期社会组织发展的总体要求、主要任务和保障措

[①] ［美］莱斯特·M·萨拉蒙等：《全球公民社会：非营利部门视界》，贾西津、魏玉等译，社会科学文献出版社 2007 年版，第 386 页。

[②] 民政部：《社会组织登记管理条例》，2019 年 7 月 3 日，http：//mjzx.mca.gov.cn/article/zcfg/201304/20130400437175.shtml，2021 年 6 月 12 日。

[③] 民政部：《基金会管理条例》，2022 年 2 月 11 日，http：//www.mca.gov.cn/article/gk/fg/shzzgl/201507/20150700847909.shtml，2023 年 9 月 13 日。

[④] 民政部：《民办非企业单位登记管理暂行条例》，2021 年 9 月 25 日，http：//www.mca.gov.cn/article/yw/shjzgl/fgwj/201507/20150700850194.shtml，2023 年 9 月 13 日。

施，为进一步规范社会组织登记管理、推动我国社会组织高质量发展作出系统安排。[①] 社会组织发展是指依托组织基础条件展开的组织运作逻辑与行动策略，重点发展任务主要围绕加强社会组织党的建设、完善社会组织法律制度、规范社会组织登记、健全社会组织监管体系、提升社会组织执法水平、加强社会组织自身建设、引导支持社会组织发展、发挥社会组织动员社会力量、链接各方资源、提供专业服务等方面优势。[②]

社会组织发展特征包括三方面：

其一，社会团体数量的增长率持续下降，并且连续多年低于社会组织；民办非企业单位的增长率连续多年高于社会组织的整体增长率，2020年占比为社会组织总量的57.14%，超过社会组织总量的一半。基金会数量有所上升，增速小于社会组织的整体增长率。

其二，不同层级行政主管部门等级管理的社会组织数量由少到多。民政部、省级行政主管部门等级管理的社会组织数量虽少，但基础条件、组织结构、人力资源及财务状况都高于地（市）级、县（区）级的水平。民政部与省级行政主管部门登记管理的社会组织在聚焦党和国家工作重点、发挥行业协会商会特殊功能及推开社会治理能力等领域发挥示范带头作用。

其三，社会组织区域分布情况。如表2-1所示，截至2020年年底，全国社会组织总量位居前10位的省份社会组织总量已占到全国总数的59.77%。[③]

表2-1　　　　　　2020年31个省区市社会组织分布情况

地区	社会组织数量（个）	地区	社会组织数量（个）
江苏省	97930	云南省	23294

---

① 民政部：《"十四五"社会组织发展规划》，2021年10月8日，http://www.mca.gov.cn/article/xw/mzyw/202110/20211000037061.shtml，2021年10月9日。

② 民政部：《"十四五"社会组织发展规划》，2021年10月8日，http://www.mca.gov.cn/article/xw/mzyw/202110/20211000037061.shtml，2021年10月9日。

③ 徐家良主编：《中国社会组织评估发展报告（2019）》，社会科学文献出版社2020年版，第25页。

续表

地区	社会组织数量（个）	地区	社会组织数量（个）
广东省	71845	甘肃省	22820
浙江省	71299	黑龙江省	20246
山东省	60247	重庆市	18110
河南省	47368	山西省	17580
四川省	45657	上海市	17048
湖南省	37118	内蒙古自治区	16751
河北省	34625	贵州省	14063
福建省	34200	吉林省	13380
安徽省	34130	北京市	13016
湖北省	31730	新疆维吾尔自治区	8770
陕西省	31074	海南省	8419
广西壮族自治区	28921	青海省	6173
江西省	27703	天津市	6026
辽宁省	26185	宁夏回族自治区	5583
西藏自治区	559	总计	891870

说明：此表中各省、自治区、直辖市的社会组织总量并非社会组织合计量，除此之外，还包括民政部登记管理的社会组织2292个。

资料来源：2021年《中国民政统计年鉴》。

三 社会组织发展评估

社会组织评估主要指政府、社会群体、舆论机构及中介评估机构按照一定的评估原则、评估流程、评估方法评估社会组织的发展绩效。20世纪90年代，西方国家就开始关注社会组织评估问题，学界的关注点主要围绕评估程序、评估指标、评估模式等内容展开研究。2007年，我国民政部开启了社会组织发展评估工作，经历了14年的社会组织实践创新。2016年，中共中央办公厅、国务院办公厅印发了《关于改革社会组织管理制度促进社会组织健康有序发展的意见》，强调指出"民政部门要通过检查、评估等手段依法监督社会组织负责人、资金、活动、信息公开、章程履行等情况"，不断强化对评估工作的要求。2021年12月，民政部印发《全国性社会组织评估管理规定》，强调从"数量增长"转向"质量提升"，进入了质量、结构、规模、速度、效益、安全相统一的高质量发展期。[①] 上海交通大学徐家良教授主编的《中国社会组织评估发展报告（2017—2019）》的社会组织发展评估主要是政府、社会公民、第三方评估机构依据一定程序和途径，从社会组织基础条件、内部治理、工作绩效及社会评价五方面对社会组织发展情况做出评估，帮助社会组织对发现的问题及时做出回应。[②]

第二节 理论基础

一 现代组织理论

现代组织学认为组织是人们为了一定目标的实现而进行合理的组织和协调，并具有一定边界的社会实体。[③] 社会系统大体可分为组织和环境两部分。组织以社会环境为生存及发展的基础，环境的变化与竞争必然对组织的生存和发展提出新要求。组织作为社会系统的一部分，由部门或单位组合而成，组织要素间相互依赖、相互作用，影响组织的生存和良性发展。这些组织要素包括：组织规模、组织发展目标、组织结构、权力运作、人力资源、组织文化、组织绩效及科学技术等内部因素。十八大以来，伴随着社会组织功能转型、运行模式变革，社会组织发展评估成为规范组织运行的有力举措。2007—2018年期间，由民政部社会组织服务中心启动的全国性社会组织评估等级工作，推进了社会组织有序发展的节奏。只有以现代组织学理论为依托，将社会组织置于社会环境中，探寻其内部运行与外部环境间的契合度，

---

① 民政部：《全国性社会组织评估管理规定》，2021年12月2日，https://www.gov.cn/zhengce/zhengceku/2021-12/11/content-5659896.htm，2022年12月10日。
② 徐家良主编：《中国社会组织评估发展报告（2019）》，社会科学文献出版社2020年版，第25页。
③ 杨洪兰、张晓蓉：《现代组织学》，复旦大学出版社1997年版，第11页。

才能建立起符合社会组织发展和运行的科学评估指标体系，增强社会组织各方面能力，扎实促进社会组织迈上高质量发展轨道。

二 "嵌入性"理论

"嵌入性"（embeddedness）理论最先由 Karl Polanyi 在《大转型：我们时代的政治与经济起源》一书中提出，并被用于经济理论分析。[①]他认为："人类经济嵌入并缠结于经济与非经济的制度之中，将非经济的制度包括在内是极其重要的"，"经济作为一个制度过程，是嵌入在经济和非经济制度之中的"。[②]"相互嵌入"最初作为一个结构工程学概念，指的是不同部件之间相互咬合、相互补充形成一个整体。之后，党组织嵌入[③]、政党嵌入[④]、民族嵌入、技术嵌入等一系列概念被移植到公共管理领域。目前，"互嵌式"理论作为新经济社会学的一个核心理论被 Granovetter（1992）、Uzzi（2004）、张军（2010）等众多中外学者从组织战略、社会资本、制度关系等多方面进行系统研究。[⑤]其中，Granovetter 在其 1985 年发表的《经济行动和社会结构：嵌入性问题》中提出社会嵌入过程是一种人际互动，而互动所产生的信任是组织从事交易的基础和决定交易成本的重要因素。[⑥]基于此，民族互嵌式社会结构是各民族通过频繁而有序的交往交流交融，形成一个结构相连、利益相关、情感相通的共同体的社会形态，是中华民

---

① 黎明泽：《地缘关系与政治嵌入：流动人口管理的视角创新》，《新东方》2014 年第 3 期。
② Polanyi, K., "The Great Transformation: The Political and Economic Origins of Our Time", Bostor, MA: Bea-con Press, 1944, p. 35.
③ 王杨：《结构功能主义视角下党组织嵌入社会组织的功能实现机制——对社会组织党建的个案研究》，《社会主义研究》2017 年第 2 期。
④ 唐娟：《政治嵌入视角下的城市社区秩序建构——基于"同乡村"党组织建设的个案研究》，《社会发展研究》2017 年第 3 期。
⑤ S. Zkin and Dimaggio, "Structures of Capital: The Social Organization of Economy", London: Cambridge University Press, 1990, p. 23.
⑥ M. Granovetter, "Economic Action and Social Structure: The Problem of Embeddedness", American Journal of Sociology, Vol. 91, No. 3, 1985.

族共同体建设所要达到的理想结构状态。① 这种民族互嵌式社会结构的建立打破了以往一些学者所提出的"平行社会"、"断裂社会"以及"碎片化社会"的担忧或断言，② 改变了先前单向强调民族特殊性、全民族统一性，进而可能造成忽视民族的特殊性，激发社会矛盾。民族互嵌式社会结构主张各民族在信仰、价值、行为的相互交往中彼此关联、相互渗透，实现各民族的自觉自信和共同繁荣发展。也就是说，民族互嵌式交融是旨在通过多民族共同居住在空间交错的同一区域中，逐渐在相互自由交往与包容交流中形成互惠、平等的共同体关系。③

三 系统理论

1. 开放系统模型

所谓系统，是指有一组相互依赖又相互影响的元素组成的一个整体，一般分为封闭系统与开放系统两种形态。④ 封闭系统指内部元素不与外部环境发生交流互动，更不会受外部环境影响。开放系统指内部元素与外部环境间存在互动，并产生影响，是一种动态系统。在开放的系统视角看来，组织不是一个与环境隔离的封闭系统，而是一个依赖于外界的人员、资源和信息的交流，组织的外部环境决定、支撑和渗透着组织。⑤

系统理论聚焦于组织系统，指组织内部各种元素、组织内部结构与行为之间的互动关系以及组织行为策略与外部环境之间的交互关系

---

① 王瑜、马小婷：《论加强各民族交往交流交融的内涵辨析、理论释析与教育路径探析》，《广西民族研究》2020 年第 5 期。
② 李春玲：《断裂与碎片：当代中国社会阶层分化实证分析》，社会科学文献出版社 2005 年版，第 25 页。
③ 王瑜、马小婷：《论加强各民族交往交流交融的内涵辨析、理论释析与教育路径探析》，《广西民族研究》2020 年第 5 期。
④ G. D. Hoyos and C. Jensen, "The systems approach in American social work", *Social casework*: *The Journal of contemprorary social work*, 1985, p. 490.
⑤ ［美］W. 理查德·斯科特、杰拉尔德·F. 戴维斯：《组织理论：理性、自然与开放系统的视角》，高俊山译，中国人民大学出版社 2011 年版，第 34 页。

都涵盖在内。社会组织作为一个完备的组织系统，组织的运行与发展过程可以视为一个较为稳定的开放系统模式（如图 2-1）。

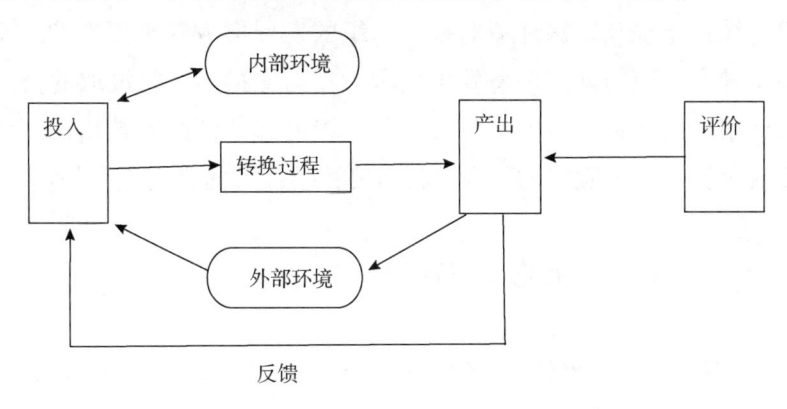

图 2-1 社会组织发展的开放系统模式

2. 社会组织发展的系统要素

投入是指社会组织内部和外部环境分别获取不同资源。组织内部资源包括办公场所、机构设置、基础设施、人员安排、组织规则等，广义的外部环境主要包括制度环境、经济环境、社会环境。通过转换过程将这些资源转换为社会保障服务、教育帮扶服务、法律援助、技术指导等公共服务，商品主要以承接政府委托或购买服务的内容为主。社会组织"投入—产出"过程就是社会组织运作逻辑与发展情况的总体性分析，是组织内部资源与监管制度、激励制度、经济支持、民主政治及居民自治等外部环境中的关键要素形成的能量对接与交换。这些关键要素指制度要素、主体要素及环境要素。根据制度主义理论，一个组织的生存发展与其所处的制度环境息息相关。[①] 健全的制度体系可以提高社会组织的运行效率与服务能力，提升社会组织创新发展的内在动力，有助于拉近不同地区、不同类型的社会组织间的发展差距，间接实现参与社会治理、提供公共服务、社会保障及社会救助的

[①] J. W. Meyer and B. Rowan, "Institutionalized Organizations: Formal Structure as Myth and Ceremony", *American Journal of Sociology*, Vol. 83, No. 2, 1997, p. 340.

均衡化。主体要素包含党组织、行政主管部门、市场组织、社会民众对社会组织发展产生的影响。环境要素主要涉及经济快速发展、社会环境持续稳定以及特殊环境对社会组织的发展形成的重要影响。反馈阶段是社会组织与外部环境发生能量对接与交换后，将汲取的资源再回馈到组织内部系统中，从而实现对组织内部条件的有效治理。评价阶段表示社会组织发展的整个过程需要社会评价的全过程参与。

四 市场失灵/政府失灵理论

这个理论是美国经济学家伯顿·韦斯布罗德（Burton A. Weisbrod）最早于1974年提出的。[①]

市场失灵主要指市场无法有效配置资源以满足公共利益的状况。诱发市场失灵的原因主要有以垄断为代表的市场势力的存在、外部效应的存在、公共物品供给及信息不完全四种。市场势力的存在可以使市场无效率，因为它会使价格和数量背离完全竞争的供求均衡；当生产者或要素供应者拥有市场势力时，资源配置的无效率就会产生。[②]外部效应分为正外部效应与负外部效应两类。如果只依赖市场机制，正外部效应的存在会降低该物品的供给，引发供小于求；反之，仅依赖市场机制，负外部效应的存在会增加该物品的供给，引发供大于求。公共物品由于具有非排他性、非竞争性、利益不可分性，使得物品价格和数量不受市场机制影响。不完全信息指买卖双方对交易的商品和服务没有办法掌握充分信息，即企业无法充分了解经营范围内各要素的发展、预测消费者的偏好、测算商品价格及数量等信息。综合以上四方面因素，市场失灵的表现客观存在，要求人们科学地认识市场机制，及时避免市场失灵现象发生。

政府失灵理论是在公共资源配置过程中市场失灵后，政府承担起

---

① In E. Phelps, ed., *Toward a Theory of the Voluntary Nonprofit Sector in Three-sector*, New York: Russel Sage, 1974.
② 唐任伍：《公共经济学》，中国人民大学出版社2018年版，第37页。

公共物品的配置任务。随着社会事务及民众需求的复杂化，由政府单一主体提供公共物品，难以满足社会民众的全部需求。布坎南指出，政府官员既是公共权力的拥有者，也是个人利益最大化者。官僚们习惯性地扩张机构规模，增加管理层级，以相应的提高自身的管理层级及个人待遇，结果导致工作效率低下，寻租活动频发，公共物品供给效能降低。由于政府决策失效，出现预期政策目标无法按期实现，或虽目标达成但成本大于收益，或引发严重的负面效应，以上现象称为政府失灵状态。这时候，社会组织应运而生，为公共物品有效供给、为特殊需求的民众提供专业性服务，更好地弥补市场失灵/政府失灵引发的一系列问题。

社会组织的出现，不是要替代市场或政府，而是要与他们形成协同供给体系，通过政府委托/购买服务、签订合同、转移支付的形式，健全政府—社会组织互惠合作制度。借鉴企业化运营模式，提升社会组织服务效能、公益项目绩效及评估水平。为何政府要积极协同社会组织、社会企业开展互惠合作，满足日益提升的社会民众需求？原因与公共选择理论指导下社会民众选择"用脚投票"、选票、民意表达等形式，引起国家及政府的足够重视。以公共物品有效供给为目标、以优化供给主体效能为动力，政府、社会组织、企业三方合作，方能实现公共资源的最优配置。

五 第三方管理理论

萨拉蒙（Salamon）在 1981 年提出"第三方管理理论"。[①] 囿于政府本身的官僚倾向不可能完全根除、单一主体供给能力有限、专业性不足及成本高昂等因素，在公共物品有效供给上必须依赖社会组织，主要通过购买服务、委托服务、专项补助及制定契约的形式，激发社

---

① L. M. Salamom, "Rethinking Public Management: Third-Party Government and the Changing Forms of Government Action", *Public policy*, 1981, p. 255.

会组织的特性及功能，于是"第三方管理"模式由此出现。社会组织的产生与社会民众日益增加的多样化需求有着密切联系。政府与社会组织的合作关系中，政府承担财政支持、权力监督、绩效考核，服务事项的管理、运行、资源调动由社会组织负责。任何组织都不是万能的，需要不断地与社会环境进行相互调试、相互影响。如若不能与时俱进，就会出现组织失灵，社会组织也不例外。萨拉蒙将社会组织缺陷归纳为：慈善不足（Philanthropic Insufficiency）、慈善组织的家长作风（Philanthropic Paternalism）、慈善组织的业余性（Philanthropic Amateurism）、慈善的特殊主义（Philanthropic Particular-ism）。依据萨拉蒙的观点，政府购买/委托社会组织承担服务的成本要低于政府供给的成本，政府与社会组织的关系并不是依赖关系、垂直关系，而是平等自愿、合作互助的关系。一旦登记管理部门或业务主管部门介入社会组织内部事务过多，社会组织的弹性功能将会减弱、甚至提供的服务内容悬浮于社会之上，出现服务满意度不高、组织认同度降低等问题，陷入公共物品供给效率降低、民众需求无法满足的恶性怪圈。

第三章 西部地区社会组织发展概况

按照民政部划分标准：社会组织主要由社会团体、基金会、民办非企业单位三部分构成。其区别于政党、政府等具有传统组织特征的官方组织，在社会治理中所承担相应的责任与义务。该类组织的出现，有效地缓解了国家治理的压力，进一步推动了国家治理体系和治理能力现代化进程。依据国家统计局权威发布，西部地区主要包括内蒙古自治区、广西壮族自治区、重庆市、四川省、贵州省、云南省、西藏自治区、陕西省、甘肃省、青海省、宁夏回族自治区和新疆维吾尔自治区。这十二省区普遍为西部经济欠发达地区、边远地区和民族自治区居多。与其他地区相比，西部地区有着独特的风俗和文化、特殊的地理位置、人口特征、经济结构及脆弱的生态环境，由此形成了社会组织服务的特殊性与典型性。

第一节 西部地区社会组织规模和发展情况

《中华人民共和国国民经济和社会发展第十四个五年规划和2035年远景目标纲要》中进一步提出"深入推进西部大开发、东北全面振兴、中部地区崛起、东部率先发展，支持特殊类型地区加快发展，在发展中促进相对平衡"。2020年西部地区社会组织总量的增长速度稍有下降，从社会组织占全国社会组织总量的比重来看，截至2020年底，东部地区占比最大，为46.46%，其次是西部地区，占比为 23.95%。下面分别从社会团体、基金会、民办非企业单位三部分阐述（如表 3-1）。

表 3-1　　　　　　　　西部地区社会组织分类统计表

	省份	内蒙古	广西	重庆	四川	贵州	云南	西藏	陕西	甘肃	青海	宁夏	新疆
组织类型	社会团体	1039	1042	6055	1285	895	902	330	1175	672	555	610	577
	民办非企业单位	607	363	8260	805	256	360	45	572	379	251	316	217
	基金会	76	72	96	110	64	70	23	67	59	30	52	26
资金规模	10 万以下	1046	1202	11054	869	953	452	190	773	693	690	730	529
	10—50 万	387	164	2336	1047	170	662	175	806	256	84	152	221
	50—100 万	323	33	1128	129	38	98	62	161	141	32	37	78
	100 万以上	146	96	497	222	72	155	28	156	99	45	70	45
登记年限	成立 1 年内	59	58	613	110	57	14	28	37	13	4	83	22
	成立 1—5 年	373	276	3053	364	231	71	97	220	141	126	101	24
	成立 5—10 年	466	359	4300	542	281	385	86	550	299	266	329	175
	成立 10—15 年	339	250	3365	328	167	268	67	316	214	124	148	158
	成立 15 年以上	485	534	3087	859	457	594	120	691	443	314	319	427
主要服务领域	相对贫困治理	92	192	404	526	34	839	1	5175	3073	1815	115	16
	乡村振兴项目	25	51	17	77	21	26	1	23	9	2	6	3
	传统文化保护	520	636	276	1447	223	465	20	967	449	191	121	206
	社会治理	156	76	30	44	99	171	7	28	34	60	16	28
	公共服务供给	1800	1116	1316	5390	998	1372	49	1651	1398	577	399	1057
	自然灾害风险防范	17	14	14	37	5	75	3	12	4	8	4	6

数据来源：全国社会组织信用信息公示平台，https://xxgs.chinanpo.mca.gov.cn/gsxt/newList。

一 社会团体规模和发展情况

从全国数据整体看，社会团体数量逐年攀升，发展向好。截止2020年中国社会团体数量已逾37万。从2007年的20.99万到2020年的37.28万个，13年时间增长了16.29万。可见，中国社会团体发展速度之快（如图3-1）。

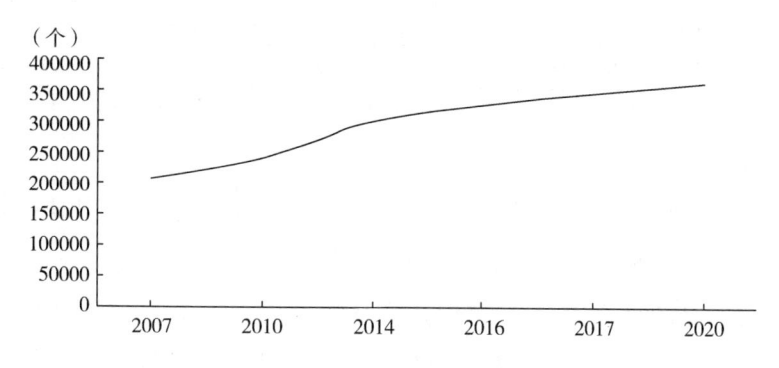

图3-1 中国社会团体数量变化情况（2007—2020年）

资料来源：2008—2021年《中国民政统计年鉴》。

西部地区社会团体发展整体态势良好，各地区间增速有较大差异。十三年间，社会组织团体的数量和质量均有较大提高。按照社会团体数量划分为三个梯队，即社会团体数量在10000以上的为第一梯队；社会团体数量在1000—9999的为第二梯队；社会团体数量在1000以下的为第三梯队。广西壮族自治区、云南省、甘肃省、陕西省、四川省五省在西部地区的社会团体数量在第一梯队，其社会团体数量均达13000家以上，其中四川省较为突出，拥有2万余个社会团体，甚至能与东部沿海发达地区比肩。内蒙古自治区、新疆维吾尔自治区、青海省、宁夏回族自治区、重庆市、贵州省居于第二梯队，整体发展较为平稳但仍有提升空间。西藏自治区居于第三梯队，其社会团体数量在500以下，规模较小、发展较慢（如表3-2）。

表3-2　　　　　2007—2021年西部地区社会团体的数量变化　　　　单位：个

年份＼省份	内蒙古	广西	重庆	四川	贵州	云南	西藏	陕西	甘肃	青海	宁夏	新疆
2007	4319	8521	3885	14784	4238	6889	280	5902	5766	1499	2314	4468
2010	5637	8668	5016	16455	4627	9209	365	7823	7228	1858	3677	5581
2014	7044	12311	7049	20030	5624	12987	570	9907	10742	2209	3129	6072
2016	7362	12999	7472	19355	6785	14973	571	11200	17827	2156	3792	5805
2017	7954	12574	7586	20149	7127	14679	545	13898	21614	3649	4207	5621
2020	7864	13450	8153	20952	7203	13562	491	17300	15882	4290	3202	4846
2021	7777	13011	8548	20793	7234	12890	560	17114	14227	4096	2869	4644

注：此表中各地社会团体总量不包括部本级社会团体。资料来源：2008—2022年《中国民政统计年鉴》。

尽管西部地区社会团体的发展已取得了卓然的成效，但其相对于东部沿海发达地区，乃至中部地区仍具有较大差距。从整体规模上看，东部发达地区社会团体数量均达25000个以上、更有甚者已达到近38000个，中部地区社会团体均数量也达到12000个以上，而目前西部地区社会团体均数量尚未过万（仅为9766个），与东、中部地区有较大的差距。从发展趋势上看，地处东部的江苏、浙江、广东，地处中部的安徽、湖北、湖南社会团体的发展都保持逐年上升的态势。纵观西部地区社会团体的发展，可以看出除陕西、重庆、贵州为逐年增加之外，其他地区均存在一定的波动，社会团体数量均受到不同程度的增减。

表3-3　　　　　　2007—2021年东部、中部部分省
社会团体的数量变化情况　　　　　　单位：个

年份＼省份	江苏	浙江	广东	安徽	湖北	湖南
2007	16722	12915	10818	7891	8884	9006
2010	18707	14870	13059	9260	10225	10151
2014	32706	19430	22132	11977	11878	12194
2016	34952	22266	27077	12504	12272	13973

续表

年份 \ 省份	江苏	浙江	广东	安徽	湖北	湖南
2017	35139	23592	28648	13083	12347	14720
2020	37973	25853	31966	15004	12449	16145
2021	34284	26166	32089	15679	12339	16448

注：此表中各地社会团体总量不包括部本级社会团体。资料来源：2008—2022 年《中国民政统计年鉴》。

用泰尔指数[①]来测算各地区社会团体区域差距。通过分解不同地区或样本组，进一步了解子样本之间和子样本内部的差距，进而将差距的变动进一步区分为组间差距变动和组内差距变动。[②] 测算结果表明，东部沿海地区社会团体的拥有量较高，要高于中西部内陆地区。其中，江苏省、浙江省、广东省是比较突出的省份，其社会团体的拥有量始终保持在较高水平，与其他省份社会团体数量拉开了较大差距。从社会团体的省域分布来看，相较于西部地区，中东部地区社会团体发展得更快。

二 基金会规模和发展情况

从全国数据整体看，我国基金会数量逐年攀升。截至 2020 年中国基金会数量已逾 8000 家。从 2003 年的 954 家，到 2020 年的 8432 家，17 年间增长了 7478 家。持续增长的基金会数量进一步释放社会活力，为社会和个人的发展提供财力支持与物质保障。但目前，中国基金会在社会组织中所占份额仍相对较小，占有率不足 1%（如图 3-2）。

西部民族各地区基金会数量基本呈稳增状态，发展态势良好。按

[①] 泰尔指数是一种相对差距分析方法，最早用于测算各国之间的收入水平差异，后被广泛用于衡量国家间、地区间经济、人口、环境等方面的差异，计算公式：$T = \log n - E(U) = \sum u_i * \log n u_i$，下同。（摘自：唐文敏、赵媛、许昕、崔盼盼、夏友友等《中国社会组织发展的时空演化与影响因素》，《人文地理》2020 年第 1 期。）

[②] 刘洋、鞠薇、翟有龙：《四川省区域经济差异的定量化研究》，《财经科学》2006 年第 12 期。

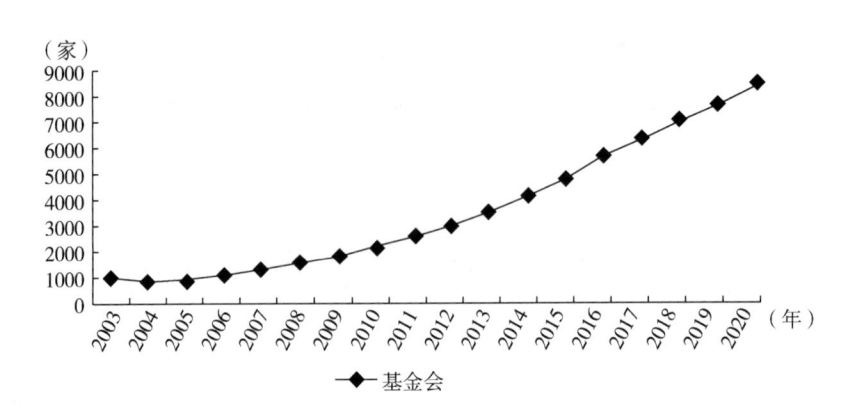

```
          (家)
      9000
      8000
      7000
      6000
      5000
      4000
      3000
      2000
      1000
         0
           2003 2004 2005 2006 2007 2008 2009 2010 2011 2012 2013 2014 2015 2016 2017 2018 2019 2020 (年)
                                    ◆ 基金会
```

图 3-2 中国基金会数量变化情况（2003—2020 年）

资料来源：2004—2009 年《民政事业发展统计报告》、2010—2021 年《中国民政统计年鉴》。

照基金会数量划分为三个梯队：基金会数量在 100 以上的为第一梯队；基金会数量在 50—100 的为第二梯队；基金会数量在 50 以下的为第三梯队。广西壮族自治区、云南省、内蒙古自治区、四川省、陕西省在西部地区的第一梯队，其基金会数量均达 100 家以上。其中，四川省基金会拥有量位居西部之首，拥有基金会 188 家。甘肃省、重庆市、贵州省、宁夏回族自治区居于第二梯队整体发展较为平稳。新疆维吾尔自治区、西藏自治区、青海省居于基金会发展的第三梯队，其基金会数量不足 50 家（如表 3-4）。

表 3-4　　　2006—2021 年西部各地区基金会的数量变化　　　单位：家

省份 年份	内蒙古	广西	重庆	四川	贵州	云南	西藏	陕西	甘肃	青海	宁夏	新疆
2006	31	14	7	50	5	24	8	18	17	8	15	18
2010	68	22	28	77	15	38	11	45	25	11	23	24
2014	91	49	54	128	40	75	13	88	53	27	55	37
2015	102	57	64	143	46	93	13	95	54	30	59	41
2016	122	71	76	153	51	98	14	101	68	29	67	42
2017	120	80	78	158	53	112	18	122	68	32	71	43

续表

省份 年份	内蒙古	广西	重庆	四川	贵州	云南	西藏	陕西	甘肃	青海	宁夏	新疆
2018	133	90	77	168	58	116	19	150	77	34	71	42
2019	140	96	82	179	66	117	22	167	79	32	74	39
2020	152	109	88	188	67	110	22	176	83	32	76	37
2021	166	113	89	195	67	107	22	179	90	33	78	35

资料来源：2007—2022年《中国民政统计年鉴》。各省、自治区、直辖市基金会数量变化未将中央级（部本级）基金会计算在内，后续总量以《中国民政统计年鉴》的数据为准。

尽管西部地区的基金会发展取得了相应进展，但相对于东部沿海发达地区，乃至中部地区仍具有较大的差距。从整体规模上看，东部发达地区基金会数量均达961家，其中广东省已达到1294家，中部地区基金会均数量也达到247家。然而，截至2022年底，西部地区基金会均数量尚未过百（仅为95家），与东、中部地区有较大差距。从发展趋势上看，地处东部的江苏、浙江、广东，地处中部的安徽、湖北、湖南基金会的发展都保持逐年上升的态势。纵观西部地区基金会的发展，除广西、四川、贵州、陕西为持续增长外，其余地区均存在一定的波动，数量有不同程度的增减。

据泰尔指数测算各地区基金会单位空间差异，总体来说东部沿海地区的基金会数量较多，要高于中西部内陆地区。其中，江苏省、浙江省、广东省是比较突出的省份，其基金会数量始终保持在较高水平，与其他省份基金会数量拉开了较大差距。据基金会的省域分布情况，相较于西部地区，中东部地区基金会发展得更快（如表3-5）。

表3-5　　　　　部分年份基金会在东、中部部分省的
数量变化情况　　　　　　　单位：家

省份 年份	江苏	浙江	广东	安徽	湖北	湖南
2006	81	125	141	16	15	66
2010	310	189	202	36	47	121
2014	483	381	558	80	95	189

续表

年份\省份	江苏	浙江	广东	安徽	湖北	湖南
2015	543	436	677	100	106	223
2016	608	511	804	112	132	249
2017	660	593	951	124	148	282
2018	710	677	1088	151	145	311
2019	740	756	1184	171	176	354
2020	762	827	1294	178	186	378
2021	781	904	1382	189	194	395

资料来源：2007—2022年《中国民政统计年鉴》。各省、自治区、直辖市基金会数量变化未将中央级（部本级）基金会计算在内，后续总量以《中国民政统计年鉴》的数据为准。

三 民办非企业单位规模和发展情况

从全国数据整体看，我国民办非企业单位数量逐年攀升、发展向好。2014—2020年，增幅尤为迅猛。截止2020年中国民办非企业单位数量已逾51万。从2007年的16.13万个，到2020年的51.09万个，14年时间增长了34.96万个（如图3-3）。

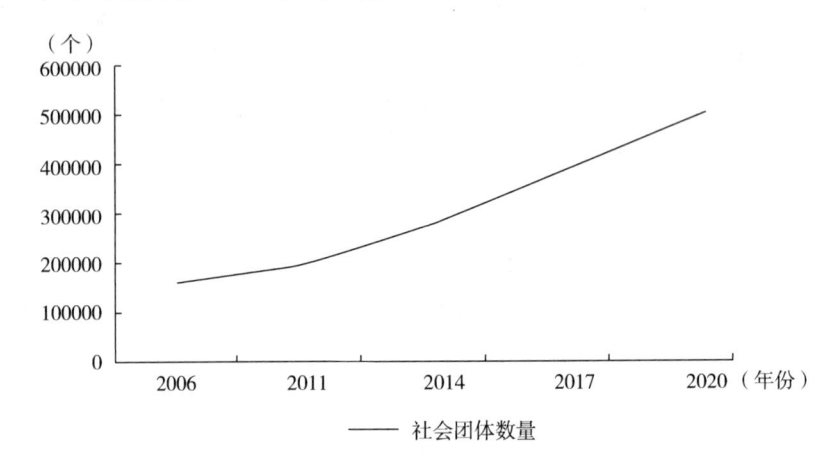

图3-3 中国民办非企业单位数量变化情况（2006—2020年）

资料来源：2007—2021年《中国民政统计年鉴》。

西部地区民办非企业单位的发展态势良好，相较于2006年有较大提升。按照民办非企业单位数量划分为三个梯队：民办非企业单位数量在10000以上的为第一梯队；数量在1000—9999的为第二梯队；数量在1000以下的为第三梯队。四川省、广西壮族自治区、陕西省在第一梯队，其民办非企业单位数量均达17825家。云南省、内蒙古自治区、甘肃省、贵州省、新疆维吾尔自治区、宁夏回族自治区、青海省居于第二梯队，整体发展较为平稳但内部建设仍需进一步加强。西藏自治区居于民办非企业单位发展的第三梯队，民办非企业单位数量仅有46家。

尽管西部地区在民办非企业单位的发展上已取得了显著成效，但其相对于东部沿海发达地区，乃至中部地区仍具有较大的差距。从整体规模上看，东部发达地区民办非企业单位数量均达47466家以上，更有甚者已达到59195家，中部地区民办非企业单位均数量也达到19021家以上。而目前西部地区民办非企业单位数量均未过万（仅为8620个），与东、中部地区存在较大的差距。从发展趋势上看，地处东部的江苏、浙江、广东，地处中部的安徽、湖北民办非企业单位的发展都保持逐年上升的态势，纵观西部地区民办非企业单位的发展，除四川省、广西壮族自治区、陕西省发展态势强劲，其余各省份都有较大的提升空间（如表3－6）。

表3－6　　部分年份东、中、西主要省区民办非企业单位数量

年份\省份	2006年	2011年	2014年	2017年	2020年	2021年
四川	11581	13139	17642	21975	24517	24547
广西	3396	4517	7961	11913	15362	16361
陕西	4001	6350	8055	10705	13598	13917
重庆	2015	4455	7284	9160	9869	9924
云南	1972	3805	6415	8393	9622	10014
内蒙古	1771	2889	4655	7042	8735	9345
甘肃	2332	2550	3605	5397	6855	7237

续表

年份 省份	2006年	2011年	2014年	2017年	2020年	2021年
贵州	1178	2276	3760	5520	6793	7441
新疆	1978	2573	3344	4155	3887	3595
宁夏	373	943	1140	2270	2305	2123
青海	495	760	1126	1610	1851	1868
西藏	7	15	17	41	46	51
湖北	9290	12653	14587	16974	19095	19003
安徽	3440	6383	10492	14860	18948	19747
江苏	9753	16887	38382	51225	59195	54182
浙江	10810	13770	20033	27183	44619	45755
广东	11060	16756	24990	34185	38585	38363

资料来源：2007—2022年《中国民政统计年鉴》。

据泰尔指数测算各地区民办非企业单位空间差异，总体来说东部沿海地区的民办非企业单位数量较多，要高于中西部内陆地区。其中，江苏省、浙江省、广东省是比较突出的省份，其民办非企业单位数量始终保持在较高水平，与其他省份民办非企业单位数量拉开了较大差距。据民办非企业单位的省域分布情况显示，相较于西部地区，中东部地区民办非企业单位发展得更快。

综上，我们可以看出，西部地区社会组织的发展相较于以往有了很大的改善。但从整体上看西部地区社会组织发展相较于东、中部地区仍有着不小的差距，社会团体、基金会、民办非企业单位所发挥的作用远远不及其他地区。故而西部地区社会组织建设任重而道远。

第二节 西部地区社会组织的特点

自中共中央、国务院、民政部印发《"十四五"社会组织发展规划》《关于巩固拓展民政领域脱贫攻坚成果同乡村振兴有效衔接的实施意见》《中共中央、国务院关于加强基层治理体系和治理能力现代化建设的意见》《关于铲除非法社会组织滋生土壤 净化社会组织生态空间的通知》《关于进一步加强社会组织管理 严格规范社会组织行为的通知》《社会组织登记管理机关行政处罚程序规定》等文件以来，西部地区深入贯彻国家意志和政策精神，加快转变政府职能，不断简政放权，为西部地区社会组织承接公共服务提供了良好的政策环境。同时，社会民众对于公共服务多样化、个性化的需求是促进社会组织创新发展的重要动力之一。为了与良好的政策环境、多元化公共服务需求相适应，西部地区社会组织发展特点呈现出：服务内容和方式持续创新、组织运行更加规范和标准、传承传统文化、承接项目具有地区特色、协同监管力量显著等五方面，形成了鲜明的西部地区社会组织生存发展策略，具体表现如下：

一 创新服务方式和内容，发展自主性明显加强

党的十九大报告中指出："中国特色社会主义进入新时代，我国社会主要矛盾已经转化为人民日益增长的美好生活需要和不平衡不充分的发展之间的矛盾"。西部地区社会组织作为提供公共产品及服务的重要力量之一，须精准对接社会民众的需求和诉愿，促进公共服务内容的个性化和提供方式的多样化（如表3-7）。例如，重庆市上海商会构建校企合作平台，南宁市乐益行社会工作服务中心构建"社工+志愿者+社区"三位一体协作模式、"私人定制"志愿服务模式，开展关爱老人志愿活动，医疗入户服务，居家安全及科普服务，云南省教育基金会为边境地区或农村山区青少年提供职业生涯规划指导、生理卫生知识教育、男女平等意识和自我保护意识培养。上述各类组织以基层社区为平台，以专业人才为支撑，通过调研等方式准确了解、把握社会民众的需求，实现社会组织服务与公众需求精准匹配，发挥自身资源整合的作用，盘活社会资源和力量，满足人民需求，提升人民福祉。西部地区社会组织凭借自身专业优势积极开展各类活动，以创

新服务方式和内容，不断提升公共服务供给效率与质量，以此增强社会组织自主性。

表3-7 三类社会组织服务方式及内容

社会组织类型	地区	社会组织名称	服务方式	服务内容	服务对象
社会团体	四川	四川省社会教育发展促进会	专家讲座、现场诊断、名师课堂、名园案例分享、专题微报告、互动答疑	幼儿园课程建设，教师专业成长研修班培训	学前教育教师
	内蒙古	内蒙古社会组织促进会	业务培训、信息、咨询、学习考察	开展优秀社会组织评选工作，推广先进社会组织的典型经验，开展社会组织的调查研究，扶持并资助社会组织	各级各类社会组织
	重庆	重庆市上海商会	组织研讨会	搭建产教融合、校企合作平台，共建实训基地	会员企业
民办非企业单位	广西	南宁市乐益行社会工作服务中心	"社工+志愿者+社区"三位一体协作模式、"私人定制"志愿服务	开展关爱老人志愿活动，医疗入户服务，居家安全及科普服务	南宁市民生街道燕子岭社区空巢老人
	重庆	重庆市妇女社会组织服务中心	发布社会化项目，配合重庆市妇联发布及解读文件	募集儿童事业资金、支持儿童问题的研究、儿童早期教育、亲子公益交流、辅助家庭教育	女性、儿童
	广西	云彩社会工作服务中心	康复训练、上门探访、远程教育	提供免费的康复教育，为社区的残障儿童提供上门指导服务，提供贫困家庭生活补助，开展家长关怀及支持，开展残障儿童社会融入	残障儿童

续表

社会组织类型	地区	社会组织名称	服务方式	服务内容	服务对象
基金会	云南	云南省教育基金会	专项培训会、捐款	职业生涯规划指导，生理卫生知识教育，男女平等意识、自我保护意识培养	边境地区、农村山区青少年
	贵州	贵州省信合公益基金会	捐款资助	资助雷山县银球茶车间改造，资助雷山县茶产业发展项目，为社会提供就业岗位420余个	雷山县受助茶企业
	重庆	重庆儿童救助基金会	捐赠物资、发放助学金、实地走访	开设儿童防性侵教育课程，慰问困难党员家庭儿童，留守儿童、服刑人员子女和困难家庭儿童，联动爱心单位、爱心人士，链接资源助力乡村振兴	巫溪县通城镇红路小学困难学生

注：作者自制。

二 运行更加规范和标准，自身专业性显著提高

社会组织规范化运行以内部治理和人才培养为着力点。《中华人民共和国民法典》已经明确了社会组织的法人地位，西部地区社会组织已经逐渐完善内部治理体系，开始建立自我管理、自我服务、自我教育、自我发展的法人治理长效机制，以此加强社会组织内部监督、评估和审查，完善社会组织决策制度、管理制度、考核制度。同时，加强对西部地区社会组织成员的专业性培养，吸纳政府相关部门负责人、党政机关、国有企事业单位退（离）休干部、民主党派成员、少数民族企业家代表、宗教界领袖、文化教育领域专家学者等人才，[1] 为社会组

---

[1] 陆春萍：《西北少数民族地区社会组织发展的特点与治理》，《西北师大学报》（社会科学版）2014年第3期。

织增添新鲜血液，增强社会组织专业性。西部地区社会组织不仅"引进人"，还积极"留住人"。社会组织积极建立人事培训制度，开展相关人才专业培训，鼓励社会组织成员积极学习社会组织相关政策法规，提高社会组织专业化水平。如甘肃省社会工作教育协会、贵州省社会工作教育协会携手全国十余所知名院校、智库共同推出的"数字人才开放计划"。该计划直面社会组织领域数字化人才培育需求，旨在为公益领域骨干人才搭建跨界学习平台，提供前瞻系统性课程和资源，助力公益力量有效提升服务社会、解决社会问题的能力。目前，"社会组织领域数字人才开放计划"已与各院校、各领域专家导师建立了一批精品课程，如《公益智慧化的必然性与路径》《慈善组织与项目管理》《公益创新力》《大数据与商业转型》等。第一批参与该培训的全国30位社会组织成员已顺利结业。2023年"数字人才开放计划"进一步深化升级，从重庆出发，年内将逐步覆盖云南省、陕西省、甘肃省、贵州省等西部十二省区，旨在打造具有地域特色的课程体系，计划培养超过4000名社会组织骨干人员。

三 立足传统文化，建立民间保护组织

西部地区主要包括少数民族地区、边远地区，各民族风俗、语言、服饰、文化互相交织，形成具有汉、蒙、回、藏、彝、壮等多民族特色的文化体系，西部地区社会组织牢牢把握铸牢中华民族共同体意识这条工作主线，立足社会组织的职能作用，从规律方法、工作格局、重要任务等方面，充分动员社会力量传播弘扬民族文化，塑造民族文化IP，扎实推进民族工作取得新成效，助力建设中华民族现代文明。[①] 因此，西部地区社会组织文化建设、服务内容及承接项目具有浓郁的民族特色，推动了民族地区社会发展在文化交流中增强对中华民族共

---

① 蓝军：《传播弘扬民族文化 建设中华民族现代文明》，华夏时报，2023年7月3日，https：//new.qq.com/rain/a/20230703A08GZR00，2023年7月4日。

同体的认同。如民族声乐协会、民族医药协会、西藏文化促进会、新疆民间艺术商会、内蒙古呼伦贝尔巾帼民族服装服饰协会等西部地区社会组织，立足于地区特性、组织特征，将民族文化、风俗习惯、传统技艺等传统文化内涵与组织使命和服务宗旨相结合，不仅为人民群众广泛了解传统文化提供了便利，同时还为保护濒危的文化遗产做出了贡献。还有一些社会组织的成立立足于西部地区实际现状，在蒙医药、防沙抗旱、草原生态环境保护等方面均成立了相应的社会组织，为西部地区生态环境改善、中蒙医药、藏医药传承发展发挥了重大推动作用。

四 立足地区特点，重点关注教育帮扶

西部地区具有经济发展水平不高、人口密度较低、教育水平偏低、师资力量薄弱、社会保障能力不足的特点，特别是农村、边远、民族地区优质教育资源匮乏、优质教师数量不足，教育质量总体不高，难以满足西部地区社会经济发展和社会民众接受良好教育的需求，并与中东部地区教育水平形成一定差距，阻碍了优质教育服务均衡化发展。目前，一些教育领域研究者认为提升教育水平、阻断贫困的代际相传才是消除贫困的根本，少数民族基础教育问题、女童教育问题等是很多当地社区社会组织关注的首要问题。① 教育类、服务类社会组织在此有了"用武之地"。众多西部地区社会组织将服务宗旨和服务绩效与教育扶贫、人才振兴相结合，以此帮助欠发达地区弱势群体改变目前受教育水平不高的状况。如陕西纯山基金会在安康、商洛、渭南、汉中、宝鸡等152所乡村学校中进行"双师教学"项目，课堂教学由远端城市优秀教师和现场乡村教师同时执教、配合完成，对学生的学习态度、学习兴趣及精神面貌均有较大改善。与此同时，该基金会实施"青椒计划"，② 主动链

---

① 陆春萍：《西北少数民族地区社会组织发展的特点与治理》，《西北师大学报》（社会科学版）2014年第3期。
② 汤敏：《教育扶贫：社会组织能做点什么?》，2018年5月28日，http://www.zhzgzz.com/html/report/1805/955-1.htm，2023年7月3日。

接东部教育企业及学术机构资源，为乡村教师免费提供大量专业、前沿、可持续的教师培训，让乡村青年教师留得住、教得好。

五 规范"登管分离"工作，凝聚协同监管力量

西部地区社会组织管理全过程中，加强了对"登管分离"工作的职责划分、流程再造与制度改革，以此促使社会组织监管部门协同发力，提升登记审查和监督管理质量。以内蒙古自治区为例，规范"登管分离"工作主要包括：一是职责划分明确，登记管理部门履行全过程监管职责，业务主管部门具有前置审批与配合登记管理部门履职的协同监管责任。[①] 民政部门依法登记社会组织，今后不得再将社会组织登记职能划转至行政审批部门，已经划转了年度检查、等级评估等管理事项和党务工作的，要申请当地党委、政府将管理和党务工作事项划转回民政部门。二是业务流程高效，全面使用自治区社会组织法人库开展登记工作，实施同流程受理，同标准办理。以信息共享交流机制为基础，基层社会组织登记审批职能可由政务办集中行使，按照"一制三化"审批制度改革要求，以承诺制审批为基础，不断提升网上办事深度，不断增设便民服务场景。行政审批部门选派政治素质高、业务能力强、工作作风实的人员履职登记岗位，保持登记工作人员的相对稳定性，严禁编制外人员负责社会组织登记审批事项。民政部门加强登记人员的业务知识和实务操作等内容培训，不断提高政务服务水平，方便社会组织开展业务办理。三是制度保障完善，内蒙古自治区民政厅、自治区党委机构编制委员会办公室和自治区政务服务局，联合印发了《关于进一步规范社会组织"登管分离"提高登记审查质量的通知》，[②] 促

[①] 郭梓焱、刘春湘：《社会组织制度执行环境的结构维度、现实困境及优化路径》，《学习与实践》2022年第3期。
[②] 内蒙古自治区社会组织管理局：《内蒙古自治区进一步规范社会组织"登管分离"工作》，2023年6月1日，http：//mzt.nmg.gov.cn/mzzx/csdt/202306/t20230607_2328587.html，2023年6月2日。

进"登管分离"工作规范化、有序化。要严格控制直接登记范围，除行业协会商会类、科技类、公益慈善类、城乡社区服务类社会组织实行直接登记外，其余全部实行业务主管单位和登记管理机关双重管理负责制。民政部门和业务主管部门要建立健全工作协调机制，定期搞好会商协商，及时共享社会组织政策法规、重要工作进展、登记管理等信息，实现登管联动协同监管，防范化解社会组织领域风险。

第三节 西部地区社会组织的作用发挥

根据2022年《中国民政统计年鉴》统计数据，截至2021年底，全国社会组织总量为901870个，与2020年的894162个相比，增长了7708个。我国的社会组织正在不断发展壮大，其类型和服务的方式也在逐渐多样化，整体供给能力不断增强。西部地区社会组织注重与政府、企业及社会自治组织的协同互助，分流了部分社会治理职能，撬动企业资源、助力社区治理，联合社会自治组织，激发组织自治活力。西部地区社会组织协同互助的发展模式，提升了社会治理效能、推进了公共服务均衡化及可及性、参与了东西部协作帮扶、助力了乡村振兴、推动了服务品牌建设、推进了生态保护与文化传承、调解和疏导了社会矛盾等作用的发挥，具体表现为以下七个方面：

一 提升社会治理效能

西部地区社会组织不仅参与社会治理，还能通过加快社会组织去行政化、突发事件应急管理凸显专业化、参与法律修订、提供决策咨询服务等方面，有效提升了社会治理效能。

（一）加快社会组织去行政化

2020年，全国各地积极推动社会组织去行政化改革，多地成功完成行业协会商会与行政机关脱钩的改革任务。内蒙古自治区民政厅及相关职能部门为促进社会组织高质量发展，完成行业协会商会与行政机关脱钩改革，全区3428家行业协会商会在人员、职能、机构、住所、党建、外事等事项上与行政机关分离，达到"五分离、五规范"要求。内蒙古自治区民政厅还组织全区行业协会商会开展了"我为企业减负担"专项行动。按照《民政部关于在行业协会商会领域组织开展"我为企业减负担"专项行动的通知》，印发了《关于做好在行业协会商会领域组织开展"我为企业减负担"专项行动的通知》（内民政发〔2021〕27号）。据不完全统计，内蒙古已有601家行业协会商会，为企业减免会费4092万元，惠及企业8312家；自治区本级223家行业协会商会为会员减少会费2108万元，惠及企业3862家。①

（二）突发公共事件应急管理

突发公共事件应急管理对西部地区的经济发展、社会稳定及生态安全十分重要，尤其是西部地区自然灾害和事故灾难事件的影响力较大。就西部地区自然灾害应急管理而言，据2022年应急管理部自然灾害统计显示，西部地区自然灾害以干旱、风雹、地震、沙尘暴、雪灾和森林草原火灾为主，各种自然灾害造成一定数量的人员死亡失踪、房屋倒塌、农作物受损和直接经济损失。面对规模巨大的自然灾害挑战，西部地区突发公共事件应急管理系统存在调度管理不统一、资源储备不足、危机意识的缺乏、预警机制不健全，信息不通畅等问题。各地区、各有关部门认真贯彻落实习近平总书记重要指示精神，应急管理部加强统筹协调，协同相关部门全力配合、动员社会力量广泛参与。如2022年9月5日四川省甘孜州泸定县发生6.8级地震，各类社会组织紧急驰援灾区，四川省巴中公益救援队携带山地救援装备、水域救援装备和防疫物资，奔赴泸定县灾区，主要采用水上搜救转运和山地搜救转移两种方式，救援队共搜救和转移被困群众115人左右，救援队协助消防人员进行搜救排查工作，

---

① 中华人民共和国民政部：《回望2020内蒙古：紧贴实际落实"六稳""六保"决策部署统筹推进民政领域疫情防控和民政工作发展》，2021年9月5日，http://www.mca.gov.cn/article/xw/mtbd/202012/20201200031067.shtml，2023年7月6日。

排查危房120余栋。① 与此同时，四川省建筑业商会配合德阳军区支援泸定抗震救灾行动、配合省民兵地质灾害救援队征调预储装备，调集预储工程机械设备13台。四川省慈善联合总会、红十字会、光彩事业促进会、海外联谊会、台湾同胞联谊会募集慈善物资共计2.09亿元，② 彰显了四川社会组织的凝聚力和号召力。

就西部地区事故灾难应急管理而言，西部地区应急管理部门贯彻落实习近平总书记关于应急管理、安全生产重要讲话精神，建立健全社会力量参与事故灾难应急救援协调机制，例如，拉萨市应急管理局和拉萨市财政局联合印发《拉萨市社会救援力量参与灾害事件（事故）应急救援相关费用补偿办法（试行）》，对参与事故灾难救援的社会力量进行经费核算与补偿。③ 陕西省按应急管理部有关要求，应急管理厅印发《陕西省社会力量参与重特大事故灾害抢险救援行动现场协调机制建设实施方案》，④ 依托社会应急力量救援协调系统，紧密围绕救援需求，按照就近调用、有序参与、对口协调的要求，健全社会应急力量参与重特大事故灾害抢险救援行动现场协调机制和工作制度，切实解决因组织协调不力可能导致的交通道路堵塞、救援信息不对称、应急资源浪费、灾区秩序混乱等问题。

3. 加速法律修订进度

全面依法治国要求推进法治国家、法治政府、法治社会的一体化建设，而法治社会是法治建设的基石，其本质在于规则基础上的社会自治。⑤

---

① 常魁星、方绍海：《四川巴中公益救援队泸定抗震救灾彰显"中国大爱"》，中国建设传媒网，2022年9月18日，https：//www.163.com/dy/article/HHIVI52105159V24.html，2023年7月21日。

② 王诗侠：《凝聚智慧力量 同心抗震救灾——四川统一战线助力"9·5"泸定地震抗震救灾纪实》，四川在线，2022年9月26日，https：//sichuan.scol.com.cn/ggxw/202209/58612559.html，2023年7月21日。

③ 拉萨市应急管理局：《拉萨市社会救援力量参与灾害事件（事故）应急救援相关费用补偿办法（试行）》，《拉萨日报》，2023年3月16日，https：//lasa.xzdw.gov.cn/xwzx_359/lsyw/202303/t20230316_329628.html，2023年7月21日。

④ 陕西省应急管理厅：《关于印发〈陕西省社会力量参与重特大事故灾害抢险救援行动现场协调机制建设实施方案〉的通知》，2022年4月21日，http：//yjt.shaanxi.gov.cn/c/2022-04-21/789054.shtml，2023年7月21日。

⑤ 陈晓春、肖雪：《社会组织参与法治社会建设的路径探析》，《湘湖论坛》2019年第4期。

西部地区是我国少数民族最主要的聚居区，该地区的有序治理对于维护国家安全、民族团结以及保障社会稳定等方面至关重要。西部地区法治建设以党的二十大精神为指引，不断完善治理体系，改进治理方式，自治与法治相结合，加快法治社会建设。在此过程中，社会组织通过参与法的构建、培养法的认同、维护法的运行、评估法的效果，全面助力法治社会建设。2011 年，国家民委、民政部颁布了《关于加强新形势下社区民族工作的意见》，要求社会组织以各种方式参与法律法规的修订过程。2014 年广西壮族自治区社会组织参与建立了 6 家立法研究与咨询服务基地，修订了《广西地方立法研究评估与咨询服务基地工作规定》。① 宁夏回族自治区社会组织参与修订 2017 年《宁夏回族自治区清真食品管理条例》，促进西部地区社会治理法治化的规范和完善，促进共建、共治、共享社会治理格局的构建。

4. 提供决策咨询服务

我国正处于全面深化改革的攻坚期和经济快速增长阶段，党中央、国务院对科学决策、民主决策、依法决策以及决策正确度的要求越来越高，而在此之中智库发挥着重要作用。② 西部地区多属生态环境脆弱区，该地区拥有多个以"保护生物多样性和应对气候变化"为目标的生态类社会组织，他们凭借专业的知识为政府部门建言献策、改善环境。甘肃一山一水环境与社会发展中心，迄今已实施国内外发展机构资助的项目超过 1000 个，项目资金超过了 2 亿元，用于甘肃省乃至全国 24 个省（区）的扶贫发展和灾害救援等项目，使 120 多万贫困人口和灾民受益。西部地区学术性、科普性社会团体具有科技创新与公共服务双重优势，成为承接政府科技服务职能转移的重要载体。陕西省科技协会开展科学论证、咨询服务，提出政策建议，组织延安大学"农林菌物资源开发与循环利用"服务团赴定边、吴起县开展食用菌

---

① 葛婧：《以高质量地方立法推进广西社会治理现代化》，2021 年 1 月 20 日，https://www.gxrd.gov.cn/html/art170429.html，2023 年 7 月 6 日。
② 李祯：《甘肃省新型智库建设研究——以甘肃省委党校为例》，硕士学位论文，西北师范大学，2016 年，第 34 页。

生产服务工作,① 组织宝鸡市大豆杂粮区域科技服务团赴岐山县、凤翔区开展大豆种植科技服务工作,② 一系列活动带动技术人员参与助力乡村产业振兴,在品种选育、病虫害防治、规模化生产等方面提供专业技术咨询和指导,服务地方农业发展。

二 推进公共服务均衡性、可及性

社会组织已经成为创新社会治理机制、激发社会活力的重要力量之一。2020年,各地方政府纷纷发力促进辖区内社会组织发展,为推进公共服务均衡性、可及性注入新的力量。四川省各市级政府通过发布公共服务购买项目,引领了全省4.7万余个社会组织参与城乡基层治理,购买项目覆盖科教文卫、社会保障、社区服务、公益慈善等诸多领域。依托四川省各级政府购买服务项目,社会组织积极参与到利益纠纷调解、提供公共服务、扩大公众参与、增强社会活力等基层治理活动中如表3-8。其中,广安市引导专业社会组织服务联系村(社),实施"三区计划""牵手计划",在社会组织中广泛开展"四服务四促进"③主题活动,助推城市提质工程、乡村振兴战略,服务居民3400余人次,服务时长1100余小时,解决协调利益、规范服务、化解社会矛盾、帮扶弱势群体3700余件次。达州市引导各类社会组织开展孵化类、承接项目类、公益服务类、专业服务类政府购买服务:一是针对承接基层治理、家政、健康、育婴等工作的社会组织进行孵化,围绕创新型、科技型、智慧型社会组织进行培育,强化孵化园支持性、辅助性功能,培育支撑性社会组织。二是面向弱势群体

---

① 赵燕琦:《专家服务团赴定边、吴起县开展食用菌生产服务工作》,陕西省科学技术协会,2023年6月27日,https://www.snast.org.cn/newsDetail?id=1673861087776739328,2023年7月21日。
② 赵燕琦:《专家服务团持续开展赋能乡村振兴科技服务活动》,陕西省科学技术协会,2023年7月20日,https://www.snast.org.cn/newsDetail?id=1681952818279747584,2023年7月21日。
③ 四川省民政厅:《广安市引导社会组织参与社会治理》,2020年6月5日,http://mzt.sc.gov.cn/scmzt/dfmz/2020/6/5/2a51d8ca4985460496bc7b547f23bb72.shtml,2021年9月5日。

提供生活照料、医疗保健、心理疏导、文体娱乐等服务，助力产业发展、提供退役军人就业、创业培训、金融支持、法律咨询、劳务派遣等服务。三是支持蔬菜产业深加工、存储技术发展，助力乡村旅游品牌打造。

表 3-8　　四川省各市政府购买服务项目（典型项目）

市	服务类型	服务地点	服务内容
达州市	开展孵化类	达州市社会组织孵化园	重点为初创期社会组织和社区社会组织提供资源、平台和能力培训
	承接项目类	达川区翠屏街道新南社区党群服务中心	提供家庭服务、健康服务、养老服务、育儿服务等生活服务
	公益服务类	万源市古东关街道办事处	面向社会民众特别是社会弱势群体提供生活照料、文体娱乐、医疗保健等志愿服务
	专业服务类	达川区杨柳街道叶家湾社区党群服务中心	提供心理疏导、人文关怀、精神慰藉和心理健康等服务
攀枝花市	承接项目类	钒钛高新区、盐边县红格镇等	项目承接、运营督导、人员培训、法律咨询、劳务派遣等项目
	开展孵化类	西区清香坪街道、羽泉街道党群服务中心等	培育社会组织、兴趣培训、就业培训、基层治理、养老服务等项目
泸州市	枢纽型	泸州市社会组织孵化中心	运营维护市级孵化中心
	公共服务类	龙马潭区社会组织孵化中心	提供儿童服务、养老服务、慈善公益、小区整治、楼院服务
	承接项目类	泸县社会组织孵化中心	农业技术服务
广元市	承接项目型	昭化区昭化镇、元坝镇等镇村（社区）党群服务中心	提供景区建设、游客服务、餐饮等文旅服务业态培训拓展
	专业服务型	广元经济技术开发区党群服务中心	为园区困难企业提供咨询服务，为园区五大产业创新发展提供智力支持
遂宁市	枢纽型	安居区、射洪市社会组织孵化中心	运行区县及社会组织支持中心和生计基层治理试点街道社会工作站
	承接项目类	遂宁高新区社区党群活动中心	承接医疗、养老、舞蹈、餐饮、青少年课外培训等项目

续表

市	服务类型	服务地点	服务内容
内江市	开展孵化类	社会组织孵化中心	重点是医疗康养、早教教育、家政服务、室内装修维修和物业管理5个行业
	公共服务类	农村党群活动中心	在留守人员关爱、减灾救灾、纠纷调解、社会治安等方面提供专业服务
乐山市	承接项目类	"心连心·邻里中心"市民服务综合体等	承接社区营造、儿童服务、老年服务、司法矫正、环境保护等项目
南充市	公共服务类	社区、村党群服务中心	为老年人、妇女、儿童、残疾人、困难家庭、由严重精神障碍者等特定群体提供服务
宜宾市	政务辅助型	南溪区南山社区党群服务中心	对南溪街道范围内的所有数字案件协调处理、结案
		叙州区经科局	开展项目核查评审工作
广安市	承接项目类	武胜县经开区党群活动中心	厂房设计、电商推广

资料来源：四川省民政厅，四川省社会组织网，https://www.sichuannpo.com/web/project，最后检索时间：2023年7月7日。

三 参与东西部协作帮扶

东西部协作社会动员机制是我国区域协作、贫困治理的一项特有制度安排。社会组织参与东西部协作和对口支援领域涉及产业协作、劳务协作、教育和卫生基础设施建设、人才交流、人才培训、移民搬迁、生态建设等方面，典型案例包括沪滇携手、苏陕协作、津甘创新、津陇合作、粤黔协作等项目。其中，"沪滇协作"获得专项财政资金资助的社会组织公益帮扶项目共246个，撬动社会投入资金近2亿元，很多项目落地成为"小而美"的公益帮扶项目。[①] 西部地区社会组织参与东西部协作帮扶产生显著影响，具体体现为：

[①] 上海市人民政府合作交流办公室：《山海守望结硕果 沪滇协作开新篇》，2021年10月22日，https://www.shanghai.gov.cn/nw31406/20211026/b6fc07cdf29044ec9c3940b802d7a59b.html，2023年7月19日。

(一）积极推动产业帮扶

西部地区社会组织通过积极推动产业协作，培育相对贫困地区支柱产业，激发西部地区产业振兴活力等方面，助力地区产业振兴。一方面，大力开发当地原材料、能源、劳动力、土地资源，因势利导、联合联动，加速西部经济欠发达地区产业化发展，不断提高农产品和特色资源深加工水平，加大优势特色农产品开发，带动产业和农民走向市场。如上海华阳社区华恩爱心志愿服务社帮助成立云南第一家猛弄刺绣合作社，该组织累计培训绣娘超1000人，设计"公司+合作社+建档立卡户+妇联"的脱贫致富新路径。[①] 这种新模式不仅吸纳了当地妇女在家稳定就业，有助于解决留守老人、留守儿童、留守家庭带来的社会问题，还擦亮了民族文化传承保护的名片，让非遗为乡村振兴赋能。

（二）东西部协作持续深化

推进东西部社会组织协作持续深化，文化建设逐步成为东西部地区社会组织交流合作、融合发展的重要抓手。以粤黔协作为例，遵义市社会组织总会、珠海市社会组织总会深入贯彻落实《贵州省民政厅 广东省民政厅关于加强东西部协作工作的实施方案》要求，共同组织珠海市部分社会组织到遵义市开展"红色文化党性教育"活动。珠海市社会组织代表一行先后走进遵义会议会址、苟坝会议会址、四渡赤水纪念馆等红色革命圣地参观学习，重温革命历史，瞻仰革命先烈伟绩，充分领悟学习长征精神和遵义会议精神，锤炼党性，洗涤心灵，对遵义红色文化有了更加深刻的认识。同时，珠海市社会组织代表深入洞察遵义市特色产业、农特产品，推动实现东西部技术互学、产业互补、资源共享，在赤水市晒醋厂实地感受晒醋非遗酿造技艺，到湄潭现场了解茶产业发展情况。此外，珠海市社会组织还为湄潭县核桃坝小学捐赠一批体育用品、文具和图书。东西部社会组织协作已

---

① 上海市民政局：《建强机制，精准施策，上海社会组织积极助力乡村振兴》，2021年12月9日，https://mzj.sh.gov.cn/2021bsmz/20211209/13398261ef5d49a491ada7f0e039ffeb.html，2023年7月19日。

覆盖文化、教育、产业、消费等多领域，组织互联、政策互通、资源互助的东西部社会组织持续深化态势已然形成。

四 "结对帮扶"助力乡村振兴

乡村振兴战略是促进我国农业农村现代化的总战略，也是我国解决"三农"问题的总抓手，要实现乡村振兴战略的目标不仅需要政府的科学决策和引导，同样需要社会力量的协同助力。西部地区社会组织作为社会力量的重要组成部分之一，通过提供科技服务、教育帮扶、人才输送等方式积极投身于乡村振兴，不仅减轻了政府对社会资源分配的负担，也为乡村振兴战略目标的落实提供了强大助力。在业务主管单位、民政部门及乡村振兴部门的指导下，西部地区社会组织将工作重点放在乡村社会治理、巩固脱贫攻坚成果与乡村振兴有效衔接几方面，推动社会资源向乡村振兴重点帮扶地区聚集。2021年9月，陕西省民政厅组织成立了12个省级社会组织乡村振兴合力团，与国家及省级乡村振兴重点帮扶县结对形成帮扶关系，充分发挥社会组织整合资源、凝聚社会力量的优势，助力重点帮扶地区的产业振兴、组织振兴、人才振兴等。

（一）树立社会组织典型范例

西部地区社会组织结合自身优势和工作实际，立足于国家乡村振兴重点帮扶地区资源禀赋和基础条件，有针对性地开展产业、就业、教育、健康、养老、消费等多样化帮扶，促进国家乡村振兴重点帮扶地区持续提升自我发展能力，助力巩固脱贫攻坚成果。西部地区社会组织积极参与乡村振兴，围绕乡村发展、乡村建设、乡村治理等重点工作，打造社会组织助力乡村振兴公益品牌。针对乡村振兴重点区域和重点领域，开展"社会组织乡村行"活动，搭建项目对接平台，促进帮扶项目落地实施。选树一批社会组织参与乡村振兴的先进典型，强化示范带动，推动形成社会组织助力乡村全面振兴良好局面。

（二）监督规范结对帮扶行为

以乡村振兴部门"结对帮扶"组织工作为基础，国家乡村振兴重点帮扶县充分尊重社会组织意愿，在项目设计、实施、退出过程中，不搞行政摊派，不下指标任务，不搞面子工程、形象工程和政绩工程。新疆地区民政部门加大对社会组织参与结对帮扶的监督管理力度，严肃查处某些利用结对帮扶、乡村振兴等名义牟利敛财、违规使用资金的社会组织，依托民政部、农业农村部（国家乡村振兴局）建立的跟踪监测机制，社会组织及时掌握跟踪监测结果、工作实效、任务完成情况。

五　推动品牌项目建设能力逐步提升

推动品牌项目建设能力包括加快建设规模和提升建设质量。通过"以评促建、以评促改"，促进社会组织规范建设和服务能力建设。西部各省区民政部门印发了《社会组织等级评估管理办法》以及行业协会、基金会、社会服务机构评分评估细则，基本形成了适应社会组织发展要求、科学规范的等级评估工作体系。同时，创建一批具有时代特点、西部特色、行业特征、影响力广泛的品牌项目，引领社会组织健康有序发展。

（一）品牌建设规模加快

加快社会组织品牌型、枢纽型建设规模是提升社会组织发展效能的基础保障。为选树社会组织品牌，四川省民政厅召开全省性社会组织等级评估3A级及以上社会组织谈话提醒座谈会。截至2022年底，四川省共有依法登记社会组织4.5万个，品牌建设主要针对生活服务类、文体活动类、社区事务类、公益慈善类社会组织，在积极融入新发展格局、参与社会治理、乡村振兴、共同富裕、成渝地区双城经济圈建设、促进就业和服务经济社会发展等方面发挥了积极作用。① 预

---

① 李丹：《未来三年四川将创建100个品牌社会组织》，2023年4月27日，https://sichuan.scol.com.cn/ggxw/202304/58881613.html，2023年7月6日。

计到 2025 年末，四川省将创建 100 个品牌社会组织、评选 100 个社会组织品牌项目，进一步激发社会组织发展活力。内蒙古自治区计划培育一批党组织健全、运作规范、专业能力强、公信力好的枢纽型社会组织，扶持发展一批立足内蒙古、服务全区、辐射全国的品牌性社会组织，通过 3 年培育发展，考核评估形成至少 100 家品牌性社会组织、100 家枢纽型社会组织。

（二）品牌创建质量效益提升

为促进社会组织发展由数量规模型向质量效益型深度转变，打造社会组织发展新引擎，激发社会组织发展新活力，西部地区各级政府大力推动社会组织品牌创建工作。2021 年，陕西省企业品牌建设促进会联合陕西省个体私营协会、陕西省建筑协会、陕西省城市经济文化研究会、陕西省河南商会、陕西省上海商会、陕西省福建商会，共同发起陕西省社会组织品牌创建联席会，按照"创新发展、品牌引领、提质增效"的工作思路，坚持问题导向、目标牵引、重点突出、特色鲜明、布局合理的原则，全面推进陕西省社会组织品牌创建战略，培育出一批"内部治理好、服务能力好、社会信誉好、示范作用好"的品牌社会组织。内蒙古自治区以党建引领社会组织高质量发展，组织一批社会组织参与"社区暖心事"基层治理项目，擦亮"五社联动"品牌。新疆维吾尔自治区旅游协会打造文化和旅游融合发展品牌，协助旅游主管部门进行宣传推广工作，积极与其他兄弟省区旅游协会建立业务联系，向全国旅游从业者推介"大美新疆"大众旅游项目。[①] 综合上述，西部地区社会组织品牌建设均有所提升。

六 推进生态保护与文化传承

生态保护和文化传承对西部地区发展具有重要作用，社会组织作

[①] 中国新闻网：《新疆维吾尔自治区旅游协会：推动新疆旅游业高质量发展》，2022 年 10 月 20 日，https：//chinanpo. mca. gov. cn/xwxq？id＝20719＆newsType＝1947，2023 年 7 月 6 日。

为西部地区生态保护和文化传承的重要主体之一,发挥特色文化环境保护和救助、服务绿色发展和生态建设功能,是社会组织的重要职责。

(一) 特色文化环境保护和救助

西部地区社会组织在保护环境、传统文化传承与保护及社会救助等方面发挥着不可替代的作用。如西藏自治区中国西藏文化保护与发展协会对英雄史诗《格萨尔》进行抢救,保护并发掘了这个民间文化遗产;云南省西双版纳州热带雨林保护基金会开展了"大臭水老寨生态环境"与尚勇管护所合作,耗资38万元以此来恢复森林生态环境、保护雨林;新疆维吾尔族自治区红石慈善基金会致力于教育助学、特殊儿童救助、大病救助、扶贫等公益慈善项目,募集资金2300余万,捐款人数达981941人次,对新疆公益慈善起到了积极的推动作用。

(二) 服务绿色发展和生态建设

为达成碳达峰碳中和目标,西部地区环境保护类、环境科学研究类、工业生产类行业协会大力推动产业低碳化、低碳产业化可持续发展。该类行业协会结合西部地区资源储备特性,发挥组织优势,采取有效举措,推动构建了绿色低碳技术体系和绿色制造支撑体系,加快各行业产业结构高端化转型、能源消费低碳化转型、资源利用循环化转型、生产过程清洁化转型、产品供给绿色化转型以及生产方式数字化转型,持续提升行业绿色低碳水平。同时,通过调查研究,向各级政府部门及时反映了企业诉求,帮助诸多行业内企业协调解决绿色低碳转型中的困难和问题,助力绿色低碳产业高质量发展。

七 调解社会矛盾和解决社会问题

社会组织是社会基层矛盾纠纷化解的重要社会力量之一。党的十九届四中全会推进了构建现代化的国家治理体系和提升治理能力,突出强调社会组织、人民团体的功能和优势。西部地区按照政府主导、社会组织负责、民众自治的形式,有效调解社会矛盾和解决社会问题。

(一) 规范境外社会组织境内活动

为进一步促进境外非政府组织在境内依法有序活动,各省不断加强对境外非政府组织的政策宣传和普及。2020年10月,云南省公安厅境外非政府组织管理办公室召开驻滇境外非政府组织代表机构培训交流座谈会,介绍境外非政府组织代表机构和临时活动登记备案情况,回应代表机构反映的困惑和问题,并为境外非政府组织详细指导和解答内部控制制度的建立和执行、财务规范性、税务处理等问题。① 2020年11月,广西壮族自治区公安厅境外非政府组织管理办公室举行业务主管单位座谈会,通报全区境外非政府组织的登记备案情况和活动开展情况,要求加强业务主管单位与公安机关之间的沟通协作,进一步深入推进境外非政府组织管理服务工作。② 贵州省公安厅境外非政府组织管理办公室调研走访了境外非政府组织在黔扶贫项目,深入了解中方合作单位与境外非政府组织开展合作交流的情况和有关项目实施情况,向当地中方合作单位深入宣讲相关法律法规,为中方合作单位依法与境外非政府组织开展交流合作提供法律指引。③ 为切实提高全区境外非政府组织服务管理工作水平,新疆维吾尔自治区公安厅境外非政府组织管理办公室组织全区视频培训会,结合新疆境外非政府组织管理服务的工作实际,通过案例分析对项目管理工作进行详细指导,进一步明确管理和服务的工作思路和原则,强调管理工作规范。④

---

① 境外非政府组织办事服务平台:《云南召开境外非政府组织代表机构培训交流座谈会》,2020年9月30日,https://ngo.mps.gov.cn/ngo/portal/view.do? p_articleId=384638&p_topmenu=3&p_leftmenu=1,2021年9月6日。

② 境外非政府组织办事服务平台:《广西举办业务主管单位座谈会》,2020年11月12日,https://ngo.mps.gov.cn/ngo/portal/view.do? p_articleId=384734&p_topmenu=3&p_leftmenu=1,2021年9月6日。

③ 境外非政府组织办事服务平台:《贵州走访调研境外非政府组织在黔扶贫项目》,2020年11月12日,https://ngo.mps.gov.cn/ngo/portal/view.do? p_articleId=384741&p_topmenu=3&p_leftmenu=1,2021年9月6日。

④ 境外非政府组织办事服务平台:《新疆举办全区境外非政府组织管理工作培训会》,2019年8月22日,https://ngo.mps.gov.cn/ngo/portal/view.do? p_articleId=384770&p_topmenu=3&p_leftmenu=1,2021年9月6日。

（二）关注留守"一老一小"身心健康

西部地区留守老人和儿童的身心健康成为一个重要民生问题。党的十九大报告指出，要加强社区治理体系建设，推动社会治理重心向基层下移。通过设立心理咨询机构，为基层人民做心理疏导、矛盾调处等方面服务，社会组织成员为解决"空巢老人"与"留守儿童"的问题，定期对"空巢老人"和"留守儿童"提供心理服务，并不定期为其捐赠物资，以提高这类老年人和儿童的心理健康水平和生活质量。例如，云南省敬老助老协会向空巢老人提供日间照料、集中生活照料、长期照护、临终关怀、文体娱乐、医疗保健、帮扶救济等志愿服务，陕西省三原心之桥留守儿童关爱中心为留守儿童提供心理咨询、艺术培训、兴趣辅导、精神慰藉、文化道德教育、科普宣传等服务。

第四节 现阶段西部地区社会组织发展遇到的问题

西部地区社会组织建设与发展存在的困境主要由于起步较晚、动力不足和人才欠缺的局限，其问题主要体现在：社会组织面临依附式发展、内生动力不足、核心业务参与能力偏弱、公信力与认可度较低及政府的引导和扶持力度不足五方面。

一 社会组织面临依附式发展

西部地区社会组织面临依附式发展，组织运行面临合法性地位与社会资源的双重依赖。一是物质性资源获取依赖政府部门。西部地区经济发展水平有限，社会组织生存发展资金不足，资金主要来源于业务主管单位的直接性资源扶持，欠缺独立对外的服务性收入来源。办公场所购买或租赁费用主要由政府部门资助。人力资源管理主要通过聘请顾问、离退休干部返聘等方式吸纳社会组织机构领导人员及工作人员。"西部地区社会团体发展评估"调研中，1100个社会团体中理事会、监事会、党员管理层人员等管理群体数量超过了会员群体和一般人员。管理群体往往是党政机关、国有企事业单位、离休干部。社会组织发展所需资金、场所、人员等物质性资源，多依赖于政府相关部门的资金资助及政策扶持，以此获取合法性资源、公信力资源，造成了社会组织的生存空间狭窄，制约其专业能力的提升及发展活力的发挥。二是组织运作行政色彩浓厚，社会组织实行双重管理体制，登记和监管由民政部门实施，业务指导和主管则由其业务对应的政府部门实施。在实际运作中，社会组织与其主管部门形成了紧密的联系，不少社会组织实际上成为其主管部门的下属单位，组织成员存在"等、靠、要"观念，试图通过"依附模式"来获取组织发展所需资源，缺乏市场化环境下独立提供服务的意愿和能力。

二 社会组织内生动力不足

西部地区社会组织发展内生动力不足。一是发展动力倾向于"迎合政府"。为谋求生存与发展，西部地区社会组织对政府发布和推动的任务关注较多、积极性较高，但是，缺乏基于自身优势和乡村振兴需求的主动创新，而对于社会组织自身可持续发展关注度不够。长此以往，必然会因创新性、适应性不足，导致"僵尸型"社会组织、消极型社会组织的出现。二是组织成员发展观念落后。成员发展观念趋于保守，与数字化技术、协同治理理念、社会治理共同体观念不相适应，导致社会组织专业能力创新不足。三是社会组织发展专业性人才储备不足。数字治理时代，大数据在社会组织整合社会资源、参与社会治理、提供公共服务的过程中发挥着越来越重要的作用，当前西部地区社会组织缺乏数据开发、数据挖掘、数据处理的专业人才。部分社会组织工作人员利用数字技术进行服务需求的分析和处理，以此提供的决策咨询服务存在精准性和创新性不足的问题，严重影响社会组织公信力，对其内生动力的提升形成一定阻碍。

三　社会组织核心业务参与能力较弱

西部地区社会组织核心业务参与能力较弱。一是服务效能较弱。在传统行政文化及官僚行政组织的影响下，社会组织运行带有行政色彩，不仅结构上与行政机构趋同，组织文化也偏离组织使命，导致社会组织运行不畅。尤其是在经济相对落后的西部地区，社会组织运行不畅使得在参与乡村振兴、精准帮扶、社区治理等核心业务时，服务效能较弱。二是基础保障能力不足。社会组织的业务开展、组织宗旨与使命的实现都依赖于良好的财务状况。财务状况直接反映了各类社会组织资源配置的效率，不良财务状况成为西部地区社会组织有效参与核心业务的制约因素，一定程度上阻碍社会组织核心业务参与能力的提升。目前西部地区各类社会组织的规模较小、存活率低、收入来源较为单一且收入规模较低，资金保障不足造成社会组织基础保障能力薄弱。三是服务范围有限。当前社会组织较多参与行业类、科技类、教育类服务供给，参与公益慈善、文化传承等领域相对较少，社会组织的参与范围较为有限。

四　公众认同度较低

公众认同度是组织成长所需的重要社会信任要素之一，媒体、企业、公众等社会群体对西部地区社会组织的认可度与满意度是影响其组织成长的外部因素，同时也是社会组织可持续发展的核心资源。目前西部地区社会组织公众认同度较低主要表现在：一方面，西部地区社会组织服务功能主要在于承接主管单位相关职能，造成社会组织自身"二政府"的形象，[1] 一旦和政府关联丧失，难以独立面向市场提

---

[1] 杨志云：《开放的务实主义与策略性收放：新时代中国特色社会组织发展的机理阐释》，《公共管理与政策评论》2022年第4期。

供专业化公共服务，导致社会民众对其认知度较低。另一方面，从社会环境角度，西部地区社会组织在孕育上缺乏文化基因，导致发展过程中面临文化认同困境。① 我国市场经济是从计划经济转轨而来，带来的是社会民众的公益精神、自治观念、法治理念、契约精神不足，无论是农村社区、还是城市社区，对于社会组织开展的活动往往采取不积极、不参与、"回避"等行为，对社会组织的地位及作用认识存在一定偏差。

五 政府扶持力度不足

政府没有充分发挥引导和鼓励作用。第一，没有很好地引导社会组织发挥作用。尤其是关乎国家发展重大战略任务，如乡村振兴、农村基层社会治理、疫情防控、新时代文明建设等方面的实质性激励不足，在社会组织年检、评估等级、评优评奖、承接购买服务等内容中制定功能性激励制度。第二，政府向社会组织购买服务力度不够。层级政府间购买力度不均衡，政府购买服务集中于省会城市、核心城市、发达城市，而县级政府购买服务范围有限，县级社会组织孵化基地建设较少，农村社会组织承接购买服务数量较少。据四川省社会组织网披露数据显示，2021年全省18个地级市3个自治州，项目采购共计34个，合同金额1748630元，执行机构29家，其中成都市项目采购7个，执行金额315000元，执行机构6家，政府购买服务份额约占全省的20%。同时，多数政府购买集中于教育类、医疗卫生类、文化类服务，由此影响社会组织行业发展情况，《2021年中国特色社会组织高质量发展报告》显示，2021年，教育领域社会组织数量共288341个，占社会组织总量的31.97%；文化领域社会组织共76635个，占社会组织总量的8.50%；卫生领域社

---

① 胡江华、曹胜亮：《新时代社会组织参与社会治理创新的现实困境与纾解路径》，《理论月刊》2022年第5期。

会组织共 42833 个，占社会组织总量的 4.75%。① 第三，政府引导与培育专业性社会组织人才力度不够。民众对社会工作者职业水平考试认知度不足、缺乏完善的配套培训制度、资格证书取得难度较大，养老服务、科技服务、医疗服务、教育服务、乡村治理等领域的专业人才数量与社会需求脱节。2022 年中国大学生就业报告调查数据显示，2022 届高校毕业生总规模突破 1000 万人，高校毕业生人数达到 1076 万人，同比增加 167 万人，而高校就业率仅为 23.6%，即 76.4% 高校毕业生面临"毕业即失业"困境。② 留住社会组织专业人才所需的社会保险、落户政策、对外交流、薪酬待遇和津贴补助等一系列制度缺乏。这一系列现象都印证了上述问题。

第五节　西部地区社会组织发展的机制保障

作为社会治理主体和公共服务供给主体，西部地区社会组织功能的发挥需要一系列机制的保障，主要体现在四个方面：一是制度要素支持，包括国家政策、法律法规等内容成为激发社会组织发展活力的重要因素。二是党建引领，充分发挥社会组织党建的战斗堡垒作用，强化政治引领，打造特色鲜明的社会组织党建品牌，构建社会组织党建新格局。三是建立健全政府资源配置机制，激发社会组织承接政府购买公共服务的动能，构建以公共需求为导向的公共服务外包市场，为社会组织发展创造相对自主的公共空间和日益丰富的可用资源。③ 四是完善社会组织发声、培育和监管机制，畅通社会组织的发声渠道，进一步完善社会组织分类管理，积极有序培育孵化社会组织。新时代，西部地区社会组织高质量发展需要制度支持、党建引领、资源供给及发声、培育、监管机制的协同发力。

---

① 黄晓勇：《中国社会组织报告（2022）》，社会科学文献出版社 2022 年版，第 8 页。
② 麦可思研究院：《2022 年就业蓝皮书发布，大学毕业生平均月收入揭晓》，2022 年 6 月 14 日，https://www.eol.cn/news/yaowen/202206/t20220614_2231533.shtml，2023 年 7 月 22 日。
③ 刘丽娟：《社会治理创新背景下社会组织发展研究》，《领导科学》2022 年第 8 期。

一　引导与规范社会组织发展的制度保障

西部地区坚决贯彻落实党中央决策部署，省级人民政府、民政厅、社会组织管理局从基础条件、内部治理、工作绩效、社会评价四个方面对社会组织进行有效引导和支持如表3-9。基础条件制度层面从法人资格、登记管理、目标章程方面着手，促使社会组织规范发展。例如，内蒙古自治区打击整治非法社会组织，强化社会组织登记管理，继续开展社会组织清理整治工作，持续开展打击整治非法社会组织工作，建立活动异常名录和严重违法失信名单；宁夏回族自治区规范社会团体选举工作，落实民主选举、民主决策和民主管理制度，推动建立健全现代法人治理结构，依据《中华人民共和国民法典》《中华人民共和国慈善法》《社会团体登记管理条例》及相关法律法规和政策规定，结合自治区实际，制定选举工作规程；①新疆维吾尔自治区公布社会组织违规行为投诉举报方式，举报事项包括行业协会商会乱收费、违规设立分支机构、打击整治非法社会组织，进一步优化全区民政系统营商环境，重点治理行业协会商会乱收费，帮助市场主体减负纾困，促进行业协会商会规范健康发展。

内部治理制度层面，西部地区社会组织管理部门从志愿服务管理、业务活动引导、社会工作专业人才培育三方面提供有力制度支撑。例如，贵州省人民政府根据《志愿服务条例》和有关法律、法规，制定志愿服务办法，保障志愿者、社会组织和志愿服务对象的合法权益，鼓励和规范志愿服务活动，发展志愿服务事业，弘扬了奉献、友爱、互助、进步的志愿精神；②广西壮族自治区印发《关于动员引导社会组

---

① 宁夏回族自治区民政厅：《自治区民政厅关于印发〈宁夏回族自治区社会团体选举工作规程（试行）〉的通知》，2022年10月31日，http://mca.nx.gov.cn/zwgk/zcfg/zcwj/202210/t20221031_3821192.htm，2023年7月20日。

② 贵州省人民政府：《贵州省志愿服务办法》，2022年1月14日，https://www.guizhou.gov.cn/zwgk/zcfg/szfwj/szfl/202201/t20220114_72312700.html，2023年7月20日。

织参与乡村振兴工作的通知》，鼓励社会组织参与产业振兴、人才培育、特殊群体救济、乡村治理等重点项目，动员引导10个自治区级、100个市级、1000个县级社会组织对乡村振兴重点帮扶县展开结对帮扶行动，打造助力乡村振兴公益特色品牌；① 中共四川省委组织部、四川省民政厅、四川省教育厅、四川省财政厅、四川省人力资源和社会保障厅联合印发《四川省高层次社会工作专业人才培养工程实施意见》，采取课堂教学、专题研讨、实地调研、课题研究等方式，对培养对象开展能力素质培训，建立高层次社会工作专业人才信息库，按3年管理期对培养对象和高层次人才进行培养管理，跟踪培养以高层次人才在职自学为主，建立高层次人才学习研究交流平台，引导按时完成自学任务，鼓励开展重大课题研究。充分发挥高层次人才的示范引领作用，带动全省社会工作人才队伍整体素质全面提升，推动社会工作高质量发展。②

工作绩效制度层面，从东西部协作帮扶项目、公益慈善项目、社会工作项目三方面着力。例如，重庆市民政局和山东省民政厅联合印发《山东省民政厅重庆市民政局2022年社会组织协作框架协议》，深入学习贯彻习近平总书记关于深化东西部协作工作重要指示精神，认真落实鲁渝两省市"十四五"鲁渝东西部协作框架协议，搭建鲁渝社会组织合作交流平台，引导更多社会组织参与巩固拓展脱贫攻坚成果和乡村振兴；③ 四川省依据《中华人民共和国公益事业捐赠法》，规范公益慈善类社会组织泸定地震抗震救灾捐赠款物使用效益和公开透明度，专项监督社会组织绩效，要求依法开展募捐，规范接收管理，强

---

① 中华人民共和国民政部：《广西壮族自治区动员引导社会组织参与乡村振兴》，《中国社会报》2022年7月12日，https://www.mca.gov.cn/n152/n166/c45693/content.html，2023年7月20日。

② 四川省民政厅：《四川省民政厅办公室关于确定2022年度四川省高层次社会工作专业人才培养对象的通知》，2022年9月9日，https://mzt.sc.gov.cn/scmzt/qitazhengce/2022/9/9/1516eabd62fe4546b3be182e01128821.shtml，2023年7月20日。

③ 重庆市社会组织管理局：《鲁渝社会组织负责人及管理人员培训班在重庆举办》，2021年12月13日，https://mzj.cq.gov.cn/sy_218/bmdt/mzyw/202112/t20211214_10160557.html，2023年7月20日。

化救灾款物统筹安排;① 同时,四川省民政厅发布《关于推进社会工作服务体系提能增效的通知》,精准对接人民群众多层次、多样化服务需求,创新"五社联动"实践。高质量运行社会组织服务平台,培育多元治理主体,构建层级分明、功能完备、协同联动、专业高效的社会工作服务体系。②

社会评价制度层面,西部地区各级政府对社会组织评价的制度设计主要包括综合监督和分类评估两方面。例如,宁夏回族自治区采取统一登记、各司其职、协调配合、分级负责、依法监管等措施开展社会组织综合监管工作,各级政府构建任务分工清晰、信息沟通顺畅、协调配合紧密的辖区内社会组织监督管理体制,同时民政部门鼓励个人、媒体等其他社会主体对社会组织实施社会监督,通过全国"12315"投诉举报平台、宁夏"12345"政务服务热线,向民政部门举报和控告;③ 广西壮族自治区开展2023年社会组织评估工作,按照组织类型的不同,实行分类评估、规范化建设评估,评估内容包括:基础条件、内部治理、业务活动和诚信建设、社会评价等方面,④ 评估结果分为5个等级,由高至低依次为5A级、4A级、3A级、2A级、1A级,凡应建未建立党组织的社会组织,不能评为4A及以上评估等级,评估等级有效期为5年,评估结果实行动态管理。

---

① 四川省人民政府:《做好公益慈善组织抗震救灾捐赠款物管理》,《封面新闻》2022年9月15日,https://www.sc.gov.cn/10462/10464/10465/10574/2022/9/15/1f570be2d81d4bc08c14eb734a8c4e97.shtml,2023年7月20日。
② 四川省民政厅:《四川省民政厅关于推进社会工作服务体系提能增效的通知》,2023年2月13日,https://mzt.sc.gov.cn/scmzt/qitazhengce/2023/2/13/fdad9cb1d63b47b890bb30a617394a81.shtml,2023年7月20日。
③ 宁夏回族自治区民政厅:《关于印发〈宁夏回族自治区社会组织监督管理办法(修订版)〉的通知》,2021年12月9日,http://mca.nx.gov.cn/zwgk/zcfg/zcwj/202112/t20211209_3213343.html,2023年7月20日。
④ 广西壮族自治区民政厅:《关于开展2023年社会组织评估工作的通知》,广西社会组织网,2023年2月23日,http://shzz.mzt.gxzf.gov.cn/guangxishehuizuzhixxw/xwzx/tzgg/65161,2023年7月20日。

表3-9　　2021—2023年西部地区社会组织发展制度保障

发布日期	发布机构	政策文件
基础条件		
2021年10月11日	内蒙古自治区民政厅	《关于持续开展"僵尸型"社会组织专项整治行动的通知》
2022年04月18日	内蒙古自治区民政厅	《关于开展社会团体分支（代表）机构专项整治行动的通知》
2022年08月02日	内蒙古自治区民政厅	《关于开展行业协会商会乱收费专项清理整治"回头看"工作的通知》
2022年10月31日	宁夏回族自治区民政厅	《宁夏回族自治区社会团体选举工作规程（试行)》
2022年10月31日	宁夏回族自治区民政厅	《宁夏回族自治区行业协会商会章程示范文本》
2023年02月20日	内蒙古自治区社会组织管理局	《关于做好2022年度社会组织年度检查工作的通知》
2023年02月24日	新疆维吾尔自治区民政厅	《关于开展2022年度自治区本级社会团体和民办非企业单位年度检查的通知》
2023年02月24日	新疆维吾尔自治区民政厅	《关于公布社会组织违规行为投诉举报方式的公告》
2023年06月02日	内蒙古自治区社会组织管理局	《内蒙古自治区论坛活动专项清理整治工作实施方案》
内部治理		
2022年01月14日	贵州省人民政府	《贵州省志愿服务办法》
2022年04月18日	内蒙古自治区民政厅	《关于动员引导社会组织参与乡村振兴工作的通知》
2022年06月10日	甘肃省民政厅	《关于开展"我为企业减负担"行动的通知》
2022年06月13日	广西壮族自治区民政厅	《关于动员引导社会组织参与乡村振兴工作的通知》
2022年07月22日	内蒙古自治区民政厅	《关于引导社会组织助力高校大学毕业生就业工作的通知》
2022年09月09日	四川省民政厅	《关于确定2022年度四川省高层次社会工作专业人才培养对象的通知》

续表

发布日期	发布机构	政策文件
2022年11月04日	内蒙古自治区民政厅	《关于支持社会组织积极参与稳住经济大盘工作的通知》
2023年01月20日	贵州省民政厅	《关于动员全省社会组织在疫情防控和经济复苏中积极发挥作用的通知》
2023年02月01日	重庆市社会组织管理局	《关于动员引导社会组织参与乡村振兴工作的通知》
2023年03月03日	内蒙古自治区民政厅	《关于组织开展2023年社会工作主题宣传活动的通知》
2023年03月10日	陕西省民政厅	《关于组织开展2023年社会工作主题宣传活动的通知》
2023年03月16日	内蒙古自治区包头市民政局	《包头市社会组织人民调解工作办法》
2023年03月21日	贵州省民政厅	《关于组织开展2023年社会工作主题宣传活动的通知》
2023年03月28日	陕西省民政厅	《关于持续强化行业协会商会乱收费治理切实帮助市场主体减负纾困的通知》
2023年04月06日	甘肃省民政厅	《关于开展全省"最美社区工作者"选树宣传活动的通知》
2023年05月23日	云南省民政厅	《关于2023年中央财政支持社会组织参与社会服务项目申报工作的通知》
2023年05月26日	广西壮族自治区民政厅	《关于做好2023年中央财政支持社会组织参与社会服务项目申报工作的通知》
2023年06月14日	陕西省民政厅	《关于进一步做好农村最低生活保障与防返贫监测有效衔接工作的通知》
2023年06月15日	云南省民政厅	《关于转发民政部等4部门做好2023年普通高校毕业生到城乡社区就业工作有关文件的通知》
2023年06月15日	内蒙古自治区通辽市民政局	《加强和推进社会组织党建工作的通知》
2023年06月15日	内蒙古自治区通辽市民政局	《社会组织助力乡村振兴专项行动方案》

续表

发布日期	发布机构	政策文件
工作绩效		
2022年08月10日	重庆市民政局、山东省民政厅	《山东省民政厅重庆市民政局2022年社会组织协作框架协议》
2022年09月10日	四川省民政厅	《关于做好公益慈善组织"9·5"泸定地震抗震救灾捐赠款物管理工作的通知》
2022年12月15日	内蒙古自治区党委办公厅、政府办公厅	《关于推动社会组织高质量发展的意见》
2023年01月11日	内蒙古自治区民政厅	《关于报送2023年举办大项活动计划的通知》
2023年02月13日	四川省民政厅	《关于推进社会工作服务体系提能增效的通知》
2023年05月24日	重庆市民政局	《2023年支持鲁渝社会组织参与社会服务项目实施方案》
社会评价		
2021年12月09日	宁夏回族自治区民政厅	《宁夏回族自治区社会组织监督管理办法(修订版)》
2022年12月13日	内蒙古自治区民政厅	《内蒙古自治区加强行业协会商会综合监管办法(试行)》
2023年02月24日	广西壮族自治区民政厅	《关于开展2023年社会组织评估工作的通知》
2023年03月17日	重庆市民政局	《关于实施"科普类社区社会组织百千万培育计划"的通知》
2023年05月30日	陕西省民政厅	《关于2022年度省级社会组织等级评估结果公示》
2023年06月05日	四川省社会组织执法监督局	《关于开展全省性社会组织抽查审计的通知》

二　党建引领推动社会组织协同服务新局面

社会组织党建工作是新时代党对社会组织实现政治引领和价值理性转型的关键。[①] 社会组织只有将党建工作有效落到实处，才能发挥

[①] 马超峰、薛美琴：《组织资源禀赋与社会组织党建嵌入类型——基于南京市社会组织的案例分析》，《学习与实践》2020年第6期。

社会组织党组织的强大力量，引领社会组织前进发展的道路和方向，进一步激发自身活力，吸纳公众和其他社会力量参与到社会建设中。地方政府高度重视社会组织的党建工作，重点做好以下三方面工作：

首先，扩大党组织覆盖面。结合基层党建，将社会组织党建工作作为基层党建的重要内容加以考虑，不断扩大社会组织党组织的覆盖面，建立党组织的社会组织加强统筹布局、整体谋划，发挥已有党员的示范作用，扩大社会组织党组织的影响力。未建立党组织的社会组织采用联合党支部、临时党支部、移动党支部等多种形式建立相关党组织，实现社会组织党组织应建尽建，促进社会组织党建相互联动、相互促进，打造社会组织党建品牌。如甘肃省高台县社会组织党建工作聚焦党支部建设标准化，持续巩固提升"两个覆盖"，大幅提升了组织建设、阵地建设、党员队伍建设的"质"和"量"，形成"党建+服务"的模式，建成居家养老、智慧养老省市县三级联网服务平台，实现了党建工作与养老服务的无缝对接。①

其次，创新党建工作模式。社会组织创新党建工作的开展形式，社会组织在落实中央关于加强基层党建工作要求的前提下结合自身发展和服务优势，通过"党建+服务""党建+互联网""党建+社会治理"等方式将党建工作和社会组织的业务紧密结合，避免党建工作和业务工作"两张皮"，真正发挥出社会组织党组织整合资源、联系群众的强大力量。

再次，丰富党组织服务内容。整合社会组织党建平台，结合"学习强国"等平台创新党组织服务内容，通过组织互动、学习精神、党建项目等方式加强社会组织党建工作的整体布局，实现社会组织党建工作系统化、规范化，避免碎片化。通过举办社会组织负责人党建培训会等方式，强化社会组织负责人对于党建工作的认同感，加强社会组织负责人的思想修养，促进社会组织主动开展党建主题活动。

---

① 新华网：《高台社会组织党建实现创新发展》，2021年9月7日，http：//www.gs.xinhuanet.com/gaotai/2020-09/15/c_1126495200.htm，2023年7月20日。

三 建立健全政府资源支持

政府相关部门应引导社会组织树立正确的组织宗旨和目标，促使社会组织发展过程中保持政治合法性。首先，要加强政府购买力度。政府要加大对社会组织购买公共服务的资金投入，提高社会组织服务项目的资金配比，加大资金投入。在社会组织服务中，政府起到主导作用，政府是服务的购买者，社会组织服务机构是服务的实施者，服务对象是服务的享受者，政府应加大服务购买力度，鼓励社会组织服务机构投标，积极参与项目服务。政府相关部门应通过政府购买服务等方式与社会组织有效合作，为社会组织提供项目和资金支持，激发社会组织提供公共服务及产品的活力。其次，提供合法性资源支持。社会组织有序发展的前提是社会组织的政治合法性、行政合法性和法律合法性。完善社会组织相关制度保障，明确社会组织相关工作和活动的行政程序，明确社会组织的权限范围，促使社会组织保持行政合法性和法律合法性。最后，政府在为社会组织发展提供资源支持的同时，也要注意避免政府通过资源引导将自身的"需求、欲望、偏好或意图"[①]渗入社会组织的发展进程，导致社会组织产生财政依赖。[②]

四 完善社会组织孵化培育机制

加强社会组织培育，积极有序培育孵化社会组织。社会组织作为政府、市场组织之外的第三部门，有效弥补了政府及市场组织在社会治理等方面的不足。一方面，政府应继续积极有序地孵化培育社会组织。激活社会组织的发展活力，从孵化社区社会组织方面制定支持配

---

① [美]罗伯特·A·达尔、布鲁斯·斯泰恩布里克纳：《现代政治分析》，吴勇译，中国人民大学出版社2012年版，第22页。
② 孙发锋：《依附换资源：我国社会组织的策略性生存方式》，《河南社会科学》2019年第5期。

套政策。例如，四川省各级民政部门建设县、乡、村三级社会组织孵化体系，完善准确定位、成果转换、引领示范等孵化培育制度，因地制宜走出具有西部特色的社会组织培育之路。

另一方面，应建设完善社会组织孵化培育基地。社会组织孵化基地是民政部门筹建、整合政府、社会力量，助力公益慈善类、社会服务类、社会福利类社会组织发展的公共服务平台。以孵化、培育、扶持初创期和萌芽期社会组织为目标。提高社会组织孵化培育平台的专业性，依托社会组织孵化培育平台为社会组织提供具有专业水平的人才实训、理念普及、服务提升、信息交流、成果展示等培训，提高社会组织的专业化水平。

五 完善社会组织分类监管机制

只有完善对社会组织的分类管理，加强对社会组织的监管，才能有效发挥出各个领域社会组织的能量，促进社会组织规范有序发展。一方面，根据社会组织的活动领域及功能特征，完善社会组织分类管理的制度和方法，使社会组织分类管理与不同类别社会组织的功能相匹配。以年检制度分类管理为例，首先，按资产和年收入规模对社会组织分类。由于不同区域的社会组织规模分布不一致，可以由西部地区各省来确定本省范围内社会组织规模分类标准。按照资产、年收入规模、会员人数对社会组织进行分类。其次，分类设计年检报告内容和程序。为科学合理设计年检报告，可以对社会组织的各种信息进行分类，针对不同规模的社会组织分别设计年检报告。分类设计年检报告并不是为民政部门及社会组织增添负担及成本，而要依据社会组织规模对年检报告的内容进行分类设计，形成科学合理、真实有效、简洁明了的年检报告。年检报告内容设计为选择性填写，其中小微型社会组织重点提供基本信息、机构设置、核心业务收支情况，大中型社会组织重点提供组织治理、财务会计情况、运营状况、监督管理情况及信息公开情况。年检程序遵循越小越简的原则，民政部门监管应分类施策,针对小型组织要求按时提交年度报告,大中型组织定期提交季度报告及年度报告。

另一方面,对社会组织实施动态监管,及时调节、改善其运行机制,使其在一定"激励—约束"制度体系下发挥积极作用。以社会组织评估动态监管为例,《全国性社会组织评估管理规定》指出,评估结果分为5个等级,由高至低依次为5A级(AAAAA)、4A级(AAAA)、3A级(AAA)、2A级(AA)、1A级(A)。评估等级有效期为5年。评估办公室每年抽取一定比例评估等级在有效期内的社会组织进行追踪评估,民政部根据跟踪评估情况对相关社会组织作出相应的等级调整或确认,并向社会公告。[①]

[①] 中华人民共和国中央人民政府:《民政部关于印发〈全国性社会组织评估管理规定〉的通知》,2021年12月2日,https://www.gov.cn/zhengce/zhengceku/2021-12/11/content_5659896.htm,2023年10月23日。

中 篇

第四章 西部地区社会组织发展评估体系的构建原则与依据

当前,西部地区社会组织在科学、教育、文化、医疗、环保等方面发挥着积极的作用,但是在承接政府职能、推动社会治理方式创新等方面还存在一些不足。鉴于现有社会组织评估体系单一且未考虑西部地区社会组织的地域、民族、文化的特殊性,已经无法满足对西部地区社会组织发展的需求。因此,构建西部地区社会组织发展评估指标体系,并在应用指标体系的基础上提出针对性的政策建议,可以更好地激发西部地区社会组织的活力,继续丰富西部地区社会组织的多样性,在丰富实践经验的基础上丰富民族地区社会组织理论研究。

第一节 构建西部地区社会组织发展评估指标体系的意义

一 有利于加强对社会组织的管理

现阶段,对于社会组织的评估与认可来源于民政部门对于社会组织的年检以及开展全国性的评估工作,对社会组织评估的内容较为单一、年检、评估、变更等全凭社会组织主动向民政部门上报,政府对于社会组织的约束力不足,社会组织的积极性无法调动,个别社会组织违法条例，由于违法成本过低，许多社会组织对于政府的管理并不重视。在评估的过程中，某些社会组织由于人手不足、参评资料多而杂等原因，参评意愿低，所以导致自愿性质的评估无法得到有效的实施。一些社会组织因长期未开展活动，社会组织的退出机制的不健全，使部分社会组织成为"僵尸组织"。政府对社会组织管理有效性不足，无法实现对社会组织进行全方位监管，很多地方的社会组织年检流于形式，不能很好地起到监督和规范的作用。2020年民政部展开了对非法社会组织的整治工作。2022年，民政部常态化推进取缔非法社会组织工作进度，分期公布失信、非法社会组织名单。西部地区各地方政府响应政策精神，通过取缔、劝散、公布非法名单等形式，以高压态势强力打击非法社会组织。新疆维吾尔自治区强化社会组织登记管理，继续开展社会组织清理整治工作，持续开展打击整治非法社会组织工作，将17个社会组织列入活动异常名录、30个社会组织列入严重违法失信名单。[①] 4月11日，广西壮族自治区民政厅公布2022年第一批涉嫌非法社会组织名单，主要涉及宗亲会、商会、助学领域。[②] 宁夏回族自治区以专项督察的形式严厉整治非法社会组织，先后6次取缔、劝散，主要涉及华商会、青少年培训机构、国学课堂领域。建立健全社会组织评估体系，尤其要分类、分区域构建社会组织评估指标体系。让社会组织作为被评估的对象，深入社会组织内部，了解社会组织的构成与运行情况，发现社会组织在运行管理中的问题，同时对社会组织服务的对象展开最广泛的调查研究，了解社会组织对他们服务的满意程度，从而发现社会组织在运行与管理中的问题，更好地帮助社会组织发展。

---

① 中华人民共和国民政部：《回望2020新疆：情洒天山南北谱写民生画卷》，2020年12月25日，http：//www.mca.gov.cn/article/xw/mtbd/202012/20201200031299.Shtml，2021年11月6日。
② 中国社会组织政务服务平台：《关于公布2023年第一批涉嫌非法社会组织名单的公告》，2023年8月4日，https：//chinanpo.mca.gov.cn/xwxq？newsType=800105&id=19012&search=%E5%B9%BF%E8%A5%BF，2023年8月9日。

二 有利于加强党对社会组织的全面领导

坚持党对社会组织的全面领导,对于推动社会组织健康有序发展具有重要意义,促进社会组织功能的充分实现,巩固和扩大党执政的群众基础、社会基础。2020年4月24日,民政部召开部管社会组织党建工作(巡查工作)领导小组第五次会议,强调要增强社会组织党组织活动的黏性和吸引力,打造社会组织党建品牌,推动部管社会组织党建工作走在前面,发挥其示范引领作用。[1] 探索党建引领下社会组织参与多民族社会治理模式,对夯实党的领导核心地位、实现社会组织的服务功能意义重大。[2] 加强社会组织党的建设,需要理性探索社会组织的党建工作,通过党建搭建政府与社会的合作机制和平台,构建党和政府对社会组织引导型管理政策体系。[3] 党建工作已作为社会组织内部治理评估中的一项核心指标,引领着社会组织发展评估指标制定和评估实施整个过程,也拓展了党组织覆盖面。中共四川省互联网协会支部委员会充分发挥党建引领作用,创新党建工作模式,在成华区委组织部、建设路街道党工委和建设路商圈党委的指导和帮助下建立协会党支部"微党校",党员干部使用"学习强国"平台,推广开展"两学一做"、"不忘初心、牢记使命"主题教育等多个专题活动。[4] 民族地区党建引领社会组织积极参与多民族地区社区治理、帮扶"三农"工作、助力脱贫攻坚,以创新活动载体、搭建活动平台、推动多民族协作共建的形式,深化西部地区社会组织党建在组织运行、项目

---

[1] 民政部:《部管社会组织党建工作(巡察工作)领导小组召开第五次会议》,《中国民政》2020年第9期。
[2] 张立辉、高红萍:《党建引领社会组织参与城市多民族社区发展治理研究》,《民族论坛》2020年第1期。
[3] 徐嘉良主编:《中国社会组织评估发展报告(2019)》,社会科学文献出版社2020年版,第49页。
[4] 共产党员网:《中共四川省互联网协会支部委员会:发挥党建引领作用创新党建工作模式》,2020年9月8日,https://www.12371.cn/2020/09/08/ARTI1599569680228946.shtml,2021年12月5日。

合作、绩效评价、监督反馈等环节的价值引领、思想指导与服务拓展。

三 有利于社会组织更好地承接政府职能

"政府简政放权必然有一个承接职责问题，没有上游和下游之间的良好衔接，政府职能转变和转移将无法落地，公共权力和社会权力之间的关系再造将无法实现。"① 社会组织作为具有广泛群众基础的组织，能够调动群众的积极性，对于公共服务的供给也能够精准、高效。建立第三方评估机制，对社会组织进行评估，随着社会组织的不断完善发展，其独立性、高效率、专业化的优势逐渐显现，在政府购买公共服务方面能够满足人民群众多样化的需求，实现多元化的公共服务供给的新格局。一方面，社会组织承接政府职能，可以缓解现阶段政府压力，重塑政府形象，提升政府公信力。2020年，广西壮族自治区召开社会组织管理工作推进会暨社会组织参与基层社会治理现场会，柳州市、柳南区民政局详细介绍了社会组织参与基层社会治理的经验，参会人员现场观摩了柳州市社会组织孵化基地建设和柳南区社区引导社会组织参与基层社会治理的实际工作。② 内蒙古自治区安排2000万元继续开展向社会组织购买服务工作，共138家社会组织承接了居家养老、失能老年人照护、社区社会工作、社会组织培育孵化、社会组织等级评估、社会组织登记管理辅助、购买服务事中监管和绩效评价等8项服务。③ 四川省广安市引导专业社会组织服务联系村（社），实施"三区计划"、"牵手计划"，在社会组织中广泛开展"四服务四促

---

① 马庆钰、贾西津：《中国社会组织的发展方向与未来趋势》，《国家行政学院学报》2015年第4期。
② 广西壮族自治区民政厅：《全区社会组织管理工作推进会暨社会组织参与基层社会治理现场会在柳州召开》，2020年11月2日，https：//www.chinanpo.gov.cn/xwxq？id＝13605＆newsType＝3501，2021年10月5日。
③ 中华人民共和国民政部：《回望2020内蒙古：紧贴实际落实"六稳""六保"决策部署统筹推进民政领域疫情防控和民政工作发展》，2021年9月5日，http：//www.mca.gov.cn/article/xw/mtbd/202012/20201200031067.shtml，2023年7月6日。

进"主题活动，助推城市提质工程、乡村振兴，服务居民3400余人次，服务时长1100余小时，解决协调利益、规范服务、化解社会矛盾、帮扶弱势群体3700余件次。① 另一方面，在与政府合作中强化社会组织登记、备案、管理等重要工作，构建社会组织评估指标体系，对社会组织进行评估能够为政府决策建言献策，帮助政府选择合适的社会组织提供服务。新时代需要社会组织的高质量与高效率，对社会组织进行评估可以让社会组织看到制约自身发展的瓶颈，提升政府购买公共服务的能力，实现社会组织的公共价值。

四　有利于发展和弘扬少数民族传统文化及民族特色

西部地区是少数民族聚居区，其中内蒙古、新疆、西藏、甘肃、云南、广西属于边远地区，拥有着丰富的传统文化、非物质文化遗产及风俗习惯。单纯的民族间经济与社会交往并不能全面深刻地了解和理解这个民族的价值观念、精神信仰和社会结构，只有通过相互间尊重、包容、理解的文化交流才能促使各族成员认识到相互的个体差异和整体统一，从而明白本民族文化与中华民族文化的来历、形成过程、所具有的特色和发展趋向，即从文化自发转化为文化自觉。② 云南省民族协会、民间文化遗产保护与开发协会、内蒙古察哈尔研究会等涉及传统文化发展与弘扬方面的社会组织，通过少数民族文化价值引领、责任驱动、利益协调及资源调动实现各民族在社会结构互嵌的基础上，培养各族民众在意识形态、情感态度的深度互动，实现独特的民族文化符号从地域空间、语言认知空间及人际关系空间等不同层面促进各民族交融互嵌式发展。③ 草原生态环境保护作为西部

---

① 四川省民政厅：《广安市引导社会组织参与社会治理》，2020年6月5日，http://mzt.sc.gov.cn/scmzt/dfmz/2020/6/5/2a51d8ca4985460496bc7b547f23bb72.shtml，2021年11月5日。
② 费孝通：《论人类学与文化自觉》，华夏出版社2004年版，第188页。
③ 付强、辛晓玲：《空间社会学视域下的学校教育空间生产》，《山东社会科学》2019年第4期。

地区的重要特色之一，需要社会组织参与到遏制土地沙化、防治水土流失及荒漠化治理等重大项目工程中，动员及凝聚更多的社会资本参与到促进草原生态文化及草原环境的保护中，以期建立生态环境协同共治格局。

五　有利于规范境外社会组织境内活动

2017年我国实施《中华人民共和国境外非政府组织境内活动管理法》，各地方政府纷纷建立境外非政府组织登记备案制度及平台，对境外非政府组织境内活动开展依法登记、临时备案的管理工作。2021年1月16日，境外非政府组织管理办公室发布了境外非政府组织年度报告，截至2020年12月31日，已有554家境外非政府组织代表机构在我国依法登记，开展临时活动备案3239项。[①] 西部地区作为境外社会组织活动较为频繁的地区，通过构建社会组织发展评估体系，为有效规范境外社会组织境内活动提供制度要素支撑。2020年10月，云南省公安厅境外非政府组织管理办公室召开驻滇境外非政府组织代表机构培训交流座谈会，介绍境外非政府组织代表机构和临时活动登记备案情况，回应代表机构反映的困惑和问题，并为境外非政府组织详细指导和解答内部控制制度的建立和执行、财务规范性、税务处理等问题。[②] 贵州省公安厅境外非政府组织管理办公室调研走访了境外非政府组织在黔扶贫项目，深入了解中方合作单位与境外非政府组织开展合作交流的情况和有关项目实施情况，向当地中方合作单位深入宣讲相关社会组织发展评估的法律法规，为中方合作单位依法与境外非政府组织开展交流合作提供

[①] 境外非政府组织办事服务平台：《2020年度报告发布》，2021年1月16日，https://ngo.mps.gov.cn/ngo/portal/view.do?p_articleId=427384&p_topmenu=3&p_leftmenu=1，2022年1月18日。

[②] 境外非政府组织办事服务平台：《云南召开境外非政府组织代表机构培训交流座谈会》，2020年9月30日，https://ngo.mps.gov.cn/ngo/portal/view.do?p_articleId=384638&p_topmenu=3&p_leftmenu=1，2021年10月6日。

法律指引。① 为切实提高全区境外非政府组织服务管理工作水平，新疆维吾尔自治区公安厅境外非政府组织管理办公室组织全区视频培训会，结合新疆境外非政府组织管理服务的工作实际，通过案例分析对项目管理工作进行详细指导，进一步明确管理和服务的工作思路和原则，强调管理工作规范。

第二节　指标体系构建的原则

西部地区社会组织发展评估指标体系构建原则主要分为目的性原则与科学性原则。目的性原则主要包括"共同性、差异性、融合性"原则。科学性原则主要包括可操作性、公开公平及合理性原则。

一　构建评估指标体系的立足点：共同性、差异性、融合性

一是西部地区社会组织发展评估体系设计需遵循"共同性"。应以铸牢中华民族共同体意识为主线，通过地方政府开放治理空间，明确社会组织参与社会治理的重要职责，坚持以问题为导向，不断改进西部地区社会组织评估标准，高质量完成党和政府赋予的使命任务，纾解由地区经济、社会发展滞后引发的社会组织区域分割化、组织差别化、服务不均衡等瓶颈。

二是西部地区社会组织发展评估体系设计需尊重"差异性"。以地区因素、组织特性作为西部地区社会组织发展评估指标设计的重要依据，地区因素涉及边远地区社会治理、牧区振兴、自然灾害风险防范、生态治理及生态安全等内容。其中，西部地区大多都属边远地区，边远地区社会治理肩负着拱卫边疆、发展边疆的重要职责。作为完善和丰富边远地区社会治理的重要方式，边远地区公共文化服务建设和

---

① 境外非政府组织办事服务平台：《贵州走访调研境外非政府组织在黔扶贫项目》，2020年11月12日，https：//ngo.mps.gov.cn/ngo/portal/view.do？p_articleId=384741&p_topmenu=3&p_leftmenu=1，2021年12月6日。

发展有助于改善当地同胞的生活水平、国家认同。① 社会组织作为边远地区公共文化服务供给的重要承接者，要在扩展文化空间、开展文化活动、挖掘非物质文化遗产资源，提升少数民族农村居民的文化自觉与公共精神等方面，② 发挥供给主体性、服务方式多样性和服务内容创新性的组织特性。受地理位置、自然条件、人口分布等因素限制了西部地区公共服务供给均衡化及可及化，西部地区社会组织发展以其组织"差异性"为优势，在化解西部地区公共服务供给主体、供给方式和供给结果碎片化困境，以及推动边远地区社会治理安全稳定发展等领域具有显著优势。与此同时，西部地区社会组织"差异性"涉及组织文化、人员结构、组织职能、组织活动等内容。

三是西部地区社会组织发展评估体系应用需体现"融合性"。以民族交往交流交融为目标，探寻社会组织在特殊地区的运行特征与行动策略，帮助社会组织对发现的问题及时做出回应，逐步在西部地区社会公共服务和治理中获得政府信任与支持。在地方治理、区域治理、组织治理等方面与政府部门、社会民众形成资源互助、优势互补、相互监督的协同共治格局，体现各民族的共同信仰、价值追求、行为选择，并在相互交往交流中不断得到充分的尊重、理解和保护。

二 构建评估指标体系的科学性原则

1. 投入—产出均衡性原则

投入产出原则最初主要应用于企业管理领域，是全面绩效管理的依据。后引入政府治理领域，成为考察国民经济产业部门间内在联系的工具，为资源优化配置和公共政策制定提供参考和借鉴。新时代，社会组织作为私人部门、公共部门之外推动我国经济社会发展的第三

---

① 李俊清、李泽锋：《边疆治理：民族地区公共文化服务政策变迁的政治过程——一个间断均衡理论的分析框架》，《河南师范大学学报》（哲学社会科学版）2023 年第 2 期。
② 包鑫：《文化自觉与公共性重建：农村少数民族地区公共文化服务的双重使命》，《图书馆建设》2019 年第 1 期。

部门，能够补充政府和市场不愿、不便、无力提供的公共服务，对资源投入、内部治理、运营绩效提出了更高要求。为了建立更加公平公正、合理有效的评估指标体系，科学考量西部地区三类社会组织整体发展水平，本研究将该原则创造性地移用于社会组织场域。其中，投入不仅主要涉及社会组织在资格申请、机构建设、党建工作、文化塑造过程中消耗的人、财、物资源，还包括通过政府购买、公众捐赠、内生性资源再生产等途径汲取到的资源；产出主要涉及社会组织对经济社会发展的主要贡献，具体包括链接社会资源、供给公共服务、搭建沟通平台、参与民主决策等直接或间接效益。鉴于此，根据西部地区社会组织内部运作机理，将其发展评估指标体系划分为投入性指标与产出性指标两大类，为西部地区社会组织合理配置发展资源、提升绩效评估效能、加强自身能力建设提供参考。

2. 可操作性原则

在确定指标时，要考虑评估对象的层次性以及针对西部地区社会组织的实际情况考虑评估内容的多样性，尽可能全面地反映西部地区社会组织的全貌；在设计指标时要对重复指标进行筛选，力求能够更加容易搜集到想要的信息。在权重设置方面，要尽可能合理设置指标权重，以实现评估指标体系的总体均衡，实现最优的评估结果。

指标的选择要根据西部地区社会组织实际情况展开，不同于传统的、全国性的社会组织评估指标，而是深入西部地区的实际情况、深入社会组织、社会组织管理部门、社会组织服务的群体展开广泛的调研，制定调查问卷，经过多轮专家建议与修改，完善调研问卷，向与社会组织有关的群体发放问卷，确认指标的选择以及权重，形成完善的指标体系。为了体现出西部地区与其他地区社会组织的不同点，在问卷设计上将西部地区社会组织的特点，如民族因素、宗教因素、文化因素、地理因素等考虑在内，所形成的指标体系要具有可操作性、可预见性，为西部地区社会组织的评估与社会组织的发展提供参考，为政府购买公共服务提供依据。可操作性要求评估指标的选取要充分考虑各种主客观条件的限制，所有的指标要尽可能量化，能够提供更加详细的数据，同时指标的选取要具备较好的结构效度，以确保整套指标体系可以顺利执行。

3. 公平公开原则

西部地区社会组织发展评估指标的选取、赋权及应用，需要参考大量文献资料、政策法规、多轮同行专家咨询及广泛调研的基础上，形成定性与定量相结合的一套评估指标体系，在党和国家的带领下，能够科学地指导西部地区社会组织高质量发展。这一过程中指标的设计、问卷与访谈资料提纲的形成、预调研的设计、专家打分的依据、层次分析法的客观应用，都是坚持公平、公开原则，以便实现对西部地区社会组织最权威、最契合实际、最具指导性的评估。

4. 合理性原则

目前，学术界及行业领域对于社会组织的专业性评估都以"全国性社会组织评估等级"为准，除此之外再无其他。全国性评估指标体系内容复杂，涉及全国各类社会组织的总体发展，但在突显地区环境、组织特色、服务优势方面考虑欠缺，无法与特殊环境中社会组织发展实际相契合。西部地区经济、社会、文化、政治及生态发展都区别于中东部地区，产业结构单一、经济主体活力不足、基层社会治理模式缺乏创新、生态环境较为脆弱、传统文化及非物质文化遗产丰富的现实情况，促使当地的社会组织机构管理、人力资源、财务管理、信息平台监管等方面的指标设计，应坚持合理性、可行性原则，全面考量西部地区社会环境因素，以此为基础建立的评估体系才能帮助社会组织发现自身存在的问题，引导西部地区社会组织以民族交往交流交融发展为目标，健全制度支撑体系，不断加强评估工作的规范性、合理性指导。

第三节　指标体系选取的理论依据

本书以铸牢中华民族共同体意识为主线，以民族交往交流交融为目标，探寻围绕"地区特征及组织特性"的社会组织发展评估要素。民族交往交流交融是由中共中央第五次西藏工作座谈会中首次提出。自党的十八大以来，习近平总书记不断重申"加强各民族交往交流交融"，并在十九大报告中提出"铸牢中华民族共同体意识，加强各民族交往交流交融，促进各民族像石榴籽一样紧紧抱在一起，共同团结奋斗，共同繁荣发展。"[①] 我国西部地区大多属于少数民族聚居区、边境地区，其社会建设及治理应按照平等尊重、互惠共赢、互联互嵌的原则，建构各民族交往交流交融的实践机制或路径。民族交往是实现民族交流和交融的基础和前提，民族交流是民族交往的深化和拓展，民族交融是民族交往交流的目的和本质要求，也是民族关系和谐发展的理想要旨。[②] 具体应用到构建"西部地区社会组织发展评估体系"研究中，要以"共同性、差异性、融合性"作为构建评估指标的立足点，以规范西部地区社会组织工作方式、提升其公共服务能力、健全西部地区社会组织工作绩效机制、提升其服务认同感，化解西部地区社会组织区域化分割、服务差别化、评估统一化的瓶颈，以期推动西部地区社会组织高质量发展水平。

为了规范社会组织整体发展水平，中央政府出台了一系列政策作为引导和规范社会组织健康发展的基础保障。如《民政部关于社会组织成立登记时同步开展党建工作有关问题的通知》《中共中央办公厅印发〈关于加强社会组织党的建设工作的意见（试行）〉的通知》《关于进一步规范提升社会组织参与社会治理工作的实施意见》《关于通过政府购买服务支持社会组织培育发展的指导意见》及《民政部国家乡村振兴局关于动员引导社会组织参与乡村振兴工作的通知》等一系列扶持性政策指引下，强调在承接政府购买服务、创新基层社会治理机制、助力乡村振兴中，尽快完善社会组织管理体

---

① 习近平：《决胜全面建成小康社会　夺取新时代中国特色社会主义伟大胜利——在中国共产党第十九次全国代表大会上的报告》，人民出版社2017年版，第40页。
② 郝亚明：《中华民族共同体意识视角下的民族交往交流交融研究》，《西南民族大学学报》（人文社会科学版）2019年第3期。

制，培育发展和规范管理社会组织良性发展，充分发挥社会组织在国家重要战略任务中的示范和引领作用。同时，为了避免社会组织发展滞后于社会环境发展，应打破组织封闭式管理格局，完善信息公开制度，将组织基础条件、内部治理水平、工作绩效评价等内容，依托信息平台接受社会广泛监督与评价，以此提升组织自我管理与自我约束能力。

为分类管理社会组织规范化发展，《社会团体登记管理条例》①《民办非企业单位登记管理暂行条例》②《基金会管理条例》③三项专项管理条例，明确了各类社会组织在法人资格、等级管理、组织机构、党组织建设、业务活动、财务资产、组织文化、业务活动产出、信息平台、内部评价及外部评价等方面做出了细致规定。这一措施不仅保障了各类社会组织的合法权益，也促进了社会团体、基金会、民办非企业单位在各自领域范围内，提升专业性服务能力提供了政策依据。西部地区在国家大力扶持下，"五位一体"发展已迈上新高度，为了适应西部地区社会不断分化与发展的需要，以传承民族文化为西部地区社会组织发展动力，其涵盖和服务于教育、环保、弱势群体、风险防范和农村发展等领域。社会组织应具有特定和明确的组织目标，以集中资源提高组织运行能力。在引导、培育、支持社会组织发展的全国性政策指引下，结合西部地区社会组织自身特性与服务类型，归纳总结从西部地区社会组织发展评估的"基础条件"、"内部治理"、"工作绩效"、"社会评价"四个"共同性"指标入手，深入阐述"共同性指标"、"差异性指标"、"融合性指标"选取的理论依据。

---

① 民政部：《社会团体登记管理暂行条例》，2021年10月25日，http：//www.mca.gov.cn/article/yw/shjzgl/fgwj/201507/20150700850197.shtmlhttp：//www.mca.gov.cn/article/yw/shjzgl/fgwj/201507/20150700850197.shtml，2022年9月13日。

② 民政部：《民办非企业单位登记管理暂行条例》，2021年9月25日，http：//www.mca.gov.cn/article/yw/shjzgl/fgwj/201507/20150700850194.shtml，2023年9月13日。

③ 民政部：《基金会管理条例》，2022年2月11日，http：//www.mca.gov.cn/article/gk/fg/shzzgl/201507/20150700847909.shtml，2023年9月13日。

一 "基础条件"指标选取的理论依据

要对西部地区社会组织发展进行科学合理的评估，已有评估体系、评估理论。王思斌（2003）从社会组织自身发展和外部影响的角度构建评估体系。本书中四个一级指标的选取依据民政部发布的《全国性社会组织评估管理规定》中的"基础条件"、"内部治理"、"工作绩效"、"社会评价"四个一级指标作为"共同性"指标，指引西部地区社会组织的整体发展趋势。需要明确的就是西部地区社会组织应该具备的基础条件，主要包括"法人资格"、"登记管理"、"目标章程"三部分。首先，"法人资格"条件中的理事会作为社会组织的核心主体，既是履行组织使命的重要承载者，亦是组织决策的制定者与组织范围内职责权力配置的核心参与者，有必要对"理事、监事情况"进行评估。[①] 其次，社会组织"目标章程"制定的重要原则为"诚信建设"。在信用社会背景下社会组织信用体系建设价值更加凸显。[②] 建立社会组织的诚信体系和优胜劣汰的选择机制，将社会组织的价值取向和解决问题的专业能力作为重要指标放进诚信体系中，并委托专业第三方机构运作，切实保证评价结果的科学性和公正性。[③] 还有学者认为社会组织信用体系构建应从诚信价值观念、合法合规和制度落实三个维度出发。[④] 与此同时，针对社会组织失信行为制定了跨部门协同监管和联合惩戒机制。《关于社会信用体系建设的若干意见》《关于加强和创新社会管理的意见》《社会信用体系建设规划纲要（2014—2020年）》《关于建立完善守信联合激励和失信联合惩戒制度加快推进社会

[①] 叶士华、何雪松：《理事会能够提升社会组织绩效？——基于全国691家社会服务类组织的实证研究》，《公共行政评论》2021年第1期。

[②] 郭少华：《社会组织信用体系建设面临的挑战及应对策略研究》，《征信》2023年第8期。

[③] 赵小平：《社会治理视阈下社会组织四类行为的特征、转化和政策建议》，《中国行政管理》2021年第2期。

[④] 郑沃林、夏莓若、周艺文：《社会组织信用评价机制建设问题研究》，《征信》2023年第8期。

诚信建设的指导意见》等内容，强调社会组织信用监督和失信惩戒必须建立健全跨部门协同监管和联合惩戒机制。① 最后，"登记管理"方面，2016年中共中央办公厅国务院办公厅印发《关于改革社会组织管理制度促进社会组织健康有序发展的意见》，要求国务院法制办会同民政部推动将社会组织发起人的资格、人数、行为、责任等事项纳入有关行政法规予以规范。② 2018年民政部印发《关于进一步加强和改进社会服务机构登记管理工作的实施意见》，要求强化登记审查，明确登记审查重点、探索社会服务机构直接登记改革及抓好重点领域社会服务机构登记改革。③ 学者们就登记管理的必要性、现状及困境展开深入研究。自十八大以来，社会团体登记管理工作呈现出新的发展趋势，管理实践中重监督管理，轻培育发展，许多社会团体认为《条例》的"规范性有余、发展性不足"，既未对政府转移职能、购买服务、人才激励、税收优惠、财政支持、表彰奖励等普惠政策做出规定，也未对养老、教育、文化、卫生、托育、应急、环保、"走出去"等重点领域出台行业扶持政策做出引导。④ 社会组织管理制度应在培育与监管之间寻求审慎平衡，"开放学习"和"务实主义"是政府发展社会组织的认知观念；以"政治性约束"和"功能性激励"为核心的"策略性收放"机制是制度体系的有效支撑。⑤

"年检结论合格及遵纪守法程度"作为三级指标，主要依据年度检查制度是我国政府对社会组织进行监管的主要手段。社会组织的规

---

① 徐嫣、王博：《论失信联合惩戒视野下社会组织信用监管制度的构建》，《法律适用》2017年第5期。
② 中华人民共和国中央人民政府：《中共中央办公厅 国务院办公厅印发〈关于改革社会组织管理制度促进社会组织健康有序发展的意见〉》，2016年8月22日，https://www.audit.gov.cn/n4/n18/c86755/content.html，2023年9月20日。
③ 中华人民共和国中央人民政府：《民政部关于进一步加强和改进社会服务机构登记管理工作的实施意见》，2018年10月30日，https://www.gov.cn/xinwen/2018-10/30/content_5335788.htm，2023年9月20日。
④ 王博：《我国社会团体登记管理工作现状及展望——基于对〈社会团体登记管理条例〉实施效果评估的分析》，《中国行政管理》2021年第2期。
⑤ 杨志云：《开放的务实主义与策略性收放：新时代中国特色社会组织发展的机理阐释》，《公共管理与政策评论》2022年第4期。

模差异与"一刀切"年检制度之间的矛盾以及年检工作量大幅增加与登记管理机关资源有限之间的矛盾是现行年检制度面临的主要问题，应按公益性和互益性分类的基础上，按照资产和年收入规模将社会组织分类；针对规模类别的社会组织，分别设计报告内容和监管程序；公开社会组织年检信息，为其他主体分担社会组织的监管责任创造条件。① 更要督促规范化年检工作，真正做到严格执行政策规定标准、细化办事流程、规范操作程序，督促社会组织规范做好报送章程、年检、评估和财务审计等工作。②

二 "内部治理"指标选取的理论依据

社会组织"内部治理"能力及水平是实现社会组织可持续发展的关键，主要包括人力资源、组织机构、党建工作、财务资产、业务活动、组织文化六方面。赋能与效能是社会组织内部治理的两大逻辑基础。合法性赋能使得社会组织具有治理权限，在此之后，才能自主地治理其内部事务；社会组织治理的权威性效能是基础能力要素，能够开展和推动内部事务的治理。③

首先，"社会组织党建工作"是引领组织运行的核心力量，可以对社会组织内部治理产生赋能效应：党组织书记兼理事参与决策执行，抑制理事会的道德风险和逆向选择行为；社会组织积极开展党建工作还有利于社会组织撬动党政体系内外的资金、场地等多元化资源，并且将信任、荣誉等无形资源转化为有形资源，从而提升社会组织资源拓展能力。④ 除此之外，党组织参与社会组织内部治理（交叉任职）

---

① 张远凤、张慧峰：《分类监管视角下社会组织年检制度优化研究——基于 M 省本级登记社会组织年检报告（2011—2014）的分析》，《中国行政管理》2018 年第 10 期。
② 柴一凡：《以有效监管促进社会组织健康有序发展》，《中国行政管理》2021 年第 4 期。
③ 王海涛：《治理视域下社会组织的内部治理及其影响——以安徽 H 村乡村客栈联盟为例》，《党政研究》2022 年第 6 期。
④ 欧翠玲、颜克高：《党组织建设是否提高了社会组织筹资收入？——来自中国基金会的经验证据》，《外国经济与管理》2022 年第 12 期。

对组织能力提升具有积极作用。①

其次，社会组织"人力资源建设"主要分为投入性资源与汲取性资源两方面。"投入性人力资源"面临的困境主要受专业人才匮乏制约，组织往往只能满足居民的一般需求，较少能满足其深层次需求，服务供给与需求的匹配度低，直接制约居民对社区社会组织的价值认同。②"汲取性人力资源"面临难以吸引新乡贤、涉农产业带头人等高素质人才加入，导致其专业人员数量少、专业技能不高，加上专业人员的流动性大，组织的服务能力受到很大制约，尤其是专业性的服务能力明显不足，高质量的产品产出不多，社会影响力不大。③如何吸引外生型人才的加入与内生型人才的挖掘，是社会组织内部治理过程中人力资源建设面临的主要症结。村两委要善于挖掘乡村精英、支持乡村精英、保护乡村精英，继而促进农村社会组织的发展；④促进村民教育，以"利益"带动"公益"；适当引进大学生，真正实现人才"下乡"；加强"支持性社会组织"的发展。⑤

再次，"财务资产"管理是社会组织日常治理的核心环节，财务管理关系到社会团体、民办非企业单位及基金会的运行成本和资金使用效率，是社会组织实现长期、持续、健康发展的保障。"财务管理"方面存在着内部预算管理环节缺失、资金管理不够严格规范、专职且专业水准较高的财务人员缺乏等问题；⑥"资产管理"方面存在资产产权管理混乱、财务会计制度不完善、信息披露透明度低等问题亟须解

---

① 荣幸、李健：《党组织嵌入提升了社会组织能力吗？——来自B市基金会的经验证据》，《经济社会体制比较》2023年第1期。

② 李杏果：《社区社会组织参与社会治理共同体建设：内在逻辑与实现路径》，《河南社会科学》2023年第1期。

③ 熊艳兵：《我国当代乡村社会组织发展研究》，博士学位论文，中共中央党校（国家行政学院），2020年，第89页。

④ 荣幸、李健：《党组织嵌入提升了社会组织能力吗？——来自B市基金会的经验证据》，《经济社会体制比较》2023年第1期。

⑤ 胡那苏图、崔月琴：《组织化振兴：农村社会组织参与乡村治理路径分析——以内蒙古东部脱贫县A镇三村为例》，《理论月刊》2020年第5期。

⑥ 覃倩：《浅析健全我国社会组织财务管理体系》，《财务与会计》2020年第24期。

决。因此，应探索构建"政府部门综合管理、社会组织依法运营、各方力量共同监督"的社会组织资产管理体制，建立围绕社会组织资产全生命周期和防范国有资产流失的"审查管理、产权管理、规范管理、监督管理、剩余财产管理、国有资产管理"管理体系，聚焦难点症结，发力施策。[1]

最后，"业务活动情况"是考量社会组织在国家治理体系中发挥重要作用的一项关键指标。西部地区社会组织"业务活动情况"主要包括"承接跨区域社会组织服务"、"承接辖区内政府购买或委托服务"，以及参与"相对贫困治理"、"基层社会治理"、"乡村振兴项目"、"基本公共服务供给"等国家重要战略任务。"承接跨区域社会组织服务"重点涉及边远地区社会治理、公共危机协同治理、跨区域承接政府购买服务等方面。在边远地区社会治理中通过跨区域社会组织发挥"穿针引线"的作用，将边远地区的本土优势与自身优势相整合，提高社会组织治理能力和治理水平，发挥"1+1>2"的效应。[2]此外，风险社会背景下，跨区域公共危机已经由偶发向频发、简单到复杂的方向发展。为了有效应对跨区域公共危机，应纳入不同区域的政府与社会、市场力量，创新构建跨区域公共危机协同治理模式及组织、协调和控制三大运行系统，各主体在三大运行系统框架下形成运转高效、合作无间的跨区域公共危机协同应对格局。[3]就承接跨区域政府购买服务时，社会组织需要构建"在地合法性"，这在一定程度上限制了社会组织的发展。从组织合法性视角出发，分析社会组织跨越街区承接政府购买服务项目的实践过程，发现社会组织在突破"圈内"购买困局的行动中呈现出明显的"在地合法性"建构逻辑：[4] 即

---

[1] 谭静：《社会组织资产管理问题研究》，《中央财经大学学报》2019年第10期。

[2] 曹亚斌、石乃方：《跨区域社会组织参与边疆社会治理的机制研究》，《边疆经济与文化》2023年第9期。

[3] 胡建华、钟刚华：《跨区域公共危机协同治理的实践考察与创新模式研究》，《地方治理研究》2022年第1期。

[4] 侯利文、李昂：《社会组织在地合法性的逻辑建构与治理突围》，《深圳大学学报》（人文社会科学版）2023年第1期。

行业合法性确立合作关系、购买合法性确立信任关系、社区合法性满足利益相关方需求。西部地区社会组织通过获得这三种合法性建立其承接辖区外政府购买服务的"在地合法性",推动组织高质量发展。受到西部环境约束和中央政策支持的影响,西部地区承接政府购买服务过程中的政社关系主要体现在:西部地区地方政府出于程序正当性和绩效认可度,直接培育社会组织;随着组织能力的发展,社会组织能够自主整合东部社会资源,助力西部地区政府破解当地基层治理困境;最终,西部地区地方政府与其培育的社会组织逐渐走向协同进化,形成互惠型政社关系。①"参与相对贫困治理"重点涉及科技类社会组织。改革开放以来,科技类社会组织结合自身组织优势积极参与到伟大的脱贫事业中,为我国的脱贫攻坚贡献了智慧和力量。积极的政策动员、业务主管单位支持推动、政府购买扶贫服务机制的建立、扶贫模式的创新、扶贫需求与帮扶无缝对接等是促进科技类社会组织有效参与精准扶贫的关键。②"参与基层社会治理"涉及数字赋能社区社会组织提升社区治理水平已成为趋势。为完善社区社会组织在共同体中的参与,需要运用政社两种资源的优势,赋权赋能社区社会组织,充实社区社会组织经费来源,健全民主治理,提升社区社会组织参与的广度和深度,促进合作,实现共治。③"参与基本公共服务供给"中乡村社会组织勇敢地担当了优秀乡村文化传承的历史使命,积极保护各类民俗、民族语言、民间文学、民间美术、民间音乐、民间舞蹈、民间戏剧、民间曲艺、民间杂技和各种传统技艺等民间艺术,把蕴含中华民族的优秀文化基因传承下去。乡村社会组织在参与乡村文化传承过程中有其独特的行动模式和发展路径,对民族文化的传承有着不可忽略的促进作用。据统计,广西歌圩协会于 2016 年开始联合全区 200

---

① 果佳、卢卓新、郭跃:《西部地方政府与其培育社会组织的关系演变研究——一项单案例分析》,《公共管理学报》2023 年第 2 期。

② 田恒:《科技类社会组织参与精准扶贫的经验转向与未来选择——基于贵州省的实践考察》,《学会》2020 年第 10 期。

③ 李杏果:《社区社会组织参与社会治理共同体建设:内在逻辑与实现路径》,《河南社会科学》2023 年第 1 期。

多个农村社区歌圩分会采用"点—线—面"的行动模式,以"歌圩+旅游业"和"农村社区+校园"发展路径参与歌圩文化传承,成为乡村社会组织成功传承乡村文化的典范。[①]

三 "工作绩效"指标选取的理论依据

社会组织"工作绩效"从词义上我们可以理解其基本含义——成果和效益,具体是指社会组织在工作生产过程中依据基础条件与内部治理所产生的一定数量和质量的服务成果和服务效益,其衡量的难点在于其公益性或非营利性特征,使得社会组织"内部治理"中的"财务资产"管理中通常缺少"利润"这一指标,使得"工作绩效"评价的完整性受到损害。尽管如此,理论界和实务界探究社会组织绩效的热度并未减退。德鲁克指出,财务账目的盈亏不能反映社会组织服务是否卓有成效。社会组织的使命是组织一切服务的出发点。[②] 理论界从社会组织承接政府购买公共体育[③]、养老服务[④]及社区服务的绩效评估、社会组织公益服务绩效[⑤]、社会组织员工品牌绩效,[⑥] 以及社会组织孵化器运行绩效、理事会提升社会组织绩效等方面开展研究。综合现有研究成果,西部地区社会组织发展评估中的"工作绩效"主要考量"业务活动产出"、"信息公开"两方面,具体包括"服务成果与组织目标吻合度"、"承接公益项目数量"、"地区特色项目服务数量"、

[①] 熊艳兵:《我国当代乡村社会组织发展研究》,博士学位论文,中共中央党校(国家行政学院),2020年,第69页。

[②] [美]彼得·德鲁克:《管理新现实》,吴振阳译,机械工业出版社2019年版,第85页。

[③] 李帅帅、董芹芹:《政府、市场和社会组织在公共体育服务中的角色定位与绩效评估》,《湖北体育科技》2020年第4期。

[④] 徐金燕:《政府购买社区养老服务运行绩效影响因素的实证研究——以长沙市为例》,《湖南社会科学》2020年第2期。

[⑤] 崔月琴、母艳春:《双重制度逻辑下公益组织的行动策略与发展张力——基于S公益组织与政府合作的实践分析》,《浙江社会科学》2021年第12期。

[⑥] 张冉:《品牌内化提升社会组织员工品牌绩效的中介路径研究——基于中国非营利部门员工问卷调查数据的实证分析》,《中央财经大学学报》2021年第11期。

"为政府部门建言献策情况"、"平台建设"、"年度工作报告及财务审计报告"、"捐赠公开及公益项目进展情况"。"地区特色项目服务数量"着重考察"参与东西部协作、对口帮扶项目情况"、"参与乡村振兴服务情况"、"参与西部地区基层社会治理"几方面。在实现共同富裕的新时代，在坚持东西部协作强政府、强市场和强社会治理结构的基础上，应强化政府引导、市场主导、倡导"企业共同富裕价值投资"，同时加强三次分配，鼓励公益创投和数字化公益平台创新，动员企业、个人和社会组织参与东西部协作。① "十四五"时期，社会组织助推西部地区基层社会协同治理的过程中形成了以"需求回应"模式，通过"瞄准政策窗口"、"塑造典型方案"和"借道行政承诺"等策略维护协同治理网络；以"价值创造"模式为指引，社会组织重点设计"培植协同网络"、"启动任务激励"和"设置可视反馈"等策略推动服务共同体的生成。② 值得一提的是，调研发现当前参与东西部协作的社会力量大多还是以官方社会组织为主，这些带有行政属性的社会主体因有政府背景，因而在科层制激励下更愿意参与帮扶工作。③ 社会组织参与西部民族地区社会治理中可以发挥独特的作用，其与政府部门彼此协作，与广大群众直接接触，有利于解决好民族地区农村经济社会发展中遇到的难题，不断创新社会治理方式和手段，提升民族地区社会治理创新水平。社会组织参与民族地区社会治理创新既有极大的必要性，又蕴藏着无限的可能性。④

"信息公开"的意义从捐赠者角度来看，其是捐赠者了解自身捐赠去向及使用方式的重要途径，同时捐赠者了解后也可以与社会组织进行沟通协商，获得自身的捐赠成就感，通过信息公开加深捐赠

---

① 王小林、谢妮芸：《东西部协作和对口支援：从贫困治理走向共同富裕》，《探索与争鸣》2022年第3期。
② 杨宝、刘俊钰：《社会组织"助推"协同治理的模式及策略——基于案例比较的扩展性分析》，《学习与实践》2023年第4期。
③ 谢治菊、黄燕洪：《东西部协作中的国家、市场与社会》，《行政论坛》2023年第2期。
④ 吴开松、杨芳：《社会组织在西部民族地区社会治理创新中的价值研究》，《贵州民族研究》2014年第9期。

者对社会组织的信任感，进而提升社会组织公信力；从政府角度来看，通过信息公开打破社会组织原始的依靠政府财政拨款获得资金及应对困难的模式，减少对政府的依赖，使政府财政资金可以向其他需要方向倾斜；从公众的角度看，通过将救助信息公开，能够吸引更多的公众参与其中，吸引更多社会资源参与其中。通过将资金使用情况公开，有利于公众对社会组织的监督，公众能够及时了解资金运作情况，有利于加强群众对社会组织的信任感。[1] 建立健全社会组织信息公开制度，应采取"先铺开、后规范"的方式，推进信息公开工作；分类制定社会组织信息公开标准，信息公开的内容、方式以及标准不可能做到一刀切、一个模式，而要区别不同类型和属性分别制定标准；完善社会组织信息公开的法规，推动社会组织信息公开工作的规范化。[2] 建立失信约谈和处罚机制，推行社会组织的信用记录管理，建立社会组织失信"黑名单"制度，对不履行信息公开义务的社会组织，纳入社会组织失信"黑名单"，由登记管理部门进行失信约谈和责令改正，并根据法律法规规定予以行政处罚，失信信息纳入征信系统。[3] 构建社会组织信息披露体系作为一种极为重要的沟通载体，有利于社会组织与相关主体进行良性互动，降低信息不对称程度，从而增进多方互信合作，逐步实现社会组织运行的公开化和透明化。[4] 社会组织所具备的公益性、非营利性、志愿性的特征，促使其有必要满足社会民众对社会组织经常性管理活动和常态化治理机制的信息需求，尤其是发现或被指控组织内部存在违法违规行为时，需要详细地说明问题的产生原因、调查情况、处理结果及改进方案等，更为社会组织赢得公众及政府信任提供可靠支撑。

---

[1] 赵辉、吕红：《我国社会组织公信力提升路径》，《区域治理》2020年第4期。
[2] 张益萍：《浅议社会组织信息公开制度的建立》，《中国社会组织》2016年第23期。
[3] 崔秀朋、翁晓晖：《社会组织信息公开的实践与思考——以宁波市为例》，《中国社会组织》2016年第19期。
[4] 邵贞棋、赵西卜：《社会组织信息披露的框架体系研究》，《中国行政管理》2020年第9期。

四 "社会评估"指标选取的理论依据

社会评价是社会组织发展评估、等级评估的重要组成部分，旨在面向社会组织内外各个利益相关方开展社会调查，对社会组织内部控制系统及其实施的有效性和效果进行主客观评价。相关研究成果涉及我国社会组织管理质量评估、等级评估，评估主体是社会组织内部评估部门或行政主管或授权单位（主要是民政部门及其下设的评估委员会），社会和一般民众通常不参与社会组织的评估。这一评估被认定为"内部评估"。由于"内部评估"具有省时高效、专业性强、力量集中等优点，被广泛地推广到社会组织评估活动中，是现时社会组织管理质量评估的主要形式。[①]"内部评估"体系的构建是指由社会组织管理层实施的，形成评价结论，出具评价报告的过程。将需要达到的控制评价目标具体化、明细化、量化后，转变成可以执行的具体评价标准，由设定和组建的评价组织，按照事先确定的评价程序、采用相应的评价方法、制定具体的评价方案对内部控制系统及其实施分别进行评价并给出评价结论，同时在评价的过程中也要对评价本身的风险水平进行分析。不是所有社会组织的内部控制都要并且都能够达到同一水平，因此社会组织内部评估应该建立在内部控制等级分类之上，通过制定内部控制等级及其级别标准，评价其的符合程度，了解和掌握其内部控制的总体水平。[②]

为进一步规范社会组织规范化治理，需完善社会评价内容与主体范围，吸纳公众网络、第三方评估机构、政府相关职能部门及行业主体等不同类型的外部主体参与社会组织发展评估，以健全的"外部评估"体系提升社会组织公信力建设。社会组织公信力建设是一项系统工程，需要多方努力，有效的外部监督是打造社会组织公信力不可或

[①] 刘惠苑、叶萍：《社会组织管理质量评估体制研究》，《前沿》2011年第24期。
[②] 赖俊明：《EDP环境下社会组织内部控制评价探析——以杭州市文化创意协会为例》，《现代企业》2013年第11期。

缺的组成部分。我国社会组织第三方评估机制从无到有的建立过程，不可能一蹴而就，需要综合考虑各地的实际，根据社会组织发展现状、社会组织第三方评估机构的发展情况等，循序渐进地建立起符合我国国情的社会组织第三方评估机制。[1] 社会组织要想持续良好的发展，也离不开政府的监督和管理，政府要改变过去的监督方式，不再直接参与组织内部的发展运行，而要通过审查社会组织活动报告、财务报表等形式，对组织进行间接的有效监督。[2]

---

[1] 石国亮、苏媛媛：《通过第三方评估建设社会组织公信力的战略思考》，《中国社会组织》2019年第9期。

[2] 李建升、石卫星、郭娅娟：《基于政府视角谈公益慈善组织公信力构建》，《社会与公益》2019年第5期。

第五章　西部地区社会组织发展评估指标体系的构建

依托民政部政策研究中心委托课题"社会组织参与乡村振兴战略研究：意愿、能力、困境与政策建议"，以及内蒙古农业大学社会组织助力牧区振兴研究中心的团队支持，2022年7月—8月、2023年6月—8月期间，深入西部民族八省区社会组织业务主管单位、承接政府服务的社会组织机构、民政厅及社会组织管理局等部门展开调研工作，收集可靠数据和资料。内容包括社会组织的使命和章程、组织发展的组成要素、组织发展的评价方法、组织发展的评价指标、组织发展的成功经验，根据调研、访谈资料进行文本分析，提炼影响西部地区社会组织发展的关键要素。

第一节　西部地区社会组织发展评估指标体系设计思路

构建西部地区社会组织发展评估指标体系，应改变以往针对准入资格审查、发展等级评分的阶段性评估，依据西部地区地理位置、政治要素、经济社会状况等因素，探索从社会组织基础条件、机构设置、制度运作、资源获取途径、业务活动绩效及社会评估等方面建立健全全过程式评估体系。

一　构建指标体系的具体思路

西部地区社会组织发展评估指标体系的建立以"共同性、差异性、融合性"作为立足点,以"投入产出均衡性、可操作性、公平公正、合理性"为科学性原则,参考全国性社会组织评估标准、行业协会商会标准及学术界对社会组织发展评估研究的概况性总结,在11位专家学者两轮德尔菲法的实际指导下,初步形成了社会团体、民办非企业单位、基金会三类社会组织发展评估指标体系(如图5-1)。考虑到指标内容的规范性、科学性,尽量避免主观判断对某一些指标形成的不合理认知,需要运用隶属度分析法对指标体系的初步分类进行科学性验证,目的是将一些隶属度不高的指标剔除,将一些分类不合理的指标重新归类,确保每一级、每一类、每一个指标的正确。之后,再结合层次分析法、CRITIC法,得到每个指标对应的综合性权重,然后对特征进行数据预处理,综合确定社会组织发展考察的重点指标。

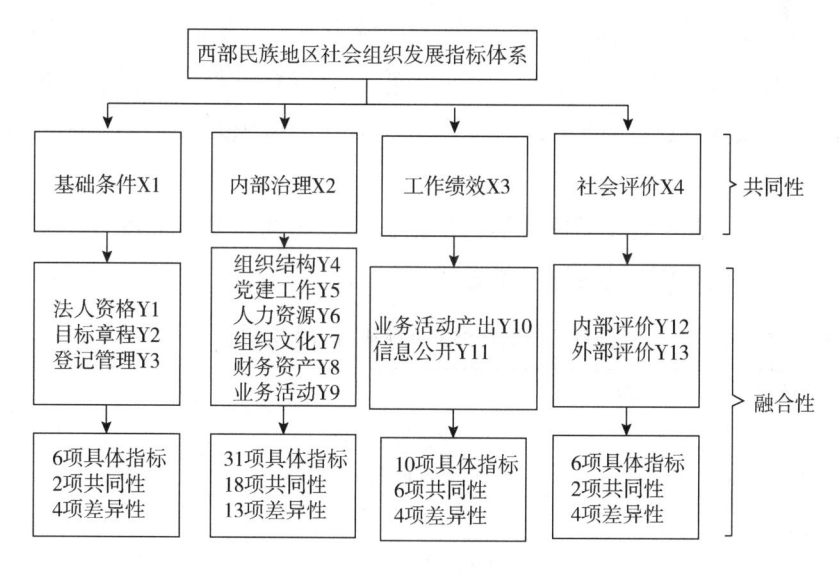

图 5-1 西部地区社会组织发展评估指标体系层次结构模型

二 初步选取指标及赋权

对于西部地区社会组织发展评估指标体系维度的选取,遵循全国性社会组织评估发展指标体系,从"基础条件、内部治理、工作绩效、社会评价"四方面设计、选取具体的二级指标。基础条件主要考虑社会组织法人资格、登记管理、组织目标及组织章程四方面;内部治理着重考虑组织机构、党建工作、人力资源、财务资产、业务活动及组织文化六方面;社会评估主要从组织内部与政府机关、外部媒体、社会民众几方面综合评价。

本书运用专家打分法,也称德尔菲法,主要通过匿名的形式广泛征询专家意见,经多次讨论修改,直到专家意见分歧最小化,最后加权处理后求和,综合整理专家意见,对发展指标体系给出一个全面的、系统的评估方案。具体到本书中,德尔菲法主要用于指标选取与赋权。11位专家学者来自于社会组织管理局、学术性社会团体负责人、社区社会组织、社会组织党支部及民政厅等相关单位。年龄、学历、专业分布都比较均衡,同时对社会组织发展较为熟悉。他们以匿名、开放、反复的形式,相互交流意见,经过3轮讨论后意见趋向一致,在此基础上,总结观点得出结论,初步提出三类社会组织发展评估的初选指标框架。

1. 西部地区社会团体发展评估指标体系初选与要素分析

(1) 社会团体发展评估指标体系初选

表5–1　　　　西部地区社会团体发展评估指标体系初选

一级指标	二级指标	三级指标
基础条件	法人资格及登记管理	法人资格及登记管理
		办公场所和设施齐全
	目标及章程	组织的目标与使命明确
		规章制度与章程完善程度
		具有完善的中长期发展规划
		诚信建设情况
内部治理	组织机构	组织内部民主化程度
		具有完善的权力机构与组织章程
		组织的服务范围广泛
		执行机构分工明确
		监督机构完善

续表

一级指标	二级指标	三级指标
内部治理	党建工作	社会主义核心价值观载入章程情况
		党组织建立及活动开展情况
		党组织发挥作用情况
	人力资源	少数民族从业人员占比
		学历结构
		从业人员专业培训
		专职人员专业度
		志愿者管理制度完善
	财务资产	独立账户情况
		预决算制度和程序完备
		资金管理制度完善
		财务监管制度、程序完备
	业务活动	参与中央财政项目情况
		组织自营项目合法有序
		承接跨区域社会组织服务
		承接委托能力较强
		参与相对贫困治理
		参与乡村振兴项目
		参与民族地区社会治理
		参与基本公共服务供给
		参与自然灾害风险防范
	组织文化	组织文化铸牢中华民族共同体意识
		组织文化促进民族交往交流交融
		组织文化传承传统文化习俗
		组织文化彰显非物质文化遗产保护
工作绩效	业务活动产出	服务成果与预期目标吻合程度较高
		项目风险防范情况
		项目公益性
		定期与其他组织开展交流合作活动情况
		参与东西部协作、对口帮扶项目情况

续表

一级指标	二级指标	三级指标
工作绩效	业务活动产出	为政府部门建言献策情况
		参与公益项目规模
	信息公开	平台建设
		执行新闻发言人制度
		年度工作报告及财务审计报告
		公开捐赠信息和公益项目进展情况
社会评价	内部评价	组织内部给予的评价
		被服务对象给予的评价
	外部评价	有关部门给予组织的评价
		接受登记主管部门、业务主管部门的监督与评价
		接受政府部门赞许或表彰

（2）社会团体发展评估指标体系要素分析

对社会团体发展评估指标体系的构建既要依据全国性社会组织发展评估指标体系，也要结合地区因素和组织特性，立足西部地区实际情况，社会团体涉及各类行业协会，包括行业性社会团体、学术性社会团体、专业性团体及联合性社会团体四类。

本指标体系中的基础条件具体从组织制度化、专业化、规范化的独立运作方面考察社会团体发展情况。社会团体与政府间的"双向嵌入"关系，[①]使得社会团体在投入性资源方面可以获取行政管理体制的补给，在吸取性资源方面拥有较为稳定的渠道支持。

内部治理发展指标体系是结合西部地区地理、经济、社会、文化的特殊性，设置组织机构、党建工作、人力资源、财务资产、业务活动、组织文化六个二级指标考察社会团体运作及发展情况。组织机构主要包括权力机构与组织章程、机构分工、机构服务、监督机制、内部民主。党建工作要以铸牢中华民族共同体意识为主线，从思想引领、党建活动、党组织覆盖面三方面考察西部地区社会团体"以党建促发

---

① 纪莺莺：《从"双向嵌入"到"双向赋权"：以N市社区社会组织为例——兼论当代中国国家与社会关系的重构》，《浙江学刊》2017年第1期。

展、以发展强党建"的民族交融式发展党建创新。人力资源主要包括少数民族人员从业比例、学历结构、业务培训、专业性及志愿者管理五方面，不仅关注从业人员业务培养，更注重各民族间的交往、交流、交融，实现各民族的价值、思想、行动相互交流，通过各民族间社会团体的活动往来，挖掘和认识各民族的共同性和特殊性的文化价值、经济价值、社会偏好等。财务资产状况主要针对独立账户、预决算制度、资金管理及分配、财务监管五方面考察社会团体资产运行状况。业务活动考察在中央财政支持和西部环境约束的条件下，西部地区社会团体的资源获取模式及承接辖区内相对贫困、乡村振兴、社会治理、自然灾害应急管理等基本公共服务的现实情况。组织文化以西部地区地理位置、政治要素、经济社会状况为依托，评估包括中华民族共同体价值认同、交往交流交融情况、民俗民风传承、非物质遗产保护等民族观、文化观、历史观的具体体现。

　　工作绩效发展指标体系是从业务活动产出与信息公开两方面考察社会团体发展水平。业务活动依据项目风险防范、项目公益性、项目规模、项目效果等方面展开指标设计，其中，项目特征与地区因素、组织特性、经济因素、文化因素紧密结合。各民族的交往交流都是以实质性利益活动为核心内容，包括个体间的精神交流、族际间的物质交往。社会团体的业务活动要以公共利益为活动核心内容，业务活动产出旨在考核社会团体在参与社会治理、承接政府服务、地域特色项目中的服务水平，是社会团体发展评估中的关键部分。信息公开是与业务活动平行考察的一项内容，主要围绕工作报告、财务年报、项目活动，跟踪发布即时讯息，其中新闻发言人制度依据《民政部关于推动在全国性和省级社会组织中建立新闻发言人制度的通知》，依托社会团体服务平台披露社会团体治理信息、业务活动信息、财务信息及参与重大民生工程、突发性公共危机事件处理及权威信息，为社会团体扩大影响力，为宣传、弘扬少数民族文化，推动西部地区乡村振兴、生态保护、社会治理、社会救助等事业的发展。

　　社会发展指标体系是从社会团体组织内部和组织外部两方面对组

织内部管理、服务质量、项目管理情况、接受业务主管单位、媒体、被服务对象的监督5个三级指标。是对社会团体应承担社会责任所展开的行业道德评估。

2. 西部地区民办非企业单位发展评估指标体系初选及要素分析

（1）民办非企业单位发展评估指标体系的初选

表5-2　　西部地区民办非企业单位发展评估指标体系初选

一级指标	二级指标	三级指标
基础条件	法人资格	年末资产状况
		有独立办公用房且环境良好
		主要办事机构所在地与住所一致
	登记管理	章程制定及修改符合程序
		理事、监事备案情况
		登记事项变更履行登记程序情况
		年检结论合格及遵纪守法程度
内部治理	组织机构	组织内部民主化程度
		具有完善的权力机构与组织章程
		执行机构分工明确
		监督机构完善程度
		印章管理制度完善程度
	党组织	社会主义核心价值观载入
		党组织"应建尽建"情况
		党组织建立及活动开展情况
		党组织发挥作用情况
	人力资源	少数民族从业人员占比
		岗位职责及绩效考核合理程度
		基本社会保障
		参加业务培训情况
	财务资产	会计核算管理
		项目财务管理完善程度
		货币资金管理制度
		实物资产管理完善程度

续表

一级指标	二级指标	三级指标
内部治理	财务资产	投资收益管理完善程度
		财务报告制度
		总资产及业务收入
	业务活动	业务项目管理及监督考核
		业务活动实施完成情况
		项目监督考核合格情况
		参与中央财政项目情况
		承接跨区域社会组织服务
		承接地方政府购买或委托服务
		参与相对贫困治理
		参与乡村振兴项目
		参与民族地区社会治理
		参与基本公共服务供给
		参与自然灾害风险防范
	组织文化	组织文化铸牢中华民族共同体意识
		组织文化促进民族交往交流交融
		组织文化传承传统文化习俗
		组织文化彰显非物质文化遗产保护
工作绩效	业务活动产出	服务项目定位
		服务效果的独特性及创新性
		参与东西部协作、对口帮扶项目情况
		服务产生的社会效果（直接/间接）显著
		参与政府建言献策情况
	信息公开	平台建设
		执行新闻发言人制度
		业务信息、年度工作报告及财务审计报告
		捐赠信息及公益项目进展公开
社会评价	内部评价	理事、监事对管理状况评估情况
		工作人员对管理状况评估程度
	外部评价	服务对象对服务质量的评估

续表

一级指标	二级指标	三级指标
社会评价	外部评价	服务对象对服务质量的评估
		登记管理部门、业务主管部门的评估情况
		媒体对组织发挥作用的评估情况
		接受政府部门赞许或表彰情况

(2) 民办非企业单位指标要素分析

民办非企业单位属于非营利性民间组织，具备由民间资产创办、产权社会所有、经营收入不能分红的非营利性特征。民办非企业单位与社会团体、基金会发展评估不同。根据《民办非企业单位登记管理暂行条例》，民办非企业单位发展评估应着重考察企业法规程序、组织章程、活动资金支持、组织机构、党组织建设、人事管理、财务资产、社会效应、社会评价等内容。在遵循全国性民办非企业单位发展评估一级指标"基础条件、内部治理、工作绩效、社会评价"的基础上，设置法人资格、登记管理、组织机构、党组织、人力资源、财务资产、业务活动、组织文化、业务活动产出、信息公开、内部评价、外部评价12个二级指标。

基础条件评估主要包括法人资格与登记管理2项二级指标。法人资格发展指标体系指活动资金充足、环境设施良好、办公住所一致3个三级指标；登记管理发展指标体系指企业章程制定及修改符合程序、登记备案情况、理事监事备案情况、年检结论及遵守管理政策情况4个三级指标。民办非企业单位具备的基础条件评估明显高于社会团体和基金会，与其单位类型多样化、资金流动量较大、理事监事人员结构多元化有着密切联系。

内部治理包括组织机构、党组织发展、人力资源情况、财务资产情况、业务活动情况及组织文化6项二级指标。组织机构发展指标体系指组织内部民主化程度、具有完善的权力机构与组织章程、执行机构分工明确、监督机构完善、印章管理制度5个三级指标。其中，印章管理制度遵循中华人民共和国民政部、公安部颁布的《民办非企业单位印章管理规定》，对印章刻制、使用登记、登记证书悬挂、撤销情况进行评估。其余4项指标与社会团体大体相同。党组织发展评估指标体系包括坚持党的领导和社会主义核心价值观载入章程、党组织建设情况、党组织活动情况、党组织作用发挥情况4个三级指标。民办非企业单位作为"两新组织"中的一种社会组织，"两新组织"党建已成为扩大党建覆盖面，增强基层党建凝聚力和影响力的重要力量，不容小觑。人力资源发展指标体系着重考察少数民族从业人员占比、岗位职责及绩效考核、基本社会保障、专业化培训4项三级指标。财务资产管理发展指标体系包括会计核算管理、项目财务管理、货币资金管理制度、实物资产管理制度、投资收益管理、财务报告制度、总资产及业务收入7项三级指标。为了有效落实国务院全面推行"双随机、一公开"监管模式，民办非企业单位财务资产管理主要针对项目、货币、实物、投资、捐赠五大资产进行核算管理。减税降费、研发费用加计扣除政策、阶段性税收缓缴等政策，为西部地区中小型民办非企业单位科技创新注入"税"动能，推动其可持续发展。

业务活动发展指标体系包括业务项目管理及监督考核、业务活动实施情况、项目监督考核情况、承接公共服务效能、参与地域特色项目等11项三级指标，具体体现西部地区民办非企业单位在相对贫困帮扶、乡村振兴指导、自然灾害防范、文化服务、教育服务、医疗服务、养老服务、科技创新、体育事业等领域，通过承接中央财政、地方财政、跨区域社会组织的委托服务项目、购买服务项目、自营项目等方式参与西部地区社会建设，突显企业社会责任。组织文化是对民办非企业单位经营理念、服务宗旨、服务意愿等进行的考察，考察组织内部对组织文化铸牢中华民族共同体意识、促进各民族交往交流交融、彰显民俗传承及遗产保护等文化认同4项三级指标，旨在增强组织内部凝聚力及外部影响力。

工作绩效发展指标体系包括业务活动产出和信息公开2项二级指标。业务活动产出指标的设计旨在体现西部地区民办非企业单位发展与服务的差异性，依托地区、民族因素，从事助力脱贫成果巩固、产业振兴、科技创新方面的业务服务，意在通过服务的外部延伸效应，活跃经济主体和市场要素充分发展，优化产业结构，增强西部地区企业、家庭、个体生产活力；为政府在优化营商环境、产业扶持、就业扶持等领域建言献策，提升地方政府创新性能力。具体设计服务项目定位、服务效果的独特性及创新性、参与东西部协作及对口帮扶项目情况、服务产生的社会效果、参与政府建言献策情况共5项三级指标。信息平台建设指平台建设、公开内容及服务承诺三部分，具体指标设计为网络平台建设、新闻发言人制度、年度工作报告及财务审计报告、捐赠公开及公益项目进展4项三级指标。信息平台建设不仅实现对组织社会监督，更是为组织间跨区域互动与交流提供便利。西部地区特殊的资源优势、稳定的需求群体为民办非企业单位跨行业、跨区域协同合作奠定基础，规模化、品牌化是组织发展评估的目标所在，通过平台交往互动、实现实质性利益共赢，推动各民族互利共赢、共同发展。

社会评价指标从内部理事监事、工作人员与外部服务对象、登记管理部门、业务主管部门及新媒体两方面形成系统化评价，指标设计为理事、监事对管理状况评估情况、工作人员对管理状况评估情况、服务对象对服务质量的评估、登记管理机关、业务主管单位对作用发挥、接受监督情况的评估、媒体对作用发挥情况的评估、获得政府赞许或表彰6项三级指标。

3. 西部地区基金会发展评估指标体系初选及要素分析

（1）基金会发展评估指标体系的初选

表5-3　　　　西部地区基金会发展评估指标体系初选

一级指标	二级指标	三级指标
基础条件	法人资格	净资产状况
		法人选举程序
		任职资格符合规定
		独立办公条件
	登记管理	目标及章程制定、修改符合程序
		登记事项变更履行登记程序情况
		理事、监事备案情况
		遵纪守法程度

续表

一级指标	二级指标	三级指标
内部治理	组织机构	理事会换届、构成情况
		会议召开情况
		决策程序及方式
		分支机构
	党组织	社会主义核心价值观载入
		党组织"应建尽建"情况
		党组织活动开展情况
		党组织发挥作用情况
	人力资源	专职人员少数民族占比情况
		人员学历结构
		负责人履职情况
		岗位职责及绩效考核合理程度
		享受基本社会保障情况
		参加业务培训情况
		志愿者管理制度合理与详尽程度
	财务资产	资金募集来源
		依法纳税情况
		合同、协议管理完善程度
		捐赠票据管理
		捐赠协议签订
		货币资金管理制度
		非货币捐赠管理完善程度
		投资管理制度完善程度
		投资收益情况
		实物资产管理制度完善程度
		公益项目财务管理完善程度
		物资及服务采购管理
		财务报告制度
	组织文化	组织文化铸牢中华民族共同体意识
		组织文化促进民族交往交流交融
		组织文化传承传统文化习俗

续表

一级指标	二级指标	三级指标
工作绩效	组织文化	组织文化彰显非物质文化遗产保护
		公益项目数量与规模
	公益项目产出	年度接受捐赠总额
		参与民族特色公益事业情况
		管理费用支出金额
		项目运作管理
		参与党和国家重点任务
		参与东西部协作、对口帮扶项目情况
		项目产生社会影响
		捐赠者与被捐赠者隐私保护
	信息公开	网络平台建设
		执行新闻发言人制度
		业务信息、年度工作报告及财务审计报告
社会评价	内部评价	组织内部对管理状况评估程度
		工作人员对管理状况评估情况
	外部评价	服务对象对服务质量的评估
		媒体对基金会发挥作用的评估情况
		登记管理机关的评估情况
		业务主管单位的评估情况

(2) 基金会指标要素分析

2016 年我国《慈善法》中规定，"慈善捐赠，是指自然人、法人和其他组织基于慈善目的，自愿、无偿赠予财产的活动"①。2004 年 3 月 5 日，国务院在颁布的《基金会管理条例》（以下简称条例）中对基金会进行了规定，即基金会是指用自然人、法人或者其他组织捐赠的财产，以从事公益事业为目的的非营利性法人。② 基金会作为重要

---

① 中华人民共和国中央人民政府：《中华人民共和国慈善法》（主席令第四十三号），2016 年 3 月 16 日，http://www.gov.cn/zhengce/2016-03/19/content_5055467.htm，2016 年 3 月 19 日。
② 民政部：《基金会管理条例》，2022 年 2 月 11 日，http://www.mca.gov.cn/article/gk/fg/shzzgl/201507/20150700847909.shtml，2023 年 9 月 13 日。

的捐赠主体之一，通过信托关系与受捐赠者间建立利益互惠关系。基金会主要从事公益事业、科研活动，具有非营利性。基金会是以公益财产形成存在的财产集合，对其资产状况的动态评估是其发展中的主要内容。基金会发展评估在财务资产、业务活动产出、信息公开及社会评价4方面区别于其他社会组织。基金会基础条件方面，着重考察法人选举程序、任职资格、章程制定及修改程序、遵守法律法规情况，共设置8项三级指标。

内部治理一级指标下设置组织机构、党组织、人力资源、财务资产、组织文化5个二级指标。组织机构运行评估从机构换届、会议召开、决策程序、分支机构4个三级指标来考察。党组织建设与活动情况评估与其他社会组织发展评估类似，这里不再赘述。人力资源评估主要从专职人员少数民族占比情况、人员学历结构、负责人履职情况、岗位职责、绩效考核、享受基本社会保障情况、参加业务培训情况、志愿者管理制度7个指标考察。旨在调查西部地区基金会从业人员结构特征、专业性、享受基本社会保障待遇情况。人员福利待遇直接关系到公益性社会组织吸纳从业人员的意愿及能力水平。基金会财务资产评估相比其他社会组织评估更为复杂，主要有资金募集渠道、纳税管理、合同协议管理、捐赠票据管理、捐赠协议签订、捐赠收入情况、非货币捐赠管理、投资收入情况、货币投资情况、实物资产管理制度、公益项目财务管理、物资及服务采购管理、财务报告制度13个三级指标。指标设置主要依据基金会业务活动内容分类，从货币捐赠、非货币捐赠、货币投资、非货币投资分类考察基金会内部财务管理、财务监督情况。组织文化评估从铸牢中华民族共同体意识、促进各民族交往交流交融、传承民俗民风及保护非物质文化遗产4个三级指标。旨在体现西部地区社会组织全方位多角度构建展现中华文化共同性，以文化交流为契机，通过文化交流交融形成一定价值引领，在意愿表达、提供服务、冲突化解及资源调动行动中发挥社会组织业务优势，为其参与民族地区基层社会治理提供机会与支持。

工作绩效评估与社会团体及民办非企业单位一样，设置业务活动产出和信息平台 2 个二级指标。业务活动产出情况评估主要围绕年度接受捐赠总额、参与民族特色公益事业情况金额、管理费用支出金额、项目运作管理、参与党和国家重点任务、参与东西部协作及对口帮扶项目、公益活动影响规模、捐赠者与被捐赠者隐私保护 8 个三级指标,重点体现基金会在地区特色公共服务、完成党和国家重点任务、项目运作社会影响力等方面的突出优势,既包括活动的数量、质量及规模,还包括活动产生的内外部效应。信息平台发展指标体系设置网络平台建设、设立新闻发言人、业务信息、年度工作报告及财务审计报告 3 个三级指标,将基金会管理制度运行情况、捐赠情况、公益性项目执行情况通过网络平台公布,接受内外部监督。

基金会社会发展指标体系与社会团体、民办非企业单位的社会发展指标体系设置类同,此处不再赘述。

综合上述,西部地区社会组织发展评估指标体系设计以遵循全国性社会组织发展评估为前提,在组织机构、党组织建设与活动、人力资源情况、业务活动、组织文化五方面突显地域优势,在组织目标及使命、业务活动产出、信息平台建设及社会评价四方面,突显西部地区社会组织以价值引领、诉求表达、责任驱动、服务供给及资源调动的优势,以民族互嵌式发展为理念,以思想交流、活动交流、服务交融、资源互动的形式,打破以区域、民族为单元的社会组织分工化、独立化发展趋势,实现"推动建立各民族相互嵌入式的社会结构和社区环境"[①]。

第二节 西部地区社会组织发展评估指标体系的筛选

一 问卷预调研及信效度检验

首先,问卷设计完成后,进入预调研阶段。以便利性、可靠性为

---

① 中国政府网:《习近平在第二次中央新疆工作座谈会发表重要讲话》,2014 年 5 月 29 日, https://www.gov.cn/xinwen/2014-05/29/content_2690156.htm,2020 年 5 月 30 日。

第五章 西部地区社会组织发展评估指标体系的构建

前提,选取内蒙古足球协会、内蒙古医学会、内蒙古科技协会三家社会组织机构共发放50份问卷,进行问卷预调研,包括对问卷的理解、难易程度、是否有歧义、最合适的表达等内容,发表意见交流,在此基础上,对评估问题中的10个发展指标体系进行了语句表达的调整。为了方便数据统计分析,现将"西部地区社会团体发展评估调查"命名为"问卷一","西部地区民办非企业单位发展评估调查"命名为"问卷二","西部地区基金会发展评估调查"命名为"问卷三"。

其次,问卷正态分布检验。采用SPSS24.0软件对调研数据的正态分布和信效度进行检验,测量问卷调研数据的科学性、合理性。Skewness,是研究数据分布对称的统计量。通过对偏度系数的测量,我们能够判定数据分布的不对称程度以及方向。Kurtosis,是研究数据分布陡峭或平滑的统计量。通过对峰度系数的测量,我们能够判定数据分布相对于正态分布而言是更陡峭还是平缓。根据SPSS24.0数据分析软件中偏度与峰度值,对社会团体、民办非企业单位、基金会三类社会组织发展评估问卷中所有设置的变量进行正态分布检验,其偏度值基本范围 | -0.026—1.923 | <2,峰度值 | -1.64—1.816 | <2。峰度值和偏度值间有正、有负,且其绝对值基本小于2,因此,可以判定三类社会组织评估问卷设计及数据分别满足正态分布规律。

再次,问卷数据信效度检验。信度分析是检测测量结果可靠性、一致性、准确性的重要方式,常用克隆巴赫值进行检验,克隆巴赫系数(Cronbach's alpha 或 Cronbach'sα)是一个统计量,是指量表所有可能的项目划分方法得到的折半信度系数的平均值。通常Cronbachα系数值在0和1之间。如果α系数不超过0.6,一般认为内部一致信度不足;达到0.6—0.8时表示量表具有相当的信度,达0.8—0.9时说明量表信度非常好。据此,通过计算克隆巴赫值来,筛选社会团体发展评估量表系数为0.974、民办非企业单位发展评估量表系数为0.964、基金会发展评估量表系数为0.911,三类组织量表内部数据一致性极好、信度极好。

效度分析指尺度量表达到测量指标准确程度的分析,通常可用

KMO 值来进行检验。KMO（Kaiser-Meyer-Olkin）检验统计量用于比较变量间简单相关系数和偏相关系数的指标。KMO 统计量取值在 0 和 1 之间。当所有变量间的简单相关系数平方和远远大于偏相关系数平方和时，KMO 值接近 1。KMO 值越接近于 1，意味着变量间的相关性越强，原有变量越适合作因子分析。KMO 度量标准：0.9 以上表示非常适合；0.8 表示适合；0.7 表示一般；0.6 表示不太适合；0.5 以下表示极不适合。根据 KMO 计算方法，问卷一的 KMO 值均大于 0.9（如表 5-4），变量之间具有较强的相关性、效度较高，问卷二、三的 KMO 值接近 0.9（如表 5-5、5-6），均适合做因子分析。

表 5-4　　　　　　　　问卷一 KMO 和 Bartlett 的检验

KMO 值		0.956
Bartlett 球形度检验	近似卡方	10280.795
	df	946
	p 值	0.000

表 5-5　　　　　　　　问卷二 KMO 和 Bartlett 的检验

KMO 值		0.898
Bartlett 球形度检验	近似卡方	10118.195
	df	881
	p 值	0.000

表 5-6　　　　　　　　问卷三 KMO 和 Bartlett 的检验

KMO 值		0.876
Bartlett 球形度检验	近似卡方	10160.570
	df	864
	p 值	0.000

二　发展评估指标体系筛选

发展指标体系筛选运用隶属度分析法，检验每一个三级指标是否

第五章　西部地区社会组织发展评估指标体系的构建

应该属于对应的二级指标体现，如若不属于，是应该删除还是要调整集合。本书利用隶属度分析法检验三级指标的归属情况，从而科学的确定每一个二级指标集合中的三级指标。以社会团体为例，设西部地区社会团体发展评估指标体系集合为 $Y = \{Y_1, Y_2, Y_3, \ldots, Y_n\}$，集合 Y 中的每一个 Y_i 的取值范围都在 0—1 之间，值越大越接近 1 隶属度越高，且属于该集合。反之，值越小越接近 0 隶属度越低。本书通过对表 4-1 "西部地区社会团体发展评估调查" 52 个三级指标进行隶属度分析。根据隶属度公式：

$$R = \frac{P_1 + 0.75P_2 + 0.5P_3 + 0.25P_4 + 0 * P_5}{P} \quad (5-1)$$

P_1 到 P_5 的重要性逐渐降低，计算结果如表 5-7 所示。

表 5-7　西部地区社会团体发展评估指标体系筛选

三级指标	隶属度	排序
法人资格及登记管理	0.9722	1
办公场所和设施齐全	0.8993	21
组织的目标与使命明确	0.8264	36
规章制度与章程完善程度	0.8222	38
△具有完善的中长期发展规划	0.6522	47
诚信建设情况	0.9171	16
组织内部民主化程度	0.9204	15
具有完善的权力机构与组织章程	0.8712	31
△组织的服务范围广泛	0.6201	48
执行机构分工明确	0.9573	5
监督机构完善	0.9289	11
社会主义核心价值观载入章程情况	0.911	19
党组织建立及活动开展情况	0.8349	34
党组织发挥作用情况	0.9148	17
少数民族从业人员占比	0.9072	20
学历结构	0.8922	25
△从业人员专业培训	0.4221	51
专职人员专业度	0.8327	35

续表

三级指标	隶属度	排序
志愿者管理制度完善	0.9487	7
独立账户情况	0.9721	2
预决算制度和程序完备	0.9263	12
资金管理制度完善	0.9701	4
财务监管制度、程序完备	0.8765	27
参与中央财政项目情况	0.9263	13
△组织自营项目合法有序	0.378	52
承接跨区域社会组织服务	0.7621	44
承接委托能力较强	0.9432	8
参与相对贫困治理	0.8943	23
参与乡村振兴项目	0.875	28
参与民族地区社会治理	0.8741	29
参与基本公共服务供给	0.9216	14
参与自然灾害风险防范	0.8175	40
组织文化铸牢中华民族共同体意识	0.9324	10
组织文化促进民族交往交流交融	0.7578	45
组织文化传承传统文化习俗	0.8621	33
组织文化彰显非物质文化遗产保护	0.753	46
服务成果与预期目标吻合程度较高	0.8923	24
项目风险防范情况	0.9571	6
△项目公益性	0.4523	50
定期与其他组织开展交流合作活动情况	0.9712	3
参与东西部协作、对口帮扶项目情况	0.8955	22
为政府部门建言献策情况	0.8734	30
参与公益项目规模	0.8912	26
平台建设	0.9127	18
执行新闻发言人制度	0.7982	43
年度工作报告及财务审计报告	0.8123	41
公开捐赠信息和公益项目进展情况	0.8194	39
组织内部给予的评价	0.9375	9
被服务对象给予的评价	0.8002	42

续表

三级指标	隶属度	排序
△有关部门给予组织的评价	0.5782	49
接受登记主管部门、业务主管部门的监督与评价	0.8223	37
接受政府部门赞许或表彰	0.8622	32

运用隶属度分析法对问卷一的52个三级指标进行分析，发现有6个指标隶属度值小于0.75。由于三级指标数量较多，所以，将0.75及以下的三级指标剔除，见表5-7用"△"标注。同时，将"承接委托能力较强"改为"承接辖区内政府购买或委托服务"，将"接受登记主管部门、业务主管部门的监督与评价"改成"接受政府相关部门的监督与评价"。

西部地区民办非企业单位发展评估指标体系筛选依据隶属度分析法从57个三级指标中发现有7个指标隶属度值小于0.75。同样的方法将小于0.75以下的三级指标剔除，见表5-8、表5-9用"△"标注。

表5-8 西部地区民办非企业单位发展评估指标体系筛选

三级指标	隶属度	排序
年末资产状况	0.9352	9
有独立办公用房且环境良好	0.932	10
△主要办事机构所在地与住所一致	0.3467	57
章程制定及修改符合程序	0.8519	22
理事、监事备案情况	0.8504	23
登记事项变更履行登记程序情况	0.9621	3
年检结论合格及遵纪守法程度	0.9891	1
组织内部民主化程度	0.85	24
△具有完善的权力机构与组织章程	0.3674	56
执行机构分工明确	0.9476	4
监督机构完善程度	0.9412	6
印章管理制度完善程度	0.9409	7
社会主义核心价值观载入	0.9371	8
党组织"应建尽建"情况	0.9219	11

续表

三级指标	隶属度	排序
党组织建立及活动开展情况	0.9208	12
党组织发挥作用情况	0.8621	19
少数民族从业人员占比	0.8978	13
岗位职责及绩效考核合理程度	0.8801	15
基本社会保障	0.8612	21
参加业务培训情况	0.7854	46
△会计核算管理	0.3897	55
项目财务管理完善程度	0.8491	25
货币资金管理制度	0.8279	35
实物资产管理完善程度	0.8465	26
投资收益管理完善程度	0.8129	44
财务报告制度	0.8435	27
△总资产及业务收入	0.5698	51
△业务项目管理及监督考核	0.5312	52
业务活动实施完成情况	0.8797	16
项目监督考核合格情况	0.8754	17
参与中央财政项目情况	0.8702	18
承接跨区域社会组织服务	0.8411	28
承接辖区内政府购买或委托服务	0.8398	29
参与相对贫困治理	0.8296	31
参与乡村振兴项目	0.9463	5
参与民族地区社会治理	0.7612	48
参与基本公共服务供给	0.7826	47
参与自然灾害风险防范	0.7894	45
组织文化铸牢中华民族共同体意识	0.7513	50
组织文化促进民族交往交流交融	0.8615	20
组织文化传承传统文化习俗	0.8964	14
组织文化彰显非物质文化遗产保护	0.9736	2
△服务项目定位	0.4981	53
服务效果的独特性及创新性	0.8301	30
参与东西部协作、对口帮扶项目情况	0.8287	34

续表

三级指标	隶属度	排序
服务产生的社会效果（直接/间接）显著	0.8294	32
参与政府建言献策情况	0.8133	42
平台建设	0.8131	43
执行新闻发言人制度	0.7541	49
△业务信息、年度工作报告及财务审计报告	0.4934	54
捐赠信息及公益项目进展公开	0.829	33
理事、监事对管理状况评估情况	0.8196	36
工作人员对管理状况评估程度	0.8136	41
服务对象对服务质量的评估	0.8195	37
登记管理部门、业务主管部门的评估情况	0.8193	38
媒体对组织发挥作用的评估情况	0.8186	39
接受政府部门赞许或表彰情况	0.8159	40

表5-9　　西部地区基金会发展评估指标体系筛选

三级指标	隶属度	排序
净资产状况	0.9389	15
法人选举程序	0.937	16
△任职资格符合规定	0.5895	49
独立办公条件	0.8338	37
章程制定及修改符合程序	0.8318	38
登记事项变更履行登记程序情况	0.8306	39
△理事、监事备案情况	0.5609	50
遵纪守法程度	0.8289	40
理事会换届、构成情况	0.8257	41
会议召开情况	0.8189	42
决策程序及方式	0.8155	45
分支机构	0.7614	47
社会主义核心价值观载入	0.9678	5
党组织"应建尽建"情况	0.9706	4
党组织活动开展情况	0.9712	3

续表

三级指标	隶属度	排序
党组织发挥作用情况	0.9762	2
专职人员少数民族占比情况	0.9323	17
人员学历结构	0.9302	18
△负责人履职情况	0.5422	55
岗位职责及绩效考核合理程度	0.9176	19
享受基本社会保障情况	0.9134	20
参加业务培训情况	0.9102	21
志愿者管理制度合理与详尽程度	0.7976	46
资金募集来源	0.8177	43
依法纳税情况	0.8156	44
合同、协议管理完善程度	0.8912	26
捐赠票据管理	0.9766	1
捐赠协议签订	0.9056	22
货币资金管理制度	0.8346	36
非货币捐赠管理完善程度	0.9007	23
投资管理制度完善程度	0.8967	24
△投资收益情况	0.4703	56
实物资产管理制度完善程度	0.8578	28
公益项目财务管理完善程度	0.8561	29
△物资及服务采购管理	0.4681	57
财务报告制度	0.8505	32
组织文化铸牢中华民族共同体意识	0.8371	35
组织文化促进民族交往交流交融	0.8489	33
组织文化传承传统文化习俗	0.9634	6
组织文化彰显非物质文化遗产保护	0.9487	10
公益项目数量与规模	0.946	11
△年度接受捐赠总额	0.4125	58
参与民族特色公益事业情况	0.9612	7
△管理费用支出金额	0.5602	51
△项目运作管理	0.56	52
参与党和国家重点项目情况	0.9589	8

续表

三级指标	隶属度	排序
参与东西部协作、对口帮扶项目情况	0.9534	9
项目产生社会影响	0.8539	30
△捐赠者与被捐赠者隐私保护	0.5478	54
网络平台建设	0.9434	12
执行新闻发言人制度	0.9412	13
业务信息、年度工作报告及财务审计报告	0.9402	14
组织内部对管理状况评估程度	0.8514	31
△工作人员对管理状况评估情况	0.5527	53
服务对象对服务质量的评估	0.8432	34
媒体对基金会发挥作用的评估情况	0.7563	48
登记管理机关的评估情况	0.8676	27
业务主管单位的评估情况	0.8953	25

西部地区基金会发展评估指标体系筛选依据隶属度分析法从58个三级指标中发现有10个指标隶属度值小于0.75。同样的方法将小于0.75的三级指标剔除，见表5-9用"△"标注。同时，"捐赠票据管理"与"捐赠协议签订"合并为"捐赠管理制度完善程度"。将"服务对象对服务质量的评估"改为"捐赠人的评估"和"受益人的评估"。将"登记管理机关的评估情况"与"业务主管单位的评估情况"两个指标合并成"接受政府部门赞许或表彰情况"。

第三节 西部地区社会组织各层次发展评估指标体系权重的确定

一 西部地区社会团体发展评估指标体系权重的确定

1. 指标主观权重计算——层次分析法（AHP法）

层次分析法是由Satty提出的一种定性和定量相结合的层次化分析方法，属于主观赋权法的一种。为了确定指标权重，它首先确定同一层次的指标对上层指标的影响程度，再根据对上层指标的影响程度对同层各指标进行两两比较，根据1—9标度法建立判断矩阵，对判断矩阵进行求解，计算指标的权重。

（1）构建层次结构

表5–10　　　　　西部地区社会团体发展评估指标体系

一级指标	二级指标	三级指标
基础条件X1	法人资格Y1	法人资格及登记管理Z1
		办公场所和设施齐全Z2
	目标章程Y2	组织的目标与使命明确Z3
		规章制度与章程完善程度Z4
		诚信建设情况Z5
内部治理X2	组织机构Y3	组织内部民主化程度Z6
		具有完善的权力机构与组织章程Z7
		执行机构分工明确Z8
		监督机构完善Z9
	党建工作Y4	社会主义核心价值观载入章程情况Z10
		党组织建立及活动开展情况Z11
		党组织发挥作用情况Z12
	人力资源Y5	少数民族从业人员占比Z13
		学历结构Z14
		专职人员专业度Z15
		志愿者管理制度完善Z16
	财务资产Y6	独立账户情况Z17
		预决算制度和程序完备Z18
		资金管理制度完善Z19
		财务监管制度、程序完备Z20
	业务活动Y7	参与中央财政项目情况Z21
		承接跨区域社会组织服务Z22
		承接地方政府购买或委托服务Z23
		参与相对贫困治理Z24
		参与乡村振兴项目Z25
		参与民族地区社会治理Z26

续表

一级指标	二级指标	三级指标
内部治理 X2	业务活动 Y7	参与基本公共服务供给 Z27
		参与自然灾害风险防范 Z28
	组织文化 Y8	组织文化铸牢中华民族共同体意识 Z29
		组织文化促进民族交往交流交融 Z30
		组织文化传承传统文化习俗 Z31
		组织文化彰显非物质文化遗产保护 Z32
工作绩效 X3	业务活动产出 Y9	服务成果与预期目标吻合程度较高 Z33
		项目风险防范情况 Z34
		定期与其他组织开展交流合作活动情况 Z35
		参与东西部协作、对口帮扶项目情况 Z36
		为政府部门建言献策情况 Z37
		参与公益项目规模 Z38
	信息公开 Y10	平台建设 Z39
		执行新闻发言人制度 Z40
		年度工作报告及财务审计报告 Z41
		公开捐赠信息和公益项目进展情况 Z42
社会评估 X4	内部评价 Y11	组织内部给予的评价 Z43
		被服务对象给予的评价 Z44
	外部评价 Y12	接受政府相关部门的监督与评价 Z45
		接受政府部门赞许或表彰 Z46

（2）构建判断矩阵

本书运用层次分析法将影响研究目标的各类因素分解成不同层次，并对每一层因素的重要性进行比较，并将比较结果转化为权重数值的决策方法。① 权重的确定是构建发展指标体系中最重要的一部分，层次分析法将先分解每一层次的各要素，要素之间对比后再确定综合权重系数。本书通过构建西部地区社会团体发展评估指标体系，按照层次分析法的分析步骤，将一级指标：基础条件、内部治理、工作绩效、

---

① 汪应洛：《系统工程》，机械工业出版社2003年版，第130—140页。

社会评价作为目标层,其中基础条件与内部治理可以归纳为投入性指标,工作绩效与社会评价可以归纳为产出性指标;准则层为:法人资格、目标章程、组织机构、党建工作、人力资源、财务资产、业务活动、组织文化、业务活动产出、信息公开、内部评价、外部评价12个指标;方案层经过隶属度分析后最终确定为46个指标。之后,通过建立两两判断矩阵,对同一层级中的对应指标进行两两比较,构造判断矩阵,计算确定各指标权重。同一层次下,两个指标要素有重要程度的区分,为了准确判断,将同一层次中任意两个要素的重要程度进行量化处理。需应用1—9比例标度量化表如表5-11所示。

表5-11　　　　　　　　　9级比例评估标尺含义

标度 a_{ij}	含义
1	表示 i 因素与 j 因素相比较,i 因素与 j 因素同等重要。
3	表示 i 因素与 j 因素相比较,i 因素比 j 因素略微重要。
5	表示 i 因素与 j 因素相比较,i 因素比 j 因素明显重要。
7	表示 i 因素与 j 因素相比较,i 因素比 j 因素强烈重要。
9	表示 i 因素与 j 因素相比较,i 因素比 j 因素极端重要。
2,4,6,8	以上两级相邻判断的中间值。
倒数	表示 i 因素与 j 因素相比较,j 因素比 i 因素重要性标度。

资料来源:The Hierarchon:A dictionary of Hieraarchies. Saaty, PA – 9. T. C & Forman, E. H. (1996). Pittsburgh, Pennsylvania:Ecpert choive.

第一,指标相对权重的计算。

设判断矩阵为 $A = (a_{ij})_{n \times n}$,计算该判断矩阵特征向量的方根的具体计算步骤如下:

计算判断矩阵每一行元素的乘积,即:

$$m_i = \prod_{j=1}^{n} a_{ij}, \quad i = 1, 2, 3, \cdots, n \tag{5-2}$$

计算 m_i 的 n 次方根,即:

$$\overline{w_i} = \sqrt[n]{m_i}, \quad i = 1, 2, 3, \cdots, n \tag{5-3}$$

将向量 $\overline{w} = (\overline{w_1}, \overline{w_2}, \cdots \overline{w_n})^T$ 进行归一化处理,即

$$w_i = \overline{w_i} / \sum_{k=1}^{n} \overline{w_k}, \ i = 1, 2, 3, \cdots, n \quad (5-4)$$

计算最大特征根,即

$$\lambda_{\max} = \frac{1}{n} \sum_{i=1}^{n} \frac{(Aw)_i}{w_i} \quad (5-5)$$

其中,(Aw_i) 表示向量 Aw 的第 i 个分量。

第二,一致性检验。

判断矩阵的一致性指标为:

$$CI = (\lambda_{\max} - n) / (n-1) \quad (5-6)$$

其中,$\lambda_{\max}$ 为判断矩阵的最大特征值,n 为判断矩阵的阶数。

要想保证判断矩阵所得出的结论合理,需要对判断矩阵的一致性进行检验。检验公式为:

$$CR = CI/RI \quad (5-7)$$

其中,RI 为一致性随机指标,具体数值参见(表5-12),对于一致性比例,一般在 CR=0 时,可以称这个矩阵为一致性矩阵;当 CR<0.1 时,认为这个矩阵是满意一致性矩阵;当 CR>0.1 时,称这个矩阵不具有一致性。当判断矩阵具有满意的一致性时,$\lambda_{\max}$ 稍大于矩阵阶数 n,其余特征根接近于零。[①]

表 5-12 随机一致性指标

阶数	3	4	5	6	7	8	9	10	11
RI	0.52	0.89	1.12	1.26	1.36	1.41	1.46	1.49	1.52

第三,指标合成权重计算。

依据目标层与准则层、准则层与方案层的相对权重数,形成了层次单排序,目标层与方案层间的权重关系,还需要计算每个指标目标层的合成权重系数。

[①] 杨洋:《内蒙古社会组织发展评价指标体系的构建及应用》,硕士学位论文,内蒙古大学,2018年,第68页。

(3) 德尔菲法法及数据处理

本书设计了西部地区社会团体发展评估指标体系权重调查问卷，参见表 5-13。

表 5-13　西部地区社会团体发展评估指标体系指标权重调查问卷

M_1	N_1	N_2	N_3	N_4	N_5
N_1	1				
N_2		1			
N_3			1		
N_4				1	
N_5					1

通过对社会组织同行专家、高校学者及智库专家等 11 位专业人士发放问卷，意在通过专业人士对指标权重的判断，得出各指标所占的权重。

通过对社会组织领域的 11 名专家发放问卷，由他们对于指标权重进行判断，从而得到各指标所占的权重。以社会团体产出性指标下的二级指标为例：

首先将判断矩阵 A_1 中的指标按行相乘获得一新向量。

$$m_1 = \prod_{j=1}^{4} a_{12} = 3 \times 5 \times 3 = 45 \tag{5-8}$$

同理可得 $m_2 = 1.998$；$m_3 = 0.033$；$m_4 = 0.333$；

其次计算 m_i 的 n 次方根，即

$$\overline{w_1} = \sqrt[4]{m_1} = 2.59 \tag{5-9}$$

同理可得 $\overline{w_2} = 1.189$；$\overline{w_3} = 0.426$；$\overline{w_4} = 0.76$；

第三，将向量 $\overline{w} = (\overline{w_1}, \overline{w_2}, \cdots \overline{w_n})^T$ 进行归一化处理，即 $W = (0.522, 0.239, 0.086, 0.153)^T$，这也是矩阵。

$$A = \begin{Bmatrix} 1 & 3 & 5 & 3 \\ 0.333 & 1 & 2 & 3 \\ 0.2 & 0.5 & 1 & 0.333 \\ 0.333 & 0.333 & 3 & 1 \end{Bmatrix}$$

的特征向量，其最大特征根为：

$$\lambda_{max} = \frac{1}{n}\sum_{i=1}^{n}\frac{(Aw)_i}{w_i} = \frac{1}{4}\sum_{i=1}^{4}\frac{(Aw)_4}{w4} = 4.249 \quad (5-10)$$

最后，对于矩阵 A 进行一致性检验：

$$CI = \frac{\lambda_{max} - n}{n-1} = \frac{4.249 - 4}{4} = 0.083$$

$$CR = \frac{CI}{RI} = \frac{0.083}{0.882} = 0.094 < 0.1 \quad (5-11)$$

由于 $CR < 0.1$，说明准则层指标的判断矩阵通过了一致性检验，权重结果如表 5-14 所示。

表 5-14　　　　　　产出性指标判断矩阵及权重

M_1	X_1	X_2	X_3	X_4	w_i
X_1	1	3	5	3	0.522
X_2	0.333	1	2	3	0.239
X_3	0.2	0.5	1	0.333	0.086
X_4	0.333	0.333	3	1	0.153

（4）指标权重的计算

接下来社会团体发展评估指标体系权重的计算过程不再赘述，主要是绘制出判断矩阵及权重，提取一致性比例及最大特征值分析。

第一，一级指标判断矩阵及权重。

表 5-15　　　　　　一级指标判断矩阵及权重

M	X_1	X_2	X_3	X_4	W_i
X_1	1	0.5	2	4	0.293
X_2	2	1	2	3	0.394
X_3	0.5	0.5	1	5	0.231
X_4	0.25	0.333	0.2	1	0.081

其中，一致性比例：0.09，最大特征值：$\lambda_{max} = 4.238$。

第二，二级指标判断矩阵及权重。

表 5-16　　　　　　　　　基础条件指标判断矩阵及权重

X_1	Y_1	Y_2	w_i
Y_1	1	1	0.5
Y_2	1	1	0.5

其中，一致性比例：0.000；最大特征值：$\lambda_{max}=2$。

表 5-17　　　　　　　　　内部治理判断矩阵及权重

X_2	Y_3	Y_4	Y_5	Y_6	Y_7	Y_8	w_i
Y_3	1	5	2	2	3	5	0.353
Y_4	0.2	1	0.333	0.5	0.333	2	0.072
Y_5	0.5	3	1	2	0.5	5	0.191
Y_6	0.5	2	0.5	1	2	4	0.172
Y_7	0.333	3	2	0.5	1	3	0.164
Y_8	0.2	0.5	0.2	0.25	0.333	1	0.047

其中，一致性比例：0.057，最大特征值：$\lambda_{max}=6.359$。

表 5-18　　　　　　　　　工作绩效判断矩阵及权重

X_3	Y_9	Y_{10}	w_i
Y_9	1	3	0.75
Y_{10}	0.333	1	0.25

其中，一致性比例：0.000，最大特征值：$\lambda_{max}=2$。

表 5-19　　　　　　　　　社会评价判断矩阵及权重

X_4	Y_{11}	Y_{12}	w_i
Y_{11}	1	0.5	0.333
Y_{12}	2	1	0.667

其中，一致性比例：0.000，最大特征值：$\lambda_{max}=2$。

第三，三级指标判断矩阵及权重。

表 5－20　　　　　　　　法人资格三级指标判断矩阵及权重

Y_1	Z_1	Z_2	w_i
Z_1	1	0.333	0.25
Z_2	3	1	0.75

其中，一致性比例：0.000，最大特征值：$\lambda_{max}=2$。

表 5－21　　　　　　　　目标章程三级指标判断矩阵及权重

Y_2	Z_3	Z_4	Z_5	w_i
Z_3	1	5	2	0.582
Z_4	0.2	1	0.333	0.109
Z_5	0.5	3	1	0.309

其中，一致性比例：0.004，最大特征值：$\lambda_{max}=3.004$。

表 5－22　　　　　　　　组织机构三级指标判断矩阵及权重

Y_3	Z_6	Z_7	Z_8	Z_9	w_i
Z_6	1	3	2	5	0.488
Z_7	0.333	1	2	3	0.248
Z_8	0.5	0.5	1	2	0.175
Z_9	0.2	0.333	0.5	1	0.089

其中，一致性比例：0.041，最大特征值：$\lambda_{max}=4.107$。

表 5－23　　　　　　　　党建工作指标判断矩阵及权重

Y_4	Z_{10}	Z_{11}	Z_{12}	w_i
Z_{10}	1	5	3	0.637
Z_{11}	0.2	1	0.333	0.105
Z_{12}	0.333	3	1	0.258

其中，一致性比例：0.037，最大特征值：$\lambda_{max}=3.039$。

表 5－24　　　　　　　　人力资源指标判断矩阵及权重

Y_5	Z_{13}	Z_{14}	Z_{15}	Z_{16}	w_i
Z_{13}	1	5	3	5	0.568

续表

Y_5	Z_{13}	Z_{14}	Z_{15}	Z_{16}	w_i
Z_{14}	0.2	1	2	3	0.202
Z_{15}	0.333	0.5	1	2	0.147
Z_{16}	0.2	0.333	0.5	1	0.083

其中，一致性比例：0.067，最大特征值：$\lambda_{max} = 4.178$。

表5-25　　　　　财务资产三级指标判断矩阵及权重

Y_6	Z_{17}	Z_{18}	Z_{19}	Z_{20}	w_i
Z_{17}	1	4	3	5	0.551
Z_{18}	0.25	1	3	2	0.219
Z_{19}	0.333	0.333	1	2	0.136
Z_{20}	0.2	0.5	0.5	1	0.094

其中，一致性比例：0.082，最大特征值：$\lambda_{max} = 4.218$。

表5-26　　　　　业务活动三级指标判断矩阵及权重

Y_7	Z_{21}	Z_{22}	Z_{23}	Z_{24}	Z_{25}	Z_{26}	Z_{27}	Z_{28}	w_i
Z_{21}	1	2	2	4	8	6	7	4	0.32
Z_{22}	0.5	1	0.5	1	4	3	4	4	0.149
Z_{23}	0.5	2	1	2	5	4	4	5	0.212
Z_{24}	0.25	1	0.5	1	3	4	3	3	0.127
Z_{25}	0.125	0.25	0.2	0.333	1	0.25	0.333	0.5	0.029
Z_{26}	0.167	0.333	0.25	0.25	4	1	5	3	0.076
Z_{27}	0.143	0.25	0.25	0.333	3	0.2	1	4	0.05
Z_{28}	0.25	0.25	0.2	0.333	2	0.333	0.25	1	0.037

其中，一致性比例：0.088，最大特征值：$\lambda_{max} = 8.866$。

表5-27　　　　　组织文化三级指标判断矩阵及权重

Y_8	Z_{29}	Z_{30}	Z_{31}	Z_{32}	w_i
Z_{29}	1	2	3	5	0.483
Z_{30}	0.5	1	2	3	0.272
Z_{31}	0.333	0.5	1	2	0.157

续表

Y_8	Z_{29}	Z_{30}	Z_{31}	Z_{32}	w_i
Z_{32}	0.2	0.333	0.5	1	0.088

其中，一致性比例：0.005，最大特征值：$\lambda_{max}=4.015$。

表5-28　　　　　业务活动产出三级指标判断矩阵及权重

Y_9	Z_{33}	Z_{34}	Z_{35}	Z_{36}	Z_{37}	Z_{38}	w_i
Z_{33}	1	2	0.5	0.5	0.5	0.333	0.095
Z_{34}	0.5	1	0.333	0.333	0.5	2	0.089
Z_{35}	2	3	1	2	4	4	0.347
Z_{36}	2	3	0.5	1	2	3	0.234
Z_{37}	2	2	0.25	0.5	1	2	0.144
Z_{38}	3	0.5	0.25	0.333	0.5	1	0.091

其中，一致性比例：0.096，最大特征值：$\lambda_{max}=6.602$。

表5-29　　　　　信息公开三级指标判断矩阵及权重

Y_{10}	Z_{39}	Z_{40}	Z_{41}	Z_{42}	w_i
Z_{39}	1	3	4	6	0.558
Z_{40}	0.333	1	3	2	0.228
Z_{41}	0.25	0.333	1	3	0.136
Z_{42}	0.167	0.5	0.333	1	0.078

其中，一致性比例：0.083，最大特征值：$\lambda_{max}=4.22$。

表5-30　　　　　内部评价三级指标判断矩阵及权重

Y_{11}	Z_{43}	Z_{44}	w_i
Z_{43}	1	0.2	0.167
Z_{44}	5	1	0.833

其中，一致性比例：0.000，最大特征值：$\lambda_{max}=2$。

表5-31　　　　　　外部评价三级指标判断矩阵及权重

Y_{12}	Z_{45}	Z_{46}	w_i
Z_{45}	1	0.5	0.333
Z_{46}	2	1	0.667

其中，一致性比例：0.000，最大特征值：$\lambda_{max}=2$。

第四，指标合成权重。

对所有指标进行总排序如表5-32。

表5-32　　　西部地区社会团体发展评估指标体系及主观权重

一级指标	权重系数	二级指标	权重系数	三级指标	权重系数
基础条件	0.084	法人资格	0.042	法人资格及登记管理	0.011
				办公场所和设施齐全	0.032
		目标章程	0.042	组织的目标与使命明确	0.024
				规章制度与章程完善程度	0.005
				诚信建设情况	0.013
内部治理	0.501	组织机构	0.177	组织内部民主化程度	0.086
				具有完善的权力机构与组织章程	0.044
				执行机构分工明确	0.031
				监督机构完善	0.016
		党建工作	0.036	社会主义核心价值观载入章程情况	0.023
				党组织建立及活动开展情况	0.004
				党组织发挥作用情况	0.009
		人力资源	0.096	少数民族从业人员占比	0.054
				学历结构	0.019
				专职人员专业度	0.014
				志愿者管理制度完善	0.008
		财务资产	0.086	独立账户情况	0.047
				预决算制度和程序完备	0.019
				资金管理制度完善	0.012
				财务监管制度、程序完备	0.008
		业务活动	0.082	参与中央财政项目情况	0.026
				承接跨区域社会组织服务	0.012

续表

一级指标	权重系数	二级指标	权重系数	三级指标	权重系数
内部治理	0.501	业务活动	0.082	承接辖区内政府购买或委托服务	0.017
				参与相对贫困治理	0.010
				参与乡村振兴项目	0.002
				参与民族地区社会治理	0.006
				参与基本公共服务供给	0.004
				参与自然灾害风险防范	0.003
		组织文化	0.024	组织文化铸牢中华民族共同体意识	0.011
				组织文化促进民族交往交流交融	0.006
				组织文化传承传统文化习俗	0.004
				组织文化彰显非物质文化遗产保护	0.002
工作绩效	0.243	业务活动产出	0.182	服务成果与预期目标吻合程度较高	0.017
				项目风险防范情况	0.016
				定期与其他组织开展交流合作活动情况	0.063
				参与东西部协作、对口帮扶项目情况	0.043
				为政府部门建言献策情况	0.026
				参与公益项目规模	0.017
		信息公开	0.061	平台建设	0.034
				执行新闻发言人制度	0.014
				年度工作报告及财务审计报告	0.008
				公开捐赠信息和公益项目进展情况	0.005
社会评估	0.172	内部评价	0.057	组织内部给予的评价	0.010
				被服务对象给予的评价	0.048
		外部评价	0.115	接受政府相关部门的监督与评价	0.038
				接受政府部门赞许或表彰	0.077

2. 指标客观权重计算——CRITIC 法

CRITIC 法是 Diakoulaki 等提出的一种适用于确定指标客观权重的方法，该方法以指标内的变异大小和指标间的冲突性来综合确定指标的客观权重。变异大小表示同一指标取值差距的大小，用标准差来表现,该指标的取值标准差越大,表明反映的信息量越大,权重越大。冲突性指两个指标间的相关系数,相关系数越小,表明反映的信息量有相似性,权重越小。另一种客观赋权法——熵权法只考虑指标值的变异程度,而西部地区社会团体发展评估各指标间具有一定的相关性,因此用CRITIC法确定客观权重更加科学。CRITIC法相较于专家赋权法、层次分析法等主观赋权法更加客观,不易受人的主观认识影响。[①]而相对于变异系数法、熵值法等常用的客观赋权法,CRITIC法在考虑指标差异性的基础上,更注重指标之间的关联性。遵循全国性社会组织评估体系,以"共同性、差异性、融合性"为立足点,以"可操作性、公平公正、合理性"为科学性原则,构建西部地区社会组织发展评估指标体系,更适宜选择CRITIC法。

(1)构建层次结构

本书构建西部地区社会团体发展评估指标体系层次结构,参见表5-10。

(2)构建标准化矩阵

本书通过构建西部地区社会团体发展评估指标体系,按照CRITIC法的分析步骤,将一级指标设定为:基础条件、内部治理、工作绩效、社会评价,上述4个指标的评估需考虑下列几个因素。基础条件包括:法人资格、目标章程;内部治理包括:组织机构、党建工作、人力资源、财务资产、业务活动、组织文化;工作绩效包括:业务活动产出、信息公开;社会评价包括内部评价、外部评价。请10位专家根据上述评分因素,以百分制对46个指标打分(见表5-33),计算出平均值,得到评分结果。

表5-33　　　　　　　　百分制评分表

评价级别	好	较好	中	较差	差
分数区间 S	$S \geq 75$	$65 \leq S < 74$	$55 \leq S < 64$	$45 \leq S < 54$	$S < 44$

---

① 万林、章国宝、陶杰:《基于AHP-CRITIC的电梯安全性评估》,《安全与环境学报》2017年第5期。

第一，衡量指标变异性。

在 CRITIC 赋权法中可以使用一个标准差分析来判断和表示各个指标的内部取值和数据差异变动的情况，差异数值越大代表该指标的数量和差异变化越大，越能够从中反映出更多的信息，该指标本身的评价强度也就越强，应该给该指标本身分配更多的权重，变异性为：

$$\overline{x_j} = \frac{1}{n}\sum_{i=1}^{n} x_{ij} \tag{5-12}$$

$$\sigma_i = \sqrt{\sum_{j=1}^{n}(x_{ij}-x_j)^2/(n-1)} \tag{5-13}$$

第二，衡量指标冲突性。

在 CRITIC 赋权法中如果使用了相关系数来表示各个指标间的信息相关性，与其他各个指标的信息相关性越强，反映得出相同的信息量就会越多，所能体现的评价内容就越具有重复性，则可以说明该指标与其他各个指标的信息冲突性越小，一定程度上也就削弱了该指标的综合评价强度，应该尽量减少对该指标综合权重的分配，指标冲突性为：

$$r_i = \sum_{j=1}^{n}(1-r_{ij}) \tag{5-14}$$

第三，指标信息量计算。

指标信息量 C_j 越大，表示第 j 个评价指标对于整个综合评价指标体系中的影响越大，应该给其分配更多的权重：

$$c_i = \sigma_i \sum_{j=1}^{n}(1-r_{ij}) = \sigma_i \times r_i \tag{5-15}$$

第四，客观权重计算。

第 j 个指标的客观权重 w_j 为：

$$\omega_i = c_i / \sum_{j=1}^{n} c_i \tag{5-16}$$

（3）专家打分问卷调查及数据处理

根据随机抽样方法，选择 10 个社会团体，通过对社会组织领域的 10 名专家发放问卷，由他们根据上述评分因素对指标进行百分制打分。以社会团体 4 个一级指标为例。

表 5-34　　　　　　　社会团体一级指标评分结果

社会组织编号	1	2	3	4	5	6	7	8	9	10
X_1	78	87	86	76	78	83	69	88	90	73
X_2	21	34	56	56	77	68	43	57	54	67
X_3	56	58	87	71	83	82	89	63	54	58
X_4	32	47	38	49	52	59	64	66	41	26

将表 5-34 评分结果进行标准化处理，得到标准化矩阵 S：

$$S = \begin{bmatrix} 0.429 & 0.857 & 0.81 & 0.333 & 0.429 & 0.667 & 0 & 0.905 & 1 & 0.19 \\ 0 & 0.232 & 0.625 & 0.625 & 1 & 0.839 & 0.393 & 0.643 & 0.589 & 0.821 \\ 0.057 & 0.114 & 0.943 & 0.486 & 0.829 & 0.8 & 1 & 0.257 & 0 & 0.114 \\ 0.15 & 0.525 & 0.300 & 0.575 & 0.65 & 0.825 & 0.95 & 1 & 0.375 & 0 \end{bmatrix}$$

单独考虑每个指标生成的向量，根据（公式 5-16）计算各行向量 S_i 的标准差 σ_i，得到标准差向量 σ：

$\sigma = (\sigma_1, \sigma_2, \sigma_3, \sigma_4) = (7.036, 16.72, 13.956, 13.352)$

根据（式 5-14）计算指标 i 与指标 j 的线性相关系数 r_{ij}，得到向量 r：

$r = (r_1, r_2, r_3, r_4) = (3.291, 2.442, 2.457, 2.288)$

根据（式 5-15），得到信息量向量 $C = (c_1, c_2, c_3, c_4) = (23.156, 40.835, 34.293, 30.548)$；

根据（式 5-16），对 C 归一化处理得到 $W = (w_1, w_2, w_3, w_4) = (0.18, 0.317, 0.266, 0.237)$。

（4）指标权重的计算

接下来社会团体发展评估指标体系权重的计算过程不再赘述，主要是提取指标变异性、指标冲突性、信息量及权重（如表 5-35）。

表 5-35　西部地区社会团体发展评估指标体系客观权重计算结果

指标	指标变异性	指标冲突性	信息量	权重系数
法人资格及登记管理	0.949	13.537	12.842	0.013
办公场所和设施齐全	0.699	16.716	11.688	0.012
组织的目标与使命明确	1.265	13.537	17.123	0.018

续表

指标	指标变异性	指标冲突性	信息量	权重系数
规章制度与章程完善程度	0.949	13.537	12.842	0.013
诚信建设情况	0.966	13.708	13.243	0.014
组织内部民主化程度	0.972	12.939	12.575	0.013
具有完善的权力机构与组织章程	0.949	13.537	12.842	0.013
执行机构分工明确	0.966	13.708	13.243	0.014
监督机构完善	0.972	13.782	13.394	0.014
社会主义核心价值观载入章程情况	1.075	15.739	16.919	0.018
党组织建立及活动开展情况	0.675	14.200	9.584	0.010
党组织发挥作用情况	0.972	15.490	15.054	0.016
少数民族从业人员占比	1.033	20.195	20.858	0.022
学历结构	1.135	20.554	23.335	0.024
专职人员专业度	1.033	17.514	18.088	0.019
志愿者管理制度完善	1.197	19.701	23.587	0.025
独立账户情况	0.949	13.537	12.842	0.013
预决算制度和程序完备	0.949	13.537	12.842	0.013
资金管理制度完善	0.949	13.537	12.842	0.013
财务监管制度、程序完备	0.949	13.537	12.842	0.013
参与中央财政项目情况	1.229	21.128	25.972	0.027
承接跨区域社会组织服务	1.054	17.677	18.633	0.019
承接辖区内政府购买或委托服务	1.269	25.574	32.461	0.034
参与相对贫困治理	1.135	22.091	25.079	0.026
参与乡村振兴项目	1.430	24.902	35.606	0.037
参与民族地区社会治理	1.174	29.740	34.909	0.036
参与基本公共服务供给	1.287	29.094	37.435	0.039
参与自然灾害风险防范	1.354	24.535	33.221	0.035
组织文化铸牢中华民族共同体意识	1.075	16.769	18.026	0.019
组织文化促进民族交往交流交融	1.229	22.038	27.091	0.028
组织文化传承传统文化习俗	1.033	20.429	21.099	0.022
组织文化彰显非物质文化遗产保护	1.033	20.429	21.099	0.022
服务成果与预期目标吻合程度较高	0.699	16.047	11.220	0.012
项目风险防范情况	0.707	17.276	12.216	0.013

续表

指标	指标变异性	指标冲突性	信息量	权重系数
定期与其他组织开展交流合作活动情况	0.949	13.537	12.842	0.013
参与东西部协作、对口帮扶项目情况	1.509	32.422	48.933	0.051
为政府部门建言献策情况	1.197	22.222	26.605	0.028
参与公益项目规模	1.449	32.555	47.177	0.049
平台建设	1.160	34.435	39.928	0.042
执行新闻发言人制度	1.265	33.427	42.282	0.044
年度工作报告及财务审计报告	0.632	13.537	8.561	0.009
公开捐赠信息和公益项目进展情况	1.252	20.823	26.063	0.027
组织内部给予的评价	0.707	18.895	13.361	0.014
被服务对象给予的评价	0.699	14.731	10.300	0.011
接受政府相关部门的监督与评价	0.966	13.812	13.343	0.014
接受政府部门赞许或表彰	0.843	22.521	18.992	0.020

3. 指标综合权重计算——拉格朗日乘子法

层次分析法可以合理利用专家的经验知识，CRITIC 法则适用于挖掘样本数据中客观信息，有效避免人为主观因素的影响。因此，对层次分析法与 CRITIC 法得到的主观权重 AW_j 与客观权重 EW_j 进行组合，有助于得到更加科学准确的权重系数。利用拉格朗日乘子法得到评价指标的综合权重系数，如（公式 5 - 17）所示。

$$W_j = \frac{AW_j EW_j}{\sum_{j=1}^{m} AW_j EW_j} \quad (5-17)$$

应用 AHP 法计算指标主观权重，CRITIC 法计算客观权重，运用（公式 5 - 17）计算各指标的综合权重，结果见表 5 - 36。

表 5 - 36　西部地区社会团体发展评估指标体系综合权重表

指标名称	AHP 法计算权重 W_j	CRITIC 法计算权重 S_j	综合权重 C_j
法人资格及登记管理	0.011	0.013	0.007
办公场所和设施齐全	0.032	0.012	0.019
组织的目标与使命明确	0.024	0.018	0.022

续表

指标名称	AHP法计算权重W_j	CRITIC法计算权重S_j	综合权重C_j
规章制度与章程完善程度	0.005	0.013	0.003
诚信建设情况	0.013	0.014	0.009
组织内部民主化程度	0.086	0.013	0.056
具有完善的权力机构与组织章程	0.044	0.013	0.029
执行机构分工明确	0.031	0.014	0.021
监督机构完善	0.016	0.014	0.011
社会主义核心价值观载入章程情况	0.023	0.018	0.020
党组织建立及活动开展情况	0.004	0.010	0.002
党组织发挥作用情况	0.009	0.016	0.007
少数民族从业人员占比	0.054	0.022	0.058
学历结构	0.019	0.024	0.023
专职人员专业度	0.014	0.019	0.013
志愿者管理制度完善	0.008	0.025	0.010
独立账户情况	0.047	0.013	0.031
预决算制度和程序完备	0.019	0.013	0.012
资金管理制度完善	0.012	0.013	0.008
财务监管制度、程序完备	0.008	0.013	0.005
参与中央财政项目情况	0.026	0.027	0.035
承接跨区域社会组织服务	0.012	0.019	0.012
承接辖区内政府购买或委托服务	0.017	0.034	0.029
参与相对贫困治理	0.010	0.026	0.013
参与乡村振兴项目	0.002	0.037	0.004
参与民族地区社会治理	0.006	0.036	0.011
参与基本公共服务供给	0.004	0.039	0.008
参与自然灾害风险防范	0.003	0.035	0.005
组织文化铸牢中华民族共同体意识	0.011	0.019	0.011
组织文化促进民族交往交流交融	0.006	0.028	0.009
组织文化传承传统文化习俗	0.004	0.022	0.004
组织文化彰显非物质文化遗产保护	0.002	0.022	0.002
服务成果与预期目标吻合程度较高	0.017	0.012	0.010
项目风险防范情况	0.016	0.013	0.010

续表

指标名称	AHP法计算权重W_j	CRITIC法计算权重S_j	综合权重C_j
定期与其他组织开展交流合作活动情况	0.063	0.013	0.042
参与东西部协作、对口帮扶项目情况	0.043	0.051	0.108
为政府部门建言献策情况	0.026	0.028	0.036
参与公益项目规模	0.017	0.049	0.040
平台建设	0.034	0.042	0.070
执行新闻发言人制度	0.014	0.044	0.030
年度工作报告及财务审计报告	0.008	0.009	0.004
公开捐赠信息和公益项目进展情况	0.005	0.027	0.006
组织内部给予的评价	0.010	0.014	0.007
被服务对象给予的评价	0.048	0.011	0.025
接受政府相关部门的监督与评价	0.038	0.014	0.026
接受政府部门赞许或表彰	0.077	0.020	0.075

4. 指标综合权重分析

以"共同性、差异性、融合性"作为构建发展指标体系的立足点，以"可操作性、公平公正、合理性"作为构建发展指标体系的科学性原则，参考国家政策标准、行业标准以及对现有社会组织评价体系的归纳总结，在相关专家学者指导下，根据西部地区社会团体实际情况，利用问卷调查法、专家打分法、AHP层次分析法、CRITIC分析法，确定该地区社会团体发展评估指标体系的指标选取及综合权重。其中，一级指标选取遵循全国性社会组织评估标准确定为"基础条件、内部治理、工作绩效、社会评价"四方面。基础条件与内部治理可以归纳为投入性指标，主要考察社会团体在发展过程中，投入的基础设施、创办机构、制定章程、招聘人员、专业培训、调动资源、文化宣传、财务收支及服务供给等方面的投入。工作绩效与社会评价可以归纳为产出性指标，主要考察社会团体在服务预期目标、项目效果、项目风险防范情况、公益性服务数量及规模、提供服务产生的社会效应、信息公开情况、政府相关部门及社会群体监督和评价情况等方面的产出。从"投入—产出"视角划分发展指标体系，意在推动社会团体发展与运行逐渐向社会组织企业化管理转变，实现更高效率地提供服务，提升组织特殊服务功能，推动社会团体高质量发展。

（1）一级指标权重分析

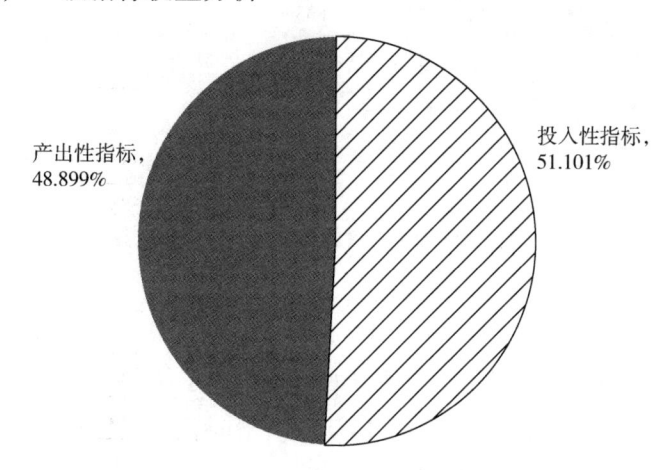

图 5-2　西部地区社会团体发展评估一级指标权重

社会团体覆盖面超越了政府和市场，发挥着激发社会活力、动员和组织社会资源的作用。新时代，社会组织活动产出是判断社会团体运营的有效手段，但对于社会团体的投入也是同样重要。社会团体一级指标权重中投入性指标占 51.101%，产出性指标占 48.899%，指标分布有细微差别，说明构建社会团体发展评估指标体系遵循由结果性评定转向全过程式评定，增加资源获取途径、承接政府服务、公益服务项目等组织运行成效指标。社会团体属于非营利组织，更多关注社会组织的投入，高产出的前提是高效、科学合理的投入。因此，社会团体成长资源获取存在"依附"模式、"依赖"关系、非市场化竞争等现实困境，[1] 既要注重社会团体对于社会的贡献程度，更要注重社

---

[1] 朱喆、徐顽强：《科技类社会组织资源获取模式评价——基于武汉市的实证研究》，《科技管理研究》2020 年第 19 期。

会组织人力、财力、智力、物力的投入。

（2）二级指标权重分析

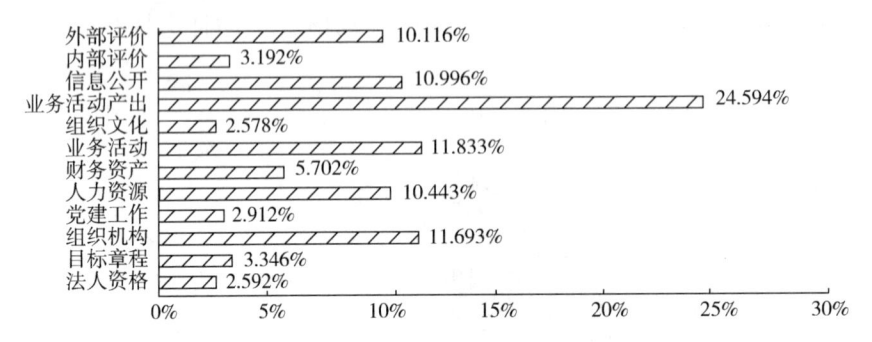

图5-3　西部地区社会团体发展二级指标权重

指标	权重
外部评价	10.116%
内部评价	3.192%
信息公开	10.996%
业务活动产出	24.594%
组织文化	2.578%
业务活动	11.833%
财务资产	5.702%
人力资源	10.443%
党建工作	2.912%
组织机构	11.693%
目标章程	3.346%
法人资格	2.592%

二级指标共设12个，与全国性社会组织发展评估的差异在于增加"组织目标章程、组织文化"，探寻西部地区社会团体的发展目标、责任使命及文化宣传引发的社会群体认同。新时代，西部地区社会团体发展应以铸牢中华民族共同体意识为主线，以民族互嵌式发展为理念，社会团体在宣传组织文化、提供服务、参与党和政府重点任务等专业化服务、满足社会民众多样化需求的同时，也在扮演引导社会价值观、践行志愿奉献精神、传承及发展传统文化的重要角色，致力于将"乡土情怀与公民理性相融合，组织服务与文化建构相统一的教育"。[①] 近几年，随着西部地区社会团体数量的增加，组织规模不断扩大，组织功能也逐步转型，组织业务活动领域覆盖基层社会治理、助力脱贫成果巩固、提供养老服务、社会救助、传承民族文化与中华民族文化深度融合等方面，推动社会团体管理与运行迈向规范化、高效化及专业化。二级指标权重排名前五位的分别是：业务活动产出、业务活动、组织机构、信息公开、人力资源。这些指标与时代发展紧密联系，彰显社会团体发展的与时俱进及职能履行，为后续其可持续发展指明了方向、激发了动力。

---

① 王瑜：《论全球化时代民族跨文化教育的合理性发展》，《教育科学》2016年第1期。

(3) 三级指标权重分析

西部地区社会团体发展评估指标体系的构建，运用隶属度分析法、专家打分法、层次分析法、CRICIT法、组合权重法确定了各项指标的权重，形成了一套完备的社会团体发展评估指标体系。经过赋权重计算后排名前十的指标为：参与东西部协作、对口帮扶项目情况是结合"地区因素、组织特性"考察社会团体参与地域特色项目中的功能、作用。接受政府部门赞许或表彰方面，重点考察社会团体在秉持公共利益、志愿精神参与基层社会治理、公共服务供给及社会救助领域，获得政府部门的认可，提升组织公共服务专业化水平与精准度。平台建设考察组织运行、信息公开的规范性，提升数字化治理社会组织能力。少数民族从业人员占比，吸纳各民族人才，铸牢中华民族共同体意识、发扬民族交往交流交融精神、培育民族互信、包容的积极态度，激发每一个社会成员的民族认同感等系列民族自强、自信精神，引领着西部地区社会团体发展、壮大。组织内部民主化程度侧重强调组织发展中政治民主与社会民主的重要性，组织内部事务决策实现全过程民主参与。定期与其他组织开展交流合作活动情况，围绕"禀赋性资源、改善性资源、公益性资源"协同互动，建立组织间的可持续合作，完善风险共担、利益共享的社会治理新格局。参与公益项目规模弘扬社会团体的公益性、志愿性特征，承担人道救助、志愿服务、公益慈善等重要责任，在妇女儿童、乡村振兴、养老服务、防灾减灾救灾和应急救援、社会心理服务、法律援助、行业协会商会等多个领域发挥重大影响。为政府部门建言献策情况是依托西部地区地方政府权力及权限，社会团体主动参与党和政府的重点工作，在乡村振兴、突发公共危机事件中发挥重要作用。针对中央财政项目参与情况，旨在考察中央政府给予西部地区的基础性扶持、职能转移支持及购买服务支持。拥有独立账户强调社会团体严格遵守财务会计制度，财务结构合理性、分工明确、执行有效。其余的三级指标涉及社会团体自我管理、自我监督、优化组织功能等内容，篇幅所限，这里不再一一展开。

二 西部地区民办非企业单位发展评估指标体系权重的确定

1. 指标主观权重计算——层次分析法（AHP法）

（1）构建层次结构

表5-37　西部地区民办非企业单位发展评估指标体系

一级指标	二级指标	三级指标
基础条件 X1	法人资格 Y1	年末资产状况 Z1
		有独立办公用房且环境良好 Z2
		章程制定及修改符合程序 Z3
		理事、监事备案情况 Z4
	登记管理 Y2	登记事项变更履行登记程序情况 Z5
		年检结论合格及遵纪守法程度 Z6
内部治理 X2	组织机构 Y3	组织内部民主化程度 Z7
		执行机构分工明确 Z8
		监督机构完善程度 Z9
		印章管理制度完善程度 Z10
	党组织 Y4	社会主义核心价值观载入 Z11
		党组织"应建尽建"情况 Z12
		党组织建立及活动开展情况 Z13
		党组织发挥作用情况 Z14
	人力资源 Y5	少数民族从业人员占比 Z15
		岗位职责及绩效考核合理程度 Z16
		基本社会保障 Z17
		参加业务培训情况 Z18
	财务资产 Y6	项目财务管理完善程度 Z19
		货币资金管理制度 Z20
		实物资产管理完善程度 Z21
		投资收益管理完善程度 Z22
		财务报告制度 Z23

续表

一级指标	二级指标	三级指标
内部治理 X2	业务活动 Y7	业务活动实施完成情况 Z24
		项目监督考核合格情况 Z25
		参与中央财政项目情况 Z26
		承接跨区域社会组织服务 Z27
		承接辖区内政府购买或委托服务 Z28
		参与相对贫困治理 Z29
		参与乡村振兴项目 Z30
		参与民族地区社会治理 Z31
		参与基本公共服务供给 Z32
		参与自然灾害风险防范 Z33
	组织文化 Y8	组织文化铸牢中华民族共同体意识 Z34
		组织文化促进民族交往交流交融 Z35
		组织文化传承传统文化习俗 Z36
		组织文化彰显非物质文化遗产保护 Z37
工作绩效 X3	业务活动产出 Y9	服务效果的独特性及创新性 Z38
		参与东西部协作、对口帮扶项目情况 Z39
		服务产生的社会效果（直接/间接）显著 Z40
		参与政府建言献策情况 Z41
	信息公开 Y10	平台建设 Z42
		执行新闻发言人制度 Z43
		捐赠信息及公益项目进展公开 Z44
社会评价 X4	内部评价 Y11	理事、监事对管理状况评估情况 Z45
		工作人员对管理状况评估程度 Z46
		服务对象对服务质量的评估 Z47
	外部评价 Y12	登记管理部门、业务主管部门的评估情况 Z48
		媒体对组织发挥作用的评估情况 Z49
		接受政府部门赞许或表彰情况 Z50

（2）指标主观权重的计算

西部地区民办非企业单位发展评估指标体系权重的计算仍运用层次分析法，构建各层级指标判断矩阵，计算各层次指标权重，具体计算过程此处略去。投入性指标包括基础条件和内部治理，产出性指标包括工作绩效和社会评价。

第一，一级指标判断矩阵及权重。

表5-38　　　　　　　　一级指标判断矩阵及权重

M	X_1	X_2	X_3	X_4	W_i
X_1	1	0.5	2	4	0.293
X_2	2	1	2	3	0.394
X_3	0.5	0.5	1	5	0.231
X_4	0.25	0.333	0.2	1	0.081

其中，一致性比例：0.09，最大特征值：$\lambda_{max}=4.238$。

第二，二级指标判断矩阵及权重。

表5-39　　　　　　基础条件二级指标判断矩阵及权重

X_1	Y_1	Y_2	W_i
Y_1	1	1	0.5
Y_2	1	1	0.5

其中，一致性比例：0.000，最大特征值：$\lambda_{max}=2$。

表5-40　　　　　　内部治理二级指标判断矩阵及权重

X_2	Y_3	Y_4	Y_5	Y_6	Y_7	Y_8	W_i
Y_3	1	2	5	2	0.5	3	0.255
Y_4	0.5	1	4	2	0.5	0.333	0.135
Y_5	0.2	0.25	1	1	0.333	0.5	0.065
Y_6	0.5	0.5	1	1	0.5	0.5	0.091
Y_7	2	2	3	2	1	4	0.309
Y_8	0.333	3	2	2	0.25	1	0.145

其中，一致性比例：0.095，最大特征值：$\lambda_{max}=6.594$。

表5-41　　　　　　　工作绩效二级指标判断矩阵及权重

X_3	Y_9	Y_{10}	W_i
Y_9	1	3	0.75
Y_{10}	0.333	1	0.25

其中，一致性比例：0.000，最大特征值：$\lambda_{max}=2$。

表5-42　　　　　　　社会评价二级指标判断矩阵及权重

X_4	Y_{11}	Y_{12}	W_i
Y_{11}	1	0.5	0.333
Y_{12}	2	1	0.667

其中，一致性比例：0.000，最大特征值：$\lambda_{max}=2$。

第三，三级指标判断矩阵及权重。

表5-43　　　　　　　法人资格三级指标判断矩阵及权重

Y_1	Z_1	Z_2	Z_3	Z_4	W_i
Z_1	1	2	3	4	0.474
Z_2	0.5	1	2	2	0.255
Z_3	0.333	0.5	1	0.333	0.104
Z_4	0.25	0.5	3	1	0.168

其中，一致性比例：0.078，最大特征值：$\lambda_{max}=4.207$。

表5-44　　　　　　　登记管理三级指标判断矩阵及权重

Y_2	Z_5	Z_6	W_i
Z_5	1	3	0.75
Z_6	0.333	1	0.25

其中，一致性比例：0.000，最大特征值：$\lambda_{max}=2$。

表5-45　　　　　　　组织机构三级指标判断矩阵及权重

Y_3	Z_7	Z_8	Z_9	Z_{10}	W_i
Z_7	1	0.333	0.5	0.333	0.104
Z_8	3	1	0.5	0.333	0.18

续表

Y_3	Z_7	Z_8	Z_9	Z_{10}	W_i
Z_9	2	2	1	0.333	0.23
Z_{10}	3	3	3	1	0.487

其中，一致性比例：0.081，最大特征值：$\lambda_{max}=4.215$。

表5-46　党组织三级指标判断矩阵及权重

Y_4	Z_{11}	Z_{12}	Z_{13}	Z_{14}	W_i
Z_{11}	1	2	0.5	0.333	0.17
Z_{12}	0.5	1	0.333	0.5	0.12
Z_{13}	2	3	1	0.5	0.294
Z_{14}	3	2	2	1	0.416

其中，一致性比例：0.062，最大特征值：$\lambda_{max}=4.165$。

表5-47　人力资源三级指标判断矩阵及权重

Y_5	Z_{15}	Z_{16}	Z_{17}	Z_{18}	W_i
Z_{15}	1	2	0.5	0.333	0.163
Z_{16}	0.5	1	0.5	0.333	0.116
Z_{17}	2	2	1	0.333	0.231
Z_{18}	3	3	3	1	0.49

其中，一致性比例：0.046，最大特征值：$\lambda_{max}=4.121$。

表5-48　财产状况三级指标判断矩阵及权重

Y_6	Z_{19}	Z_{20}	Z_{21}	Z_{22}	Z_{23}	W_i
Z_{19}	1	0.2	4	0.5	0.5	0.12
Z_{20}	5	1	4	2	2	0.398
Z_{21}	0.25	0.25	1	0.5	0.333	0.066
Z_{22}	2	0.5	2	1	0.25	0.144
Z_{23}	2	0.5	3	4	1	0.272

其中，一致性比例：0.099，最大特征值：$\lambda_{max}=5.437$。

表 5-49　　　　　　业务活动开展三级指标判断矩阵及权重

Y_7	Z_{24}	Z_{25}	Z_{26}	Z_{27}	Z_{28}	Z_{29}	Z_{30}	Z_{31}	Z_{32}	Z_{33}	W_i
Z_{24}	1	2	2	4	8	6	7	4	6	6	0.285
Z_{25}	0.5	1	0.5	1	4	3	4	4	4	4	0.143
Z_{26}	0.5	2	1	2	5	4	4	5	3	3	0.179
Z_{27}	0.25	1	0.5	1	3	4	3	3	4	4	0.126
Z_{28}	0.125	0.25	0.2	0.333	1	0.25	0.25	0.333	0.5	0.5	0.023
Z_{29}	0.167	0.333	0.25	0.25	4	1	5	3	4	5	0.085
Z_{30}	0.143	0.25	0.25	0.333	4	0.2	1	2	0.333	1	0.039
Z_{31}	0.25	0.25	0.2	0.333	3	0.333	0.5	1	4	3	0.051
Z_{32}	0.167	0.25	0.333	0.25	2	0.25	3	0.25	1	0.5	0.035
Z_{33}	0.167	0.25	0.333	0.25	2	0.2	1	0.333	2	1	0.037

其中，一致性比例：0.098，最大特征值：$\lambda_{max} = 11.314$。

表 5-50　　　　　　组织文化指标判断矩阵及权重

Y_8	Z_{34}	Z_{35}	Z_{36}	Z_{37}	W_i
Z_{34}	1	2	0.333	2	0.23
Z_{35}	0.5	1	0.5	3	0.199
Z_{36}	3	2	1	4	0.474
Z_{37}	0.5	0.333	0.25	1	0.097

其中，一致性比例：0.066，最大特征值：$\lambda_{max} = 4.175$。

表 5-51　　　　　　业务活动产出指标判断矩阵及权重

Y_9	Z_{38}	Z_{39}	Z_{40}	Z_{41}	W_i
Z_{38}	1	0.5	0.333	0.5	0.114
Z_{39}	2	1	0.5	3	0.28
Z_{40}	3	2	1	4	0.47
Z_{41}	2	0.333	0.25	1	0.136

其中，一致性比例：0.058，最大特征值：$\lambda_{max} = 4.154$。

表 5-52　　　　　　　信息公开指标判断矩阵及权重

Y_{10}	Z_{42}	Z_{43}	Z_{44}	W_i
Z_{42}	1	3	0.5	0.333
Z_{43}	0.333	1	0.333	0.14
Z_{44}	2	3	1	0.528

其中，一致性比例：0.051，最大特征值：$\lambda_{max}=3.054$。

表 5-53　　　　　　　内部评价指标判断矩阵及权重

Y_{11}	Z_{45}	Z_{46}	Z_{47}	W_i
Z_{45}	1	0.167	2	0.163
Z_{46}	6	1	5	0.729
Z_{47}	0.5	0.2	1	0.109

其中，一致性比例：0.082，最大特征值：$\lambda_{max}=3.086$。

表 5-54　　　　　　　外部评价指标判断矩阵及权重

Y_{12}	Z_{48}	Z_{49}	Z_{50}	W_i
Z_{48}	1	3	5	0.627
Z_{49}	0.333	1	4	0.28
Z_{50}	0.2	0.25	1	0.094

其中，一致性比例：0.082，最大特征值：$\lambda_{max}=3.086$。

第四，指标合成权重。

对所有指标进行总排序如表 5-55。

表 5-55　　　西部地区民办非企业单位发展评估指标体系及主观权重

一级指标	权重系数	二级指标	权重系数	三级指标	权重系数
基础条件	0.288	法人资格	0.144	年末资产状况	0.068
				有独立办公用房且环境良好	0.037
				章程制定及修改符合程序	0.015
				理事、监事备案情况	0.024
		登记管理	0.144	登记事项变更履行登记程序情况	0.108
				年检结论合格及遵纪守法程度	0.036

续表

一级指标	权重系数	二级指标	权重系数	三级指标	权重系数
内部治理	0.450	组织机构	0.115	组织内部民主化程度	0.012
				执行机构分工明确	0.021
				监督机构完善程度	0.026
				印章管理制度完善程度	0.056
		党组织	0.061	社会主义核心价值观载入	0.010
				党组织"应建尽建"情况	0.007
				党组织建立及活动开展情况	0.018
				党组织发挥作用情况	0.025
		人力资源	0.029	少数民族从业人员占比	0.005
				岗位职责及绩效考核合理程度	0.003
				基本社会保障	0.007
				参加业务培训情况	0.014
		财务资产	0.041	项目财务管理完善程度	0.005
				货币资金管理制度	0.016
				实物资产管理完善程度	0.003
				投资收益管理完善程度	0.006
				财务报告制度	0.011
		业务活动	0.139	业务活动实施完成情况	0.040
				项目监督考核合格情况	0.020
				参与中央财政项目情况	0.025
				承接跨区域社会组织服务	0.018
				承接辖区内政府购买或委托服务	0.003
				参与相对贫困治理	0.012
				参与乡村振兴项目	0.005
				参与民族地区社会治理	0.007
				参与基本公共服务供给	0.005
				参与自然灾害风险防范	0.005
		组织文化	0.065	组织文化铸牢中华民族共同体意识	0.015
				组织文化促进民族交往交流交融	0.013
				组织文化传承传统文化习俗	0.031
				组织文化彰显非物质文化遗产保护	0.006

续表

一级指标	权重系数	二级指标	权重系数	三级指标	权重系数
工作绩效	0.194	业务活动产出	0.146	服务效果的独特性及创新性	0.017
				参与东西部协作、对口帮扶项目情况	0.041
				服务产生的社会效果（直接/间接）显著	0.068
				参与政府建言献策情况	0.020
		信息公开	0.049	平台建设	0.016
				执行新闻发言人制度	0.007
				捐赠信息及公益项目进展公开	0.026
社会评价	0.068	内部评价	0.023	理事、监事对管理状况评估情况	0.004
				工作人员对管理状况评估程度	0.017
				服务对象对服务质量的评估	0.002
		外部评价	0.045	登记管理部门、业务主管部门的评估情况	0.028
				媒体对组织发挥作用的评估情况	0.013
				接受政府部门赞许或表彰情况	0.004

2. 指标客观权重计算——CRITIC 法

（1）构建层次结构

本书构建西部地区民办非企业单位发展评估层次结构（如表5－37）。

（2）指标客观权重的计算

西部地区民办非企业单位发展评估指标体系客观权重的计算仍运用 CRITIC 法，通过专家打分法对影响因素进行评分，提取指标变异性、指标冲突性、信息量及权重（如表5－56）。

表5－56 西部地区民办非企业单位发展评估指标体系客观权重计算结果

指标	指标变异性	指标冲突性	信息量	权重系数
年末资产状况	1.265	29.869	37.782	0.030
有独立办公用房且环境良好	0.789	22.106	17.438	0.014
章程制定及修改符合程序	0.707	27.391	19.369	0.015
理事、监事备案情况	0.699	29.783	20.824	0.016

续表

指标	指标变异性	指标冲突性	信息量	权重系数
登记事项变更履行登记程序情况	0.707	27.391	19.369	0.015
年检结论合格及遵纪守法程度	0.699	26.745	18.700	0.015
组织内部民主化程度	0.943	23.635	22.283	0.018
执行机构分工明确	0.994	23.706	23.574	0.019
监督机构完善程度	0.994	23.952	23.818	0.019
印章管理制度完善程度	0.707	24.653	17.432	0.014
社会主义核心价值观载入	0.876	21.724	19.022	0.015
党组织"应建尽建"情况	0.943	26.597	25.076	0.020
党组织建立及活动开展情况	1.080	21.359	23.071	0.018
党组织发挥作用情况	1.174	23.412	27.480	0.022
少数民族从业人员占比	1.595	32.938	52.541	0.041
岗位职责及绩效考核合理程度	1.252	26.566	33.252	0.026
基本社会保障	1.633	30.450	49.725	0.039
参加业务培训情况	0.994	30.508	30.338	0.024
项目财务管理完善程度	0.816	30.183	24.645	0.019
货币资金管理制度	0.789	18.998	14.986	0.012
实物资产管理完善程度	0.823	16.803	13.834	0.011
投资收益管理完善程度	0.823	16.803	13.834	0.011
财务报告制度	0.876	25.611	22.425	0.018
业务活动实施完成情况	0.876	27.397	23.988	0.019
项目监督考核合格情况	1.160	19.069	22.111	0.017
参与中央财政项目情况	1.449	38.937	56.426	0.044
承接跨区域社会组织服务	1.494	28.430	42.487	0.033
承接辖区内政府购买或委托服务	1.160	28.885	33.492	0.026
参与相对贫困治理	1.155	22.555	26.044	0.020
参与乡村振兴项目	1.059	20.057	21.248	0.017
参与民族地区社会治理	1.247	18.979	23.671	0.019
参与基本公共服务供给	1.160	21.295	24.692	0.019
参与自然灾害风险防范	1.287	18.470	23.765	0.019
组织文化铸牢中华民族共同体意识	1.174	16.387	19.235	0.015
组织文化促进民族交往交流交融	1.317	17.470	23.001	0.018

续表

指标	指标变异性	指标冲突性	信息量	权重系数
组织文化传承传统文化习俗	1.179	17.617	20.761	0.016
组织文化彰显非物质文化遗产保护	1.317	18.643	24.544	0.019
服务效果的独特性及创新性	1.229	16.473	20.250	0.016
参与东西部协作、对口帮扶项目情况	1.509	16.694	25.195	0.020
服务产生的社会效果（直接/间接）显著	1.179	18.016	21.232	0.017
参与政府建言献策情况	1.491	19.539	29.128	0.023
平台建设	1.476	21.497	31.723	0.025
执行新闻发言人制度	1.252	24.724	30.946	0.024
捐赠信息及公益项目进展公开	1.418	19.119	27.114	0.021
理事、监事对管理状况评估情况	0.966	20.718	20.015	0.016
工作人员对管理状况评估程度	0.972	20.810	20.224	0.016
服务对象对服务质量的评估	0.966	18.300	17.679	0.014
登记管理部门、业务主管部门的评估情况	1.135	20.879	23.703	0.019
媒体对组织发挥作用的评估情况	1.370	21.260	29.133	0.023
接受政府部门赞许或表彰情况	1.080	18.725	20.225	0.016

3. 指标综合权重计算——拉格朗日乘子法

应用 AHP 法计算指标主观权重，CRITIC 法计算客观权重，运用（公式 5-17）计算各指标的综合权重，结果见表 5-57。

表 5-57　西部地区民办非企业单位发展评估指标体系综合权重表

指标名称	AHP 法计算权重 W_j	CRITIC 法计算权重 S_j	综合权重 C_j
年末资产状况	0.068	0.030	0.104
有独立办公用房且环境良好	0.037	0.014	0.027
章程制定及修改符合程序	0.015	0.015	0.012
理事、监事备案情况	0.024	0.016	0.020
登记事项变更履行登记程序情况	0.108	0.015	0.083
年检结论合格及遵纪守法程度	0.036	0.015	0.028
组织内部民主化程度	0.012	0.018	0.011

续表

指标名称	AHP 法计算权重 W_j	CRITIC 法计算权重 S_j	综合权重 C_j
执行机构分工明确	0.021	0.019	0.020
监督机构完善程度	0.026	0.019	0.025
印章管理制度完善程度	0.056	0.014	0.040
社会主义核心价值观载入	0.010	0.015	0.008
党组织"应建尽建"情况	0.007	0.020	0.007
党组织建立及活动开展情况	0.018	0.018	0.017
党组织发挥作用情况	0.025	0.022	0.028
少数民族从业人员占比	0.005	0.041	0.010
岗位职责及绩效考核合理程度	0.003	0.026	0.004
基本社会保障	0.007	0.039	0.014
参加业务培训情况	0.014	0.024	0.017
项目财务管理完善程度	0.005	0.019	0.005
货币资金管理制度	0.016	0.012	0.010
实物资产管理完善程度	0.003	0.011	0.002
投资收益管理完善程度	0.006	0.011	0.003
财务报告制度	0.011	0.018	0.010
业务活动实施完成情况	0.040	0.019	0.039
项目监督考核合格情况	0.020	0.017	0.017
参与中央财政项目情况	0.025	0.044	0.056
承接跨区域社会组织服务	0.018	0.033	0.030
承接辖区内政府购买或委托服务	0.003	0.026	0.004
参与相对贫困治理	0.012	0.020	0.012
参与乡村振兴项目	0.005	0.017	0.004
参与民族地区社会治理	0.007	0.019	0.007
参与基本公共服务供给	0.005	0.019	0.005
参与自然灾害风险防范	0.005	0.019	0.005
组织文化铸牢中华民族共同体意识	0.015	0.015	0.012
组织文化促进民族交往交流交融	0.013	0.018	0.012
组织文化传承传统文化习俗	0.031	0.016	0.025

续表

指标名称	AHP 法计算权重W_j	CRITIC 法计算权重S_j	综合权重C_j
组织文化彰显非物质文化遗产保护	0.006	0.019	0.006
服务效果的独特性及创新性	0.017	0.016	0.014
参与东西部协作、对口帮扶项目情况	0.041	0.020	0.042
服务产生的社会效果（直接/间接）显著	0.068	0.017	0.059
参与政府建言献策情况	0.020	0.023	0.024
平台建设	0.016	0.025	0.020
执行新闻发言人制度	0.007	0.024	0.009
捐赠信息及公益项目进展公开	0.026	0.021	0.028
理事、监事对管理状况评估情况	0.004	0.016	0.003
工作人员对管理状况评估程度	0.017	0.016	0.014
服务对象对服务质量的评估	0.002	0.014	0.001
登记管理部门、业务主管部门的评估情况	0.028	0.019	0.027
媒体对组织发挥作用的评估情况	0.013	0.023	0.015
接受政府部门赞许或表彰情况	0.004	0.016	0.003

4. 指标综合权重分析

社会组织实施分类评估，民办非企业单位数量及规模持续扩大，在党和政府的重点工作中作出了重要贡献，成为弥补政府失灵的一项举措。从西部地区民办非企业单位发展评估指标体系赋权来看，一级指标赋权中内部治理包含 6 个二级指标、31 个三级指标权重比最大，基础条件和工作绩效权重比相近，社会评价权重相对最小。12 个二级指标中权重大小（如图 5-5）所示，业务活动、法人资格、业务活动产出、登记管理情况、组织机构、党组织发展情况 6 个二级指标权重占比较大。西部地区民办非企业单位发展评估二级指标权重占比情况与社会团体二级指标权重占比情况有显著差异，体现出不同类型社会组织之间发展程度差异。

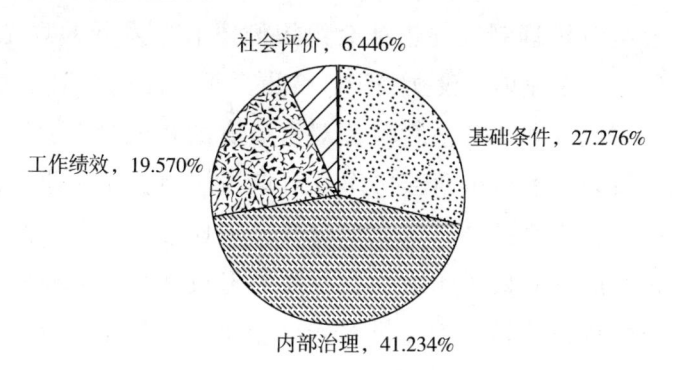

图 5-4　西部地区民办非企业单位发展评估一级指标权重

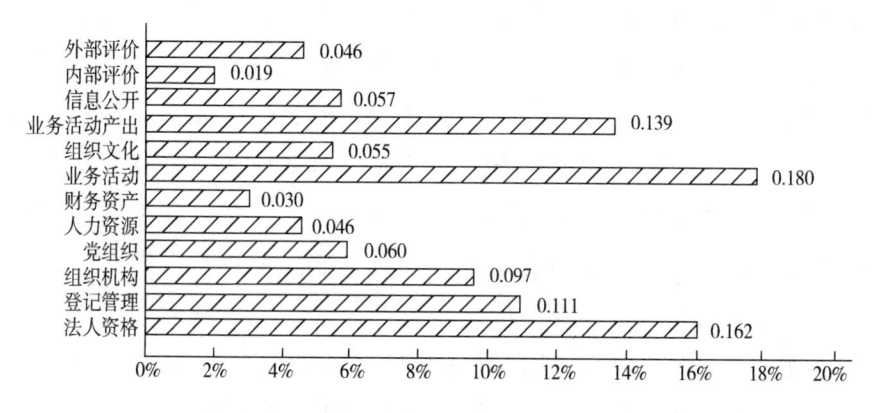

- 社会评价，6.446%
- 基础条件，27.276%
- 工作绩效，19.570%
- 内部治理，41.234%

图 5-5　西部地区民办非企业单位发展评估二级指标权重分析

- 外部评价　0.046
- 内部评价　0.019
- 信息公开　0.057
- 业务活动产出　0.139
- 组织文化　0.055
- 业务活动　0.180
- 财务资产　0.030
- 人力资源　0.046
- 党组织　0.060
- 组织机构　0.097
- 登记管理　0.111
- 法人资格　0.162

三级指标权重占比较大的 11 个指标依次为：年末资产状况、登记事项变更履行登记程序情况、服务产生的社会效果、参与中央财政项目情况、参与东西部协作及对口帮扶项目、印章管理制度完善程度、业务活动实施完成情况、承接跨区域社会组织服务、党组织发挥作用情况、捐赠信息及公益项目进展公开、年检结论合格及遵纪守法程度。年末资产核算不仅考察注重民办非企业单位收益情况，确保其正常运行发展，更是为防止非法民办非企业单位、"僵尸组织"影响其整体高质量发展趋势。登记事项变更履行登记程序情况、年检结论合格及遵纪守法程度作为登记管理的三级指标，依照《关于改革社会组织管理制度促进社会组织健康有序发展的意见》①规定，提升民办非企业单位设立登记、变更登记、注销登记管理质量，实行登记管理机关和业务主管单位双重负责的登记管理制度。服务产生的社会效果、参与东西部协作及对口帮扶项目作为业务活动产出的三级指标，考察民办非企业单位社会责任履行情况，民办非企业单位在公共服务有效供给方面，与政府形成优势互补模式，服务领域从传统的输血式转变为提供医养结合服务、就业创业、科技创新等新型功能。参与业务活动实施完成情况、中央财政项目情况、承接跨区域社会组织服务作为业务活动的三级指标，重点要推动民办非企业单位承接政府及其他社会组织公共服务职能。目前，西部地区民办非企业单位囿于机构业务类型与政府相关业务、法律政策文件的内容不符，能直接参与、建立长期稳定合作关系的机构不太多，大多数采用间接参与的方式。同时，西部地区地方政府自身对政社关系及其发展动态的认知存在不到位，完全依靠辖区内政府的推动是无法把握发展趋向的，尤其在民办非企业单位发展初期还不能明确把握地方基本制度环境的规则与要求，地方政府与机构合作目标模糊时，无法推动政府与民办非企业单位合作迈向深层次。印章管理制度完善程度考察民办非企业单位印章的规格、制发、管理、缴销办法，印章使用要经登记管理部门和业务主管部门备案，使用过程中应专人保管，避免出现违反规定使用印章或是非法篆刻印章现象。党组织发挥作用情况考察民办非企业单位传播社会价值观的过程中，依托独立党支部、联合党支部、联合党组织，开展多样化党建工作，体现出对党组织工作的重视，充分反映出"以评促建、以评促改"的评估工作对民办非企业单位发展起到积极作用。捐赠信息及公益项目进展公开的评估为增强捐赠信息透明度、提高组织

---

① 民政部：《民政部关于进一步加强和改进社会服务机构登记管理工作的实施意见》，2018年10月16日，https：//www.gov.cn/xinwen/2018-10/30/content_5335788.htm，2018年10月30日。

的社会公信力，引导公益资源有效使用，对公益活动方式、参与主体、受益对象、受益地区、公益款物拨付计划、项目动态情况等予以公开。

西部地区民办非企业单位发展评估指标体系中除了上述11个三级指标权重占比较大外，信息公开指标中的网络平台建设占比较高，着重考察民办非企业单位信息公开的重视程度。依托互联网平台，民办非企业单位可以自主发布信息和宣传本机构，将地方特色的专业化服务资源分享给其他地区，有助于跨区域机构合作，延伸民办非企业单位服务范围，以设立分支机构的形式，在社会结构互嵌的生活交融中深化机构目标认同、服务价值、权力渗透，构造和谐相处、互惠关系、共同利益的特色民办非企业单位，争取在政策倡导、承接辖区内政府服务、推动各族民众文化、思想交融互嵌，各区域民办非企业单位相互依赖的共同繁荣、共同发展局面。另外，信息平台公开呼吁民办非企业单位自我测评、健全内部评估机制，鼓励有实力的机构搭建自媒体平台，通过宣传互动和内容升级提升机构公信力、影响力。

组织机构层面，执行机构分工明确体现民办非企业单位内部治理结构不断完善，理事会人员、召开理事会次数、理事产生程序符合换届要求，机构之间分工明确、各司其职，为党组织工作、人力资源管理及绩效考核、财务管理制度规范化奠定基础保障；组织内部民主化程度是民办非企业单位自我管理、自我监督、自我评估的前提，民主化主要体现在组织决策能否实现全过程式民主参与，参与主体涉及理事、监事、正式工作人员、无薪兼职工作人员、志愿者及被服务对象，参与程序符合程序、参与过程遵照组织管理制度、参与形式公开透明、参与结果民主表决。人力资源层面，少数民族人员从业情况考察西部地区民办非企业单位人员结构，意在通过少数民族从业人员与各民族群众在工作交往中，形成一个结构相融、利益相连、情感相通的组织共同体，并在文化共通性中建立起组织独特的"乡土情感联结"，促进组织内与组织间各民族间的良性互动、资源互助、功能互补等深度交往。财务资产管理中的实物资产管理、项目财务管理、投资管理、财务监督管理的权重占比较高，针对近些年民办非企业单位会计或出纳人员兼职，岗位变动频繁，机构业务收费管理制度或项目财务管理制度缺少，难以规范机构运行中的大规模项目及财务报告未经理事会审批等问题。西部地区经济因素、地区因素及政治因素影响着民办非企业单位的发展速度。民办非企业单位作为基于非国有资产而成立的非营利性法人，财务资产管理指标的考察能够规范机构项目、资金运作，实现机构良性运行及机构使命目标，值得引起参评机构的足够重视。工作绩效二级指标中的服务效果的独特性及创新性、服务的社会效应2个三级指标考察机构参与西部地区地方政府部门的合作关系。作为提供社会服务的重要民间主体，民办非企业单位项目开展不仅要结合组织专业能力与资源配置，还需要良好的合作对象和资源支持，促使机构主动参与地方政府战略任务、国家重大工程建设，提升社会化公益服务质量。

三　西部地区基金会发展评估指标体系权重的确定

1. 指标主观权重计算——层次分析法（AHP法）

（1）构建层次结构

表5-58　　　　　西部地区基金会发展评估指标体系

一级指标	二级指标	三级指标
基础条件X1	法人资格Y1	净资产状况Z1
		法人选举程序Z2
		独立办公条件Z3
		目标及章程制定、修改符合程序Z4
	登记管理Y2	登记事项变更履行登记程序情况Z5
		遵纪守法程度Z6
内部治理X2	组织机构Y3	理事会换届、构成情况Z7

续表

一级指标	二级指标	三级指标
内部治理 X2	组织机构 Y3	会议召开情况 Z8
		决策程序及方式 Z9
		分支机构 Z10
	党组织建设 Y4	社会主义核心价值观载入 Z11
		党组织"应建尽建"情况 Z12
		党组织活动开展情况 Z13
		党组织发挥作用情况 Z14
	人力资源 Y5	专职人员少数民族占比情况 Z15
		人员学历结构 Z16
		岗位职责及绩效考核合理程度 Z17
		享受基本社会保障情况 Z18
		参加业务培训情况 Z19
		志愿者管理制度合理与详尽程度 Z20
	财务资产 Y6	资金募集来源 Z21
		依法纳税情况 Z22
		合同、协议管理完善程度 Z23
		捐赠管理制度完善程度 Z24
		货币资金管理制度 Z25
		非货币捐赠管理完善程度 Z26
		投资管理制度完善程度 Z27
		实物资产管理制度完善程度 Z28
		公益项目财务管理完善程度 Z29
		财务报告制度 Z30
	组织文化 Y7	组织文化铸牢中华民族共同体意识 Z31
		组织文化促进民族交往交流交融 Z32
		组织文化传承传统文化习俗 Z33
		组织文化彰显非物质文化遗产保护 Z34
工作绩效 X3	业务活动产出 Y8	公益项目数量与规模 Z35
		参与民族特色公益事业情况 Z36
		参与党和国家重点项目情况 Z37
		参与东西部协作、对口帮扶项目情况 Z38

续表

一级指标	二级指标	三级指标
工作绩效 X3	业务活动产出 Y8	项目产生社会影响 Z39
	信息平台 Y9	网络平台建设 Z40
		执行新闻发言人制度 Z41
		业务信息、年度工作报告及财务审计报告 Z42
社会评价 X4	内部评价 Y10	组织内部对管理状况评估程度 Z43
		捐赠人的评估 Z44
		受益人的评估 Z45
	外部评价 Y11	媒体对基金会发挥作用的评估情况 Z46
		接受政府部门赞许或表彰情况 Z47

(2) 指标权重的计算

对西部地区基金会发展评估指标体系权重的计算参考上文权重计算方法，对计算过程略写，只绘制出最终结果的矩阵及权重，并标注一致性比例及最大特征值。基础条件与内部治理可以归纳为投入性指标，工作绩效、社会评价可以归纳为产出性指标。

第一，一级指标判断矩阵及权重。

基础条件、内部治理、工作绩效、社会评价一级指标判断矩阵及权重计算结果见表5-59。

表5-59　　　　　一级指标判断矩阵及权重

X	X_1	X_2	X_3	X_4	W_i
X_1	1	0.5	2	4	0.293
X_2	2	1	2	3	0.394
X_3	0.5	0.5	1	5	0.231
X_4	0.25	0.333	0.2	1	0.081

其中，一致性比例：0.09，最大特征值：$\lambda_{max} = 4.238$。

第二，二级指标判断矩阵及权重。

投入性指标基础条件、内部治理判断矩阵及权重计算结果见表5-60、5-61，产出性指标工作绩效、社会评价判断矩阵及权重计算结果见表5-62、5-63。

表 5-60　　　　　基础条件二级指标判断矩阵及权重

X_1	Y_1	Y_2	W_i
Y_1	1	1	0.5
Y_2	1	1	0.5

其中，一致性比例：0.000，最大特征值：$\lambda_{max}=2$。

表 5-61　　　　　内部治理二级指标判断矩阵及权重

X_2	Y_3	Y_4	Y_5	Y_6	Y_7	W_i
Y_3	1	3	0.5	4	2	0.267
Y_4	0.333	1	0.25	3	2	0.153
Y_5	2	4	1	3	3	0.389
Y_6	0.25	0.333	0.333	1	0.5	0.075
Y_7	0.5	0.5	0.333	2	1	0.118

其中，一致性比例：0.06，最大特征值：$\lambda_{max}=5.267$。

表 5-62　　　　　工作绩效二级指标判断矩阵及权重

X_3	Y_8	Y_9	W_i
Y_8	1	0.5	0.333
Y_9	2	1	0.667

其中，一致性比例：0.000，最大特征值：$\lambda_{max}=2$。

表 5-63　　　　　社会评价二级指标判断矩阵及权重

X_4	Y_{10}	Y_{11}	W_i
Y_{10}	1	3	0.75
Y_{11}	0.333	1	0.25

其中，一致性比例：0.000，最大特征值：$\lambda_{max}=2$。

第三，三级指标判断矩阵及权重。

表 5-64　　　　　法人资格三级指标判断矩阵及权重

Y_1	Z_1	Z_2	Z_3	Z_4	W_i
Z_1	1	3	5	5	0.556

续表

Y_1	Z_1	Z_2	Z_3	Z_4	W_i
Z_2	0.333	1	2	3	0.229
Z_3	0.2	0.5	1	0.5	0.093
Z_4	0.2	0.333	2	1	0.122

其中，一致性比例：0.05，最大特征值：$\lambda_{max}=4.131$。

表5-65　　　　登记管理三级指标判断矩阵及权重

Y_2	Z_5	Z_6	W_i
Z_5	1	0.5	0.333
Z_6	2	1	0.667

其中，一致性比例：0.000，最大特征值：$\lambda_{max}=2$。

表5-66　　　　组织机构三级指标判断矩阵及权重

Y_3	Z_7	Z_8	Z_9	Z_{10}	W_i
Z_7	1	3	3	4	0.502
Z_8	0.333	1	3	2	0.245
Z_9	0.333	0.333	1	0.5	0.105
Z_{10}	0.25	0.5	2	1	0.147

其中，一致性比例：0.058，最大特征值：$\lambda_{max}=4.154$。

表5-67　　　　党组织建设三级指标判断矩阵及权重

Y_4	Z_{11}	Z_{12}	Z_{13}	Z_{14}	W_i
Z_{11}	1	2	4	4	0.483
Z_{12}	0.5	1	3	2	0.264
Z_{13}	0.25	0.333	1	0.333	0.087
Z_{14}	0.25	0.5	3	1	0.167

其中，一致性比例：0.045，最大特征值：$\lambda_{max}=4.118$。

表5-68　　　　　　　人力资源三级指标判断矩阵及权重

Y_5	Z_{15}	Z_{16}	Z_{17}	Z_{18}	Z_{19}	Z_{20}	W_i
Z_{15}	1	5	2	2	3	2	0.310
Z_{16}	0.2	1	0.333	0.5	0.333	2	0.072
Z_{17}	0.5	3	1	2	0.5	5	0.204
Z_{18}	0.5	2	0.5	1	2	4	0.177
Z_{19}	0.333	3	2	0.5	1	3	0.174
Z_{20}	0.5	0.5	0.2	0.25	0.333	1	0.063

其中，一致性比例：0.094，最大特征值：$\lambda_{max}=6.589$。

表5-69　　　　　　　财务资产管理三级指标判断矩阵及权重

Y_6	Z_{21}	Z_{22}	Z_{23}	Z_{24}	Z_{25}	Z_{26}	Z_{27}	Z_{28}	Z_{29}	Z_{30}	W_i
Z_{21}	1	2	3	2	3	2	2	3	2	2	0.184
Z_{22}	0.5	1	2	3	3	2	2	4	2	2	0.161
Z_{23}	0.333	0.5	1	2	2	3	3	2	3	2	0.133
Z_{24}	0.5	0.333	0.5	1	2	3	2	2	2	3	0.111
Z_{25}	0.333	0.333	0.5	0.5	1	2	2	3	2	2	0.089
Z_{26}	0.5	0.5	0.333	0.333	0.5	1	2	4	2	3	0.088
Z_{27}	0.5	0.5	0.333	0.5	0.5	0.5	1	5	2	2	0.080
Z_{28}	0.333	0.25	0.5	0.5	0.333	0.25	0.2	1	2	4	0.059
Z_{29}	0.5	0.5	0.333	0.5	0.5	0.5	0.5	0.5	1	2	0.053
Z_{30}	0.5	0.5	0.5	0.333	0.5	0.333	0.5	0.25	0.5	1	0.044

其中，一致性比例：0.098，最大特征值：$\lambda_{max}=11.31$。

表5-70　　　　　　　组织文化三级指标判断矩阵及权重

Y_7	Z_{31}	Z_{32}	Z_{33}	Z_{34}	W_i
Z_{31}	1	3	0.5	2	0.293
Z_{32}	0.333	1	0.5	3	0.198
Z_{33}	2	2	1	3	0.400
Z_{34}	0.5	0.333	0.333	1	0.110

其中，一致性比例：0.098，最大特征值：$\lambda_{max}=4.261$。

表 5-71　　　　　业务活动产出三级指标判断矩阵及权重

Y_8	Z_{35}	Z_{36}	Z_{37}	Z_{38}	Z_{39}	W_i
Z_{35}	1	2	4	3	3	0.400
Z_{36}	0.5	1	0.5	0.5	0.333	0.099
Z_{37}	0.25	2	1	0.5	0.25	0.104
Z_{38}	0.333	2	2	1	1	0.172
Z_{39}	0.333	3	4	1	1	0.226

其中，一致性比例：0.084，最大特征值：$\lambda_{max}=5.371$。

表 5-72　　　　　信息平台三级指标判断矩阵及权重

Y_9	Z_{40}	Z_{41}	Z_{42}	W_i
Z_{40}	1	0.5	0.25	0.143
Z_{41}	2	1	0.5	0.286
Z_{42}	4	2	1	0.572

其中，一致性比例：0.000，最大特征值：$\lambda_{max}=3$。

表 5-73　　　　　内部评价三级指标判断矩阵及权重

Y_{10}	Z_{43}	Z_{44}	Z_{45}	W_i
Z_{43}	1	0.5	3	0.320
Z_{44}	2	1	4	0.557
Z_{45}	0.333	0.25	1	0.123

其中，一致性比例：0.017，最大特征值：$\lambda_{max}=3.018$。

表 5-74　　　　　外部评价三级指标判断矩阵及权重

Y_{11}	Z_{46}	Z_{47}	W_i
Z_{46}	1	0.2	0.167
Z_{47}	5	1	0.833

其中，一致性比例：0.000，最大特征值：$\lambda_{max}=2$。

第四，指标合成权重。

经过一、二、三级指标判断矩阵及权重计算后，对所有指标进行总排序（百分比形式）（如表 5-75）。

表 5-75 西部地区基金会发展评估指标体系及主观权重

一级指标	权重系数	二级指标	权重系数	三级指标	权重系数
基础条件	0.293	法人资格	0.147	净资产状况	0.081
				法人选举程序	0.034
				独立办公条件	0.014
				目标及章程制定、修改符合程序	0.018
		登记管理	0.147	登记事项变更履行登记程序情况	0.049
				遵纪守法程度	0.098
内部治理	0.394	组织机构	0.105	理事会换届、构成情况	0.053
				会议召开情况	0.026
				决策程序及方式	0.011
				分支机构	0.015
		党组织建设	0.060	社会主义核心价值观载入	0.029
				党组织"应建尽建"情况	0.016
				党组织活动开展情况	0.005
				党组织发挥作用情况	0.010
		人力资源	0.153	专职人员少数民族占比情况	0.048
				人员学历结构	0.011
				岗位职责及绩效考核合理程度	0.031
				享受基本社会保障情况	0.027
				参加业务培训情况	0.027
				志愿者管理制度合理与详尽程度	0.010
		财务资产	0.030	资金募集来源	0.005
				依法纳税情况	0.005
				合同、协议管理完善程度	0.004
				捐赠管理制度完善程度	0.003
				货币资金管理制度	0.003
				非货币捐赠管理完善程度	0.003
				投资管理制度完善程度	0.002
				实物资产管理制度完善程度	0.002
				公益项目财务管理完善程度	0.002
				财务报告制度	0.001

续表

一级指标	权重系数	二级指标	权重系数	三级指标	权重系数
内部治理	0.394	组织文化	0.046	组织文化铸牢中华民族共同体意识	0.014
				组织文化促进民族交往交流交融	0.009
				组织文化传承传统文化习俗	0.019
				组织文化彰显非物质文化遗产保护	0.005
工作绩效	0.231	业务活动产出	0.077	公益项目数量与规模	0.031
				参与民族特色公益事业情况	0.008
				参与党和国家重点项目情况	0.008
				参与东西部协作、对口帮扶项目情况	0.013
				项目产生社会影响	0.017
		信息平台	0.154	网络平台建设	0.022
				执行新闻发言人制度	0.044
				业务信息、年度工作报告及财务审计报告	0.088
社会评价	0.081	内部评价	0.061	组织内部对管理状况评估程度	0.019
				捐赠人的评估	0.034
				受益人的评估	0.007
		外部评价	0.020	媒体对基金会发挥作用的评估情况	0.003
				接受政府部门赞许或表彰情况	0.017

2. 指标客观权重计算——CRITIC 法

（1）构建层次结构

本书构建西部地区基金会发展评估层次结构，参见表5-58。

（2）指标客观权重的计算

西部地区基金会发展评估指标体系客观权重的计算仍运用 CRITIC 法，通过专家打分法对影响因素进行评分，提取指标变异性、指标冲突性、信息量及权重（如表5-76）。

表5-76　西部地区基金会发展评估指标体系客观权重计算结果

指标	指标变异性	指标冲突性	信息量	权重系数
净资产状况	1.387	23.252	32.251	0.035
法人选举程序	0.961	19.600	18.838	0.020

续表

指标	指标变异性	指标冲突性	信息量	权重系数
独立办公条件	0.900	24.752	22.270	0.024
目标及章程制定、修改符合程序	0.915	22.358	20.468	0.022
登记事项变更履行登记程序情况	0.617	30.167	18.620	0.020
遵纪守法程度	0.561	26.468	14.838	0.016
理事会换届、构成情况	0.640	16.159	10.341	0.011
会议召开情况	0.961	15.439	14.839	0.016
决策程序及方式	0.704	15.104	10.630	0.012
分支机构	1.298	36.944	47.966	0.052
社会主义核心价值观载入	0.640	22.991	14.713	0.016
党组织"应建尽建"情况	0.884	28.391	25.089	0.027
党组织活动开展情况	0.845	23.711	20.039	0.022
党组织发挥作用情况	0.834	23.837	19.875	0.022
专职人员少数民族占比情况	1.356	31.776	43.081	0.047
人员学历结构	0.743	28.737	21.358	0.023
岗位职责及绩效考核合理程度	0.884	15.180	13.414	0.015
享受基本社会保障情况	1.291	32.913	42.491	0.046
参加业务培训情况	0.884	25.540	22.570	0.024
志愿者管理制度合理与详尽程度	0.961	14.924	14.345	0.016
资金募集来源	0.990	21.291	21.087	0.023
依法纳税情况	1.175	39.285	46.166	0.050
合同、协议管理完善程度	0.862	20.871	17.988	0.020
捐赠管理制度完善程度	0.884	24.392	21.556	0.023
货币资金管理制度	0.828	17.797	14.738	0.016
非货币捐赠管理完善程度	0.834	13.405	11.177	0.012
投资管理制度完善程度	0.834	13.405	11.177	0.012
实物资产管理制度完善程度	0.834	13.405	11.177	0.012
公益项目财务管理完善程度	0.775	13.776	10.671	0.012
财务报告制度	0.961	16.983	16.324	0.018
组织文化铸牢中华民族共同体意识	0.743	25.341	18.834	0.020
组织文化促进民族交往交流交融	0.640	21.001	13.440	0.015
组织文化传承传统文化习俗	0.737	21.783	16.050	0.017

续表

指标	指标变异性	指标冲突性	信息量	权重系数
组织文化彰显非物质文化遗产保护	0.632	20.419	12.914	0.014
公益项目数量与规模	0.704	14.434	10.158	0.011
参与民族特色公益事业情况	1.033	14.772	15.257	0.017
参与党和国家重点项目情况	0.884	17.386	15.365	0.017
参与东西部协作、对口帮扶项目情况	1.082	18.428	19.945	0.022
项目产生社会影响	1.047	21.928	22.948	0.025
网络平台建设	1.163	17.242	20.051	0.022
执行新闻发言人制度	1.113	20.362	22.657	0.025
业务信息、年度工作报告及财务审计报告	0.799	16.424	13.120	0.014
组织内部对管理状况评估程度	0.834	14.564	12.143	0.013
捐赠人的评估	1.000	17.100	17.100	0.019
受益人的评估	1.100	16.822	18.500	0.020
媒体对基金会发挥作用的评估情况	1.014	19.845	20.127	0.022
接受政府部门赞许或表彰情况	0.799	28.487	22.756	0.025

3. 指标综合权重计算——拉格朗日乘子法

应用 AHP 法计算指标主观权重，CRITIC 法计算客观权重，运用（公式 5-17）计算各指标的综合权重，结果见表 5-77。

表 5-77　西部地区基金会发展评估指标体系综合权重表

指标名称	AHP 法计算权重 W_j	CRITIC 法计算权重 S_j	综合权重 C_j
净资产状况	0.081	0.035	0.129
法人选举程序	0.034	0.020	0.030
独立办公条件	0.014	0.024	0.015
目标及章程制定、修改符合程序	0.018	0.022	0.018
登记事项变更履行登记程序情况	0.049	0.020	0.044
遵纪守法程度	0.098	0.016	0.071
理事会换届、构成情况	0.053	0.011	0.026
会议召开情况	0.026	0.016	0.019
决策程序及方式	0.011	0.012	0.006

续表

指标名称	AHP法计算权重W_j	CRITIC法计算权重S_j	综合权重C_j
分支机构	0.015	0.052	0.036
社会主义核心价值观载入	0.029	0.016	0.021
党组织"应建尽建"情况	0.016	0.027	0.019
党组织活动开展情况	0.005	0.022	0.005
党组织发挥作用情况	0.010	0.022	0.010
专职人员少数民族占比情况	0.048	0.047	0.101
人员学历结构	0.011	0.023	0.011
岗位职责及绩效考核合理程度	0.031	0.015	0.021
享受基本社会保障情况	0.027	0.046	0.056
参加业务培训情况	0.027	0.024	0.029
志愿者管理制度合理与详尽程度	0.010	0.016	0.007
资金募集来源	0.005	0.023	0.006
依法纳税情况	0.005	0.050	0.011
合同、协议管理完善程度	0.004	0.020	0.004
捐赠管理制度完善程度	0.003	0.023	0.003
货币资金管理制度	0.003	0.016	0.002
非货币捐赠管理完善程度	0.003	0.012	0.001
投资管理制度完善程度	0.002	0.012	0.001
实物资产管理制度完善程度	0.002	0.012	0.001
公益项目财务管理完善程度	0.002	0.012	0.001
财务报告制度	0.001	0.018	0.001
组织文化铸牢中华民族共同体意识	0.014	0.020	0.012
组织文化促进民族交往交流交融	0.009	0.015	0.006
组织文化传承传统文化习俗	0.019	0.017	0.014
组织文化彰显非物质文化遗产保护	0.005	0.014	0.003
公益项目数量与规模	0.031	0.011	0.015
参与民族特色公益事业情况	0.008	0.017	0.006
参与党和国家重点项目情况	0.008	0.017	0.006
参与东西部协作、对口帮扶项目情况	0.013	0.022	0.013
项目产生社会影响	0.017	0.025	0.020

续表

指标名称	AHP法计算权重W_j	CRITIC法计算权重S_j	综合权重C_j
网络平台建设	0.022	0.022	0.022
执行新闻发言人制度	0.044	0.025	0.050
业务信息、年度工作报告及财务审计报告	0.088	0.014	0.056
组织内部对管理状况评估程度	0.019	0.013	0.011
捐赠人的评估	0.034	0.019	0.029
受益人的评估	0.007	0.020	0.007
媒体对基金会发挥作用的评估情况	0.003	0.022	0.003
接受政府部门赞许或表彰情况	0.017	0.025	0.019

4. 指标综合权重分析

西部地区基金会发展评估一级指标权重占比由高到低顺序依次为：内部治理、基础条件、工作绩效、社会评价（如图5-6）。基金会是利用自然人、法人或其他组织捐赠从事公益事业的非营利性组织。自十八大习近平总书记提出：铸牢中华民族共同体意识，构建社会结构互嵌、文化价值交融、社会交往相互依赖的和谐民族关系。西部地区

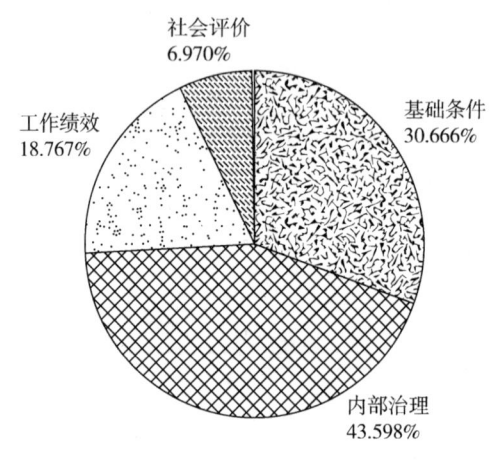

图5-6 西部地区基金会发展评估一级指标权重分析[①]

社会评价 6.970%
工作绩效 18.767%
基础条件 30.666%
内部治理 43.598%

① 注：因为计算过程中采用四舍五入的方式，故表和图的百分比之和有时不等于100%。

基金会参与基层社会治理的频度、广度和深度不断增加，在突发危机事件、大病救助、妇女和儿童权益保护、助学支教、环境保护、文化传承等领域大放异彩的同时，也在传播无私奉献、和谐友爱、互帮互助、公平正义等价值理念，让民众在潜移默化中受到引导和激励，从而形成积极参与公益事业的意识，最终助推形成关爱他人、志愿公益、互帮互助的良好社会风尚。

随着"郭美美事件"发酵、"黄河基金会"非常规集资曝光及专项整治非法社会组织行动等事件，推动基金会发展更加注重组织内部管理，提升治理结构有效性。西部地区基金会内部治理发展指标体系注重理事选举程序，理事会召开的次数、召开的规范性及会议决策的民主性、有效性。工作绩效是保障基金会高效运作的重要保障。西部地区是党和国家重大战略部署的重要区域，基金会作为社会组织的重要成员之一，应积极投身到地方政府重点关注的民生、社会救助、脱贫成果巩固及乡村振兴等领域，提升基金会项目运行效应。

西部地区基金会发展评估二级指标权重占比情况（如图 5-7）。

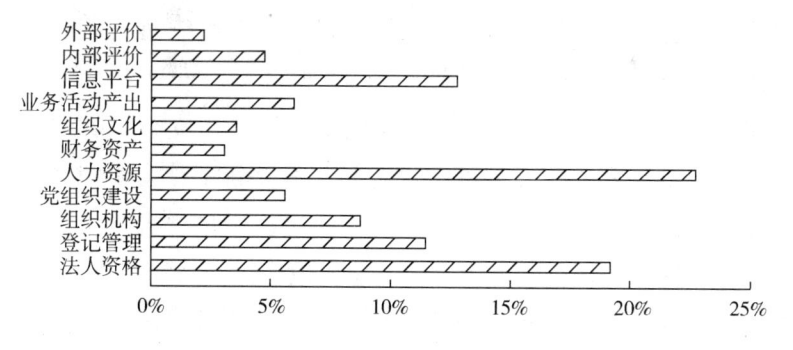

图 5-7 西部地区基金会发展评估二级指标权重分析

对西部地区基金会发展二级指标权重分布中人力资源管理情况、信息平台建设、法人资格、登记管理权重及占比均超过了 10%。人力资源管理情况重点考察专职人员政治面貌、学历结构、部门职务及职责，突出部门专业优势，承接项目优势及服务品牌优势。信息平台建设侧重于捐赠者的服务质量感知，以及同社会民众的组织互动、组织响应、组织沟通，基金会依靠个人、企业捐赠获取持续性社会公益资源，需要注重同捐赠者保持良好沟通、提升组织的响应速度和能力、及时主动分享善款使用信息，在组织与社会民众的双向互动过程中保证信息的及时性、内容的准确性及方式的专业性。信息平台建设下属三级指标网络平台建设、执行新闻发言人制度、业务信息、年度报告及财务审计报告公开情况都是捐赠人、受益人、政府相关部门及社会民众最关注的部分，大多数基金会都建有自己的门户网站，提高工作透明度，争取社会民众监督，提升组织公信力及社会影响力。网站平台建设主要包括信息公开制度及执行情况、公开渠道多样化、信息查询便捷化三方面。2016年以来，全国性社会组织发展评估中新闻发言人制度执行状况不乐观，此次在西部地区基金会发展评估指标体系中加入该指标，需要加以重视。法人资格、登记管理同为基础条件下的二级指标，关注组织形象、组织声誉及组织个性，拥有良好声誉和形象的基金会对捐赠者行为决策有积极作用，促进捐赠者再次捐赠和持续捐赠行为，成为组织在竞争中胜出的重要因素，组织个性影响基金会形象辨识度和组织影响力，法人资格健全、等级管理完善、历史背景独特的基金会更能得到捐赠者的持续性偏好。

基金会党建工作不断加强，表明西部地区注重党组织的"应建尽建"及党建活动开展情况，机构党支部在引导新型社会组织联合党建中发挥重要作用。以党组织形式覆盖社会组织全域，提升组织服务目标凝聚力、社会责任承接能力及自身服务效应。鼓励跨区域、跨行业、跨机构间的基金会跨"界"合作。基金会财务资产管理一直是互联网时代组织发展及公信力提升的重要影响因素之一。以全国性社会组织发展评估等级报告为依据，自2018年以来，基金会财务管理制度及执行在内部治理中的重要性逐步突显，西部地区更不例外。基金会捐赠纳税管理、合同协议管理、货币资金管理、实物资产管理等三级指标，重点都在规避资金流入非法渠道以及关联方交易弄虚作假。自2000年民政部印发《取缔非法民间组织暂行办法》到2021年民政部部署"严惩非法社会组织专项整治工作"以来，基金会被撤销、取缔的数量逐年递增。

组织文化发展指标体系中基金会组织文化在铸牢中华民族共同体意识、促进民族交往交流交融、传承传统文化习俗、彰显非物质文化遗产保护等方面的作用是考察的重点内容，尤其是具有地区特色的基金会，如云南医疗扶贫基金会、西双版纳热带雨林保护基金会、内蒙古民族教育发展基金会、新疆红十字慈善基金会、重庆社会救助基金会、贵州乡村振兴基金会等，民族特色、地区特色突显基金会发展目标和使命宗旨，以差异性为基础，通过跨"界"合作，推动差异性与共同性交融发展是铸牢中华民族共同体意识下，西部地区社会组织发展的历史使命与艰巨责任。

业务活动产出二级指标下属的公益项目数量与规模、参与民族特色公益事业情况金额、参与党和国家重点项目情况、参与东西部协作、对口帮扶项目情况、项目产生社会影响5个三级指标，意在改善民生、生态环境保护、清洁能源、助力脱贫成果巩固等关系地区经济、社会、生态、民生发展，推动西部地区基金会发展与各族民众、行业组织、企业间的合作交流、相互依赖、互惠互利的基础保障因素。基金会发展社会评价指标与其他社会组织社会发展指标体系的不同在于增加捐赠人、志愿者评估，建立"受益人—捐赠人—管理者—志愿者—政府—媒体"六位一体的闭环式监督评价体系，加强基金会制度化、规范化、专业化的发展水平。人力资源指标设置内容与其他社会组织的相近，这里不再赘述。

下 篇

第六章　西部地区社会组织发展评估指标体系的应用

西部地区社会组织以公益性和非营利性为底色，以专业优势和服务声誉进一步赢得企业和民众的信任，从而可以广泛调动社会资源，并作用于基层社会治理、生态治理、社会救助及乡村振兴之中，为基层社会治理的顺利进行提供物质保障和支持。① 尤其在铸牢中华民族共同体意识、增进多民族互嵌式发展的征程中，西部地区社会组织可以因地制宜、开拓创新，嵌入到民族交往交流交融环境中，探寻围绕"地区特性及组织特征"的社会组织发展评估要素。本章以"西部地区社会组织发展评估指标体系层次结构模型"（如图 5-1）为依据，应用深度访谈法及问卷调查法，在广泛调研的基础上，科学评判西部地区社会团体、民办非企业单位、基金会三类组织发展评估指标等级，验证评估指标体系的合理性，以此总结、归纳三类社会组织发展中存在的现实困境及根源所在，旨在推动西部地区社会组织在实践层面不断地自我调整与创新。

深度访谈法可以对话西部地区各级民政部门、社会组织管理部门，听取不同类型社会组织的声音，最大限度地挖掘不同个体和群体的观点，避免受访者拘泥于调查问卷中的封闭式选项。本书将西部地区社

---

① 黄开腾、赵巧玉：《社会组织参与民族地区基层社会治理：作用领域、实践困境及化解对策》，《广西民族师范学院学报》2021 年第 6 期。

会组织发展评估指标体系分解成基础条件、内部治理、工作绩效和社会评价等相关议题，有针对性地开展个体或群体的半结构化访谈。本章中涉及"西部地区社会组织发展评估体系的访谈概况"如表6-1，时间跨度在2022—2023年，在西南、西北、华南、华北地区各聚焦一个省开展深度访谈。

表6-1　　西部地区社会组织发展评估体系的访谈概况

地区	访谈部门	访谈对象	访谈时间	访谈方式	访谈主题
西南（四川省）	成都市民政局	监管处G处长	2022/07/04	一对一访谈	基金会公益项目产出情况
	成都市锦江区民政局	D副局长	2022/07/07	一对一访谈	社会团体目标章程建设情况
	成都市锦江区养老服务中心	L理事	2022/07/08	群体访谈	民办非企业单位登记管理情况
	成都高新区羽毛球俱乐部	办公室Z主任			
	成都市民俗文化研究会	N理事			
	成都市青羊区浣花社区公共事务所	项目部Y部长			
	成都市青羊区西部教育评估事务所	S秘书长			
西北（陕西省）	陕西省民政厅社会组织管理局	S副局长	2022/08/06	一对一访谈	社会团体承接政府特色业务情况
	西安市未央区民政局	Z局长	2022/08/07	一对一访谈	基金会党建工作情况
	西安市灞桥区红旗街道办事处	L主任	2022/08/12	一对一访谈	基础条件情况、资源获取情况
	西安市新城区法律援助中心	Z理事长	2022/08/11	电话访谈	民办非企业单位人力资源获取情况

续表

地区	访谈部门	访谈对象	访谈时间	访谈方式	访谈主题
华南（广西壮族自治区）	南宁市社会组织管理局	政策法规处 Z 处长	2023/06/21	一对一访谈	信息平台建设情况
	南宁市大数据发展协会	D 副理事长	2023/06/22	电话访谈	社会团体多维资源获取路径
	南宁市兴宁区社区卫生服务中心	Z 秘书长	2023/06/28	电话访谈	民办非企业单位年检情况
	柳州 H 公益教育基金会	S 新闻发言人	2023/06/24	一对一访谈	基金会信息公开建设情况
华北（内蒙古自治区）	呼和浩特市市民政局社会团体办	党建工作处 D 处长	2023/08/13	一对一访谈	社会团体党建情况
	呼和浩特市赛罕区民政局	W 副局长、Z 科长	2023/08/15	一对一访谈	社会团体文化建设情况
	呼和浩特市扶贫基金会	行政部 L 总监	2023/08/20	群体访谈	基金会党建情况、财务资产管理情况
	内蒙古老牛慈善基金会	党支部 Z 宣传委员			
	呼和浩特市 M 集团	H 董事长			

问卷发放运用随机抽样样本量计算公式，期望在 95% 的置信水平上达到 ±3% 的精确度，且假设存在 50% 的变异性，通过（式 6-1）计算可得所需样本量为 1849 份。芝加哥大学全国民意调查中心进行的综合社会调查 21 次调查数据发现，实地调研问卷回收率在 70%—80% 之间，取平均值 75%，根据（式 6-2），最终发放问卷 2466 份。

$$n = \frac{(Z_{\alpha/2})^2 (Cr)^2}{r^2} = \frac{2.58^2 \times 50\%^2}{3\%^2} = 1849 \quad (6-1)$$

$$n' = \frac{n}{75\%} = \frac{1849}{75\%} = 2465.33 \quad (6-2)$$

西部地区社会组织发展评估采用问卷调查法，在内蒙古自治区、广西壮族自治区、重庆市、四川省、贵州省、云南省、西藏自治区、陕西省、甘肃省、青海省、宁夏回族自治区和新疆维吾尔自治区十二省区（如图6-1），发放问卷2466份，回收2143份，有效问卷2075份，占比84.14%，符合《社会调查原理与方法》中的问卷调查要求，回收率达到75%以上，该问卷结果可以作为研究论证依据。问卷内容将社会组织分成社会团体、民办非企业单位、基金会三类，其中社会团体1100份、占比53%，民办非企业单位663份、占比32%，基金会312份、占比15%。社会团体主要是行业协会、企业商会、学会等形式，如甘肃省大数据应用技术行业协会、广西民营服务业发展交流商会、云南气象学会。民办非企业主要分布在教育研究、经济创新、科技服务等领域，如甘肃木铎智能教育研究院、贵州新动力数字经济创新研究院、云南九禾五谷农业科技研究所。基金会主要分布在文化娱乐、技术创新、创新创业等方面，如内蒙古河套文化发展基金会、云南红河熊庆来科学技术奖励基金会、宁夏科技创业基金会如表6-2。

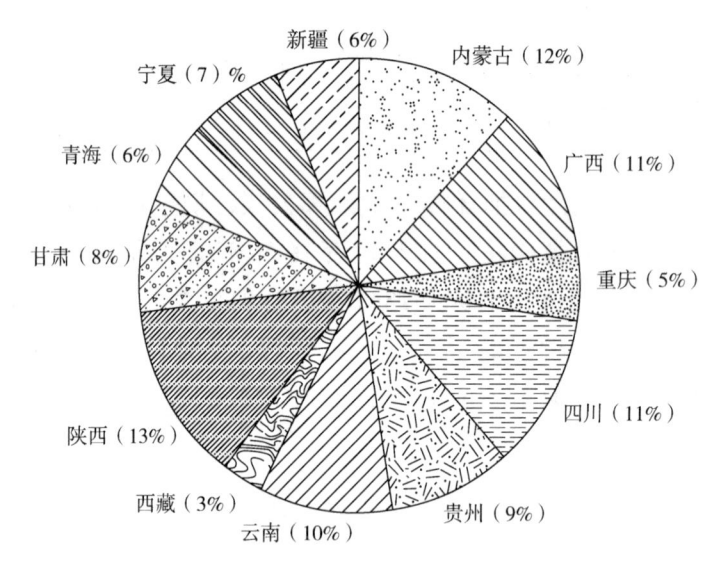

图6-1 西部地区社会组织发展评估调研区域分布

表6-2　　　　　　　　　　　有效问卷类型

社会团体		民办非企业单位		基金会	
类型	比例（%）	类型	比例（%）	类型	比例（%）
行业协会	33.74	教育研究	26.78	文化娱乐	19.36
企业商会	34.71	经济创新	24.46	技术创新	18.85
学会	23.88	科技服务	17.48	创业就业	16.32
国际合作与交流	5.82	养老服务	8.79	教育研究	14.35
其他	1.85	环境与动物保护	6.74	环境与动物保护	12.98
		文化娱乐	4.92	卫生保健	10.62
		国际合作与交流	4.36	其他	7.52
		事务所	3.94		
		行业性组织	1.46		
		其他	1.07		

第一节　西部地区社会团体发展评估指标体系的应用

　　社会组织的良性发展可以推动民族地区基层社会治理能力现代化进程。但囿于民族地区政府与社会组织合作创新机制不完善、社会组织自身发展困境及能力的限制，导致社会组织服务政府、服务社会及自我发展方面存在动力不足、资源匮乏、治理成效不显著的现实困境，有必要在遵循全国性社会组织发展评估指标体系的基础上，结合地区因素、组织特性，根据地区社会组织实际情况，利用问卷调查法、专家打分法、AHP层次分析法、CRITIC法，确定该地区社会组织发展评估指标体系的指标选取及权重。再利用模糊综合评价法，在广泛调研的基础上，对西部地区社会组织发展情况进行评价，验证评估体系的合理性，优化其迈向高质量发展的创新路径。模糊综合评估方法（FCE）是对于现实社会中所存在的大量模糊概念指标的评估问题具有很好的效果。模糊综合评估法有一个相对完善的评估模型及评估过程，其基本思想是以模糊数学、模糊线性变换原理和最大隶属度原则为基础，考虑所需评估事务的各个评估指标因素，对其作出优劣等级的评估。利用隶属度作为桥梁,将不确定性(非量化因素)在形式上转化为确定性(量化结果),即将模糊性加以量化,从而利用传统数学方法对其进行分析处理。[①] 西部地区社会团体发展指标等级评判应在构建模糊综合评价评语集及评价标准的基础上,确定隶属度函数,再构建模糊综合评价数据集,最终确定模糊评价矩阵和指标权重四步骤。

一　西部地区社会团体发展评估指标等级评判

设评价因素集为 $U = \{u_1, u_2, \cdots, u_n\}$,由影响评价对象的众多因素组成的集合,其中,$U_i (i=1, 2, \cdots, m)$ 是表示评价对象存在状态的第 i 个评价指标,n 为评价指标的数量,即 $U=\{$基础条件,内部治理,工作绩效,社会评价$\}$。

设评价等级 $V = \{v_1, v_2, v_3, \cdots, v_n\}$,建立对西部地区发展等级评价的评语集,对社会组织发展建立五个等级,即 $V = \{$差,较差,中,良,优$\}$。依据专家打分法对各评价因素按照评价等级进行打分,从而确定单个因素对于评价等级集合的隶属关系。

设 $U_i (i=1, 2, \cdots, m)$ 评价因素中的第 i 个因素对于评价等级 V 中第 $j (j=1, 2, \cdots, n)$ 个评级的隶属度用 r_{ij} 表示,那么因素 U_i 对整个评价等级集合 V 的隶属关系则可以表示为:

$$R = \{r_{i1}, r_{i2}, \cdots, r_{in}\} \qquad (6-3)$$

即隶属度 r = 判断某属性属于备择集 S 中某一项的专家数/专家总数。

对于权重向量 $A = (\omega_1, \omega_2, \cdots, \omega_n)$ 来说,与模糊综合评价集 R 合成,就可以得到西部地区社会团体发展的综合评价向量 B,即:

$$B_{ij} = A_{ij} \times R_{ij} = (b_{ij1}, b_{ij2}, \cdots, b_{ijq}) \qquad (6-4)$$

其中 $b_{ij} = \sum_{k=1}^{p} a_{ijk} \cdot b_{ijk}$,$i = 1, 2, \cdots, n$,$j = 1, 2, \cdots, m$,$k = 1, 2, \cdots, q$。

[①] 张炳江:《层次分析法及其应用案例》,电子工业出版社2014年版,第35页。

依据模糊评价集 B_{ij}，可以得到第 i 个项目的评价矩阵 $R_i = [B_{i1}, B_{i2}, \cdots, B_{im}]^T$，根据第 i 个项目下 m 个因素间的成对比较矩阵 A_{ij}，可以计算第 i 个项目的模糊综合评价集：

$$B_i = A_i \times R_i \quad (6-5)$$

其中 $b_{ij} = \sum_{j=1}^{m} a_{ij} \cdot b_{ijl}$，$i = 1, 2, \cdots, n$，$j = 1, 2, \cdots, m$，$l = 1, 2, \cdots, q$。

由评价矩阵 $R = [B_1, B_2, \cdots, B_n]^T$ 和各个项目间的权重矩阵 A，最后计算得到总的模糊综合评价集：

$$B = A \times R \quad (6-6)$$

其中 $B_1 = \sum_{i=1}^{n} a_i \cdot r_{il}$，$l = 1, 2, \cdots, q$。

根据上述模糊综合评价算法，以西部地区社会团体"基础条件"评估指标为例进行综合评价，其单因素评价矩阵为：

$$R_{u1} = \begin{Bmatrix} 0.000 & 0.005 & 0.015 & 0.117 & 0.862 \\ 0.010 & 0.036 & 0.082 & 0.184 & 0.689 \\ 0.005 & 0.000 & 0.815 & 0.102 & 0.078 \\ 0.000 & 0.005 & 0.704 & 0.148 & 0.143 \\ 0.000 & 0.010 & 0.715 & 0.112 & 0.162 \end{Bmatrix}$$

与其对应的权重是：

$A_{u1} = (0.007, 0.019, 0.022, 0.003, 0.009)$

$B_1 = A_{u1} \times R_{u1} = (0.000, 0.001, 0.028, 0.008, 0.023)$

以此类推，12 个二级指标"法人资格、目标章程、组织机构、党建工作、人力资源、财务资产、业务活动、组织文化、业务活动产出、信息公开、内部评价、外部评价"的结果分别是：

$B_{11} = (0.000, 0.001, 0.002, 0.004, 0.019)$

$B_{12} = (0.000, 0.000, 0.026, 0.004, 0.004)$

$B_{21} = (0.000, 0.001, 0.004, 0.018, 0.093)$

$B_{22} = (0.000, 0.001, 0.002, 0.005, 0.022)$

$B_{23} = (0.008, 0.012, 0.028, 0.021, 0.035)$

$B_{24} = (0.001, 0.001, 0.003, 0.007, 0.046)$

$B_{25} = (0.043, 0.019, 0.026, 0.019, 0.012)$

$B_{26} = (0.011, 0.005, 0.003, 0.004, 0.002)$

$B_{31} = (0.019, 0.022, 0.048, 0.115, 0.042)$

$B_{32} = (0.014, 0.010, 0.020, 0.014, 0.052)$

$B_{41} = (0.001, 0.001, 0.003, 0.006, 0.021)$

$B_{42} = (0.000, 0.003, 0.012, 0.021, 0.064)$

对西部地区社会团体发展4个一级指标"基础条件、内部治理、工作绩效、社会评价"进行综合评价得出：

$B_1 = A_{u1} \times R_{u1} = (0.000, 0.001, 0.028, 0.008, 0.023)$

$B_2 = A_{u2} \times R_{u2} = (0.063, 0.038, 0.066, 0.074, 0.211)$

$B_3 = A_{u3} \times R_{u3} = (0.033, 0.032, 0.068, 0.129, 0.096)$

$B_4 = A_{u4} \times R_{u4} = (0.001, 0.004, 0.015, 0.027, 0.086)$

同理可得出西部地区社会团体发展等级综合评价：

$B = A \times R = (0.098, 0.074, 0.177, 0.239, 0.413)$

根据最大隶属度原则，西部地区社会团体发展评价一级指标中，"基础条件"指标$\max_{1 \leqslant k \leqslant m}\{b_k\} = 0.028$，对应为"中"级；"内部治理"指标$\max_{1 \leqslant k \leqslant m}\{b_k\} = 0.211$，对应为"优"级；"工作绩效"指标$\max_{1 \leqslant k \leqslant m}\{b_k\} = 0.129$，对应为"中"级；"社会评价"指标$\max_{1 \leqslant k \leqslant m}\{b_k\} = 0.086$，对应为"优"级。

二级指标中，"法人资格"指标$\max_{1 \leqslant k \leqslant m}\{b_k\} = 0.019$，对应为"优"级；"目标章程"指标$\max_{1 \leqslant k \leqslant m}\{b_k\} = 0.026$，对应为"中"级；"组织机构"指标$\max_{1 \leqslant k \leqslant m}\{b_k\} = 0.093$，对应为"优"级；"党建工作"指标$\max_{1 \leqslant k \leqslant m}\{b_k\} = 0.022$，对应为"优"级；"人力资源"指标$\max_{1 \leqslant k \leqslant m}\{b_k\} = 0.035$，对应为"优"级；"财务资产"指标$\max_{1 \leqslant k \leqslant m}\{b_k\} = 0.046$，对应为"优"级；"业务活动"指标$\max_{1 \leqslant k \leqslant m}\{b_k\} = 0.043$，对应为"差"级；"组织文化"指标$\max_{1 \leqslant k \leqslant m}\{b_k\} = 0.011$，对应为"差"级；"业务活动产出"指标$\max_{1 \leqslant k \leqslant m}\{b_k\} = 0.115$，对应为"良"级；"信息公开"指标$\max_{1 \leqslant k \leqslant m}\{b_k\} = 0.052$，对应为"优"级；

"内部评价"指标$_{1\leq k\leq m}^{max}\{b_k\}=0.021$,对应为"优"级;"外部评价"指标$_{1\leq k\leq m}^{max}\{b_k\}=0.064$,对应为"优"级。西部地区社会团体评价指标等级为$_{1\leq k\leq m}^{max}\{b_k\}=0.413$,对应为"优"级(如表6-3)。

表6-3　　　　西部地区社会团体发展评估指标等级

一级指标	评价等级	二级指标	评价等级
基础条件	中	法人资格	优
		目标章程	中
内部治理	优	组织机构	优
		党建工作	优
		人力资源	优
		财务资产	优
		业务活动	差
		组织文化	差
工作绩效	中	业务活动产出	良
		信息公开	优
社会评价	优	内部评价	优
		外部评价	优

二　西部地区社会团体发展中存在的问题

依据"西部地区社会团体发展评估指标体系"和"西部地区社会团体发展评估指标等级"的实证分析,西部地区社会团体发展评估指标中"目标章程"的等级评判为"中","业务活动""组织文化"的等级评判为"差",这一结果表明西部地区社会团体发展中存在目标章程设定不合理、业务活动绩效水平较低、组织文化特色不鲜明的现实困境。

1. 目标章程设定不合理

依据"西部地区社会团体发展评估"发现社会团体一级指标"基础条件"下的"目标章程"评价等级为"中",且其他两类组织的"基础条件"指标评价等级均为"良"。组织目标章程主要指对组织未来方向及发展目标的图景描绘,通常由目标、使命、章程和诚信建设四个要素构成。① 评价等级为"中"级表示该组织在目标、章程、诚信建设等方面可能存在问题。组织行为停留在"逐利性"驱动下的"不合作"、"服务项目景点化"、"回避政治",离"公共价值"驱动下的"合作行为"仍有较大差距,② 没有发挥出依托公共价值感知链接社会资源、团结社会成员、融合各民族文化的纽带作用。

首先,部分社会团体目标设置基于成本效益的利益计算,可能会出现以逐利动机替代社会目标、以组织利益替代公共利益的现象。例如,西部地区社会团体的资金来源以中央财政转移支付、政府购买性支出为主,迎合政府需求、追逐项目绩效、获取合法性资源成为社会团体供给服务的目标导向,致使服务内容悬浮于社会民众需求之上。

其次,组织使命体现了组织的根本目的,反映出该组织在社会中所处的地位、发挥的作用及扮演的角色,在组织目标章程建设中具有核心地位。一个没有使命或使命不明的组织,容易使组织成员陷入怀疑、迷茫和消极。就社会团体而言,调研中发现存在部分科技社会团体负责人对本组织使命的理解更多地倾向于"企业化"、"逐利化"、"收益化"等经济价值感知,体现在"参与乡村振兴项目时多考虑是否有政府政策倾斜、资金支持?是否成本低、收益快?是否能够引发社会高度关注、带来社会影响及广告效应?"(2022年7月7日成都市锦江区民政局D副局长一对一访谈)该组织行动目标偏离了科技创新、资源对接、服务社会等承接政府职能转移的预期目标。还存在社会团体成员对组织使命的认知及理解不够深刻的现象。例如,社会团体成员在参与社区治理、文体活动、公益慈善、社会互助过程中,不能够有序有效表达、主动协商、积极协调利益相关方的核心诉求,削弱了社会民众有效参与乡村振兴的获得感,影响公共服务供给效能。

再次,社会团体存在组织章程不规范。民政部办公厅关于印发

---

① 常健、毛讷讷:《中国公共组织愿景中使命的缺失及其影响》,《领导科学》2016年第5期。
② 赵小平:《社会治理视阈下社会组织四类行为的特征、转化和政策建议》,《中国行政管理》2021年第2期。

《社区社会组织章程示范文本（试行）》的通知要求，基层社会组织章程制定参照章程示范文本。① 部分社会组织章程中对组织性质、组织类型、宗旨、党的领导、活动指导、业务范围、加入条件、加入程序、成员权力、成员义务、决策机构和职责、决策规则、负责人制度及职责、资金来源及使用、内部监督等规定不够明晰或充分。不利于保护社会团体及其成员的合法权益，影响社会团体规范化程度，阻碍社会团体发挥积极作用。

最后，社会团体存在诚信缺失。国务院颁布《关于推进社会信用体系建设高质量发展促进形成新发展格局的意见》中对社会组织诚信建设作出部署，推进社会组织信息公开，建立社会组织活动异常名录，防治诈捐、骗捐，提升社会组织公信力。② 调研中部分社会团体曾被列入 2018—2022 年全国社会组织信用信息公示平台中的"活动异常名录"和"严重违法失信名录"（如表 6-4）。其中，社会团体活动异常主要涉及：社会组织未按照规定时限和要求向登记管理机关报送年度工作报告；登记管理机关在抽查和其他监督检查中发现问题，发放整改文书并要求限期整改，社会组织未按期完成整改；通过登记的住所无法与社会组织取得联系，以及未按照有关规定设立党组织。社会团体严重违法失信主要涉及：被列入活动异常名录满 2 年，没能及时有效整改；三年内两次以上受到警告或者不满 5 万元罚款处罚，被登记管理机关撤销成（设）立登记；被登记管理机关吊销登记证书，受到限期停止活动行政处罚。西部地区部分社会组织表现出的"形式主义"、"投机行为"，致使其被列入社会诚信系统"黑名单"或"灰名单"，对享有政府购买服务参与资格、资助金额、支持年限等政策优惠产生消极阻碍，促使其在优胜劣汰的市场选择中处于不利地位。

---

① 民政部：《民政部办公厅关于印发〈社区社会组织章程示范文本（试行）〉的通知》，2021 年 8 月 31 日，https：//www.mca.gov.cn/article/xw/tzgg/202108/20210800036281.shtml，2023 年 8 月 17 日。

② 新华社：《中共中央办公厅国务院办公厅印发〈关于推进社会信用体系建设高质量发展促进形成新发展格局的意见〉》，2022 年 3 月 29 日，http：//www.gov.cn/zhengce/2022-03/29/content_5682283.htm，2023 年 8 月 17 日。

表6-4 2022年西部地区社会团体活动异常名录及严重违法失信名录

列入时间	2022年1月1日—2022年12月31日		
活动异常名录			
社会组织名称	登记管理机关	列入日期	列入事由
内蒙古自治区			
内蒙古道路客运班车小件快运网络联合会	内蒙古自治区民政厅	2021/12/31	登记管理机关在抽查和其他监督检查中发现问题，发放整改文书要求限期整改，社会组织未按期完成整改
内蒙古新蒙商联合会	内蒙古自治区民政厅	2021/12/31	登记管理机关在抽查和其他监督检查中发现问题，发放整改文书要求限期整改，社会组织未按期完成整改
内蒙古中小企业发展商会	内蒙古自治区民政厅	2021/12/31	登记管理机关在抽查和其他监督检查中发现问题，发放整改文书要求限期整改，社会组织未按期完成整改
内蒙古科技装备业商会	内蒙古自治区民政厅	2021/12/31	登记管理机关在抽查和其他监督检查中发现问题，发放整改文书要求限期整改，社会组织未按期完成整改
广西壮族自治区			
钦州市钦南区丽光华侨农场蔬菜种植协会	钦南区民政局	2022/12/8	未按照规定时限和要求向登记管理机关报送年度工作报告的
百色市田阳区医疗卫生健康产业协会	田阳区民政局	2022/12/8	未按照规定时限和要求向登记管理机关报送年度工作报告的
钦州市钦南区那思镇茶蓝垌村老年协会	钦南区民政局	2022/12/8	未按照规定时限和要求向登记管理机关报送年度工作报告的
钦州市钦南区黄屋屯镇牛大力种植协会	钦南区民政局	2022/12/8	未按照规定时限和要求向登记管理机关报送年度工作报告的
钦州市钦南区犀牛脚镇顺发海鸭养殖协会	钦南区民政局	2022/12/8	未按照规定时限和要求向登记管理机关报送年度工作报告的
钦州市钦南区珍贵树种植协会	钦南区民政局	2022/12/7	未按照规定时限和要求向登记管理机关报送年度工作报告的

续表

列入时间	2022年1月1日—2022年12月31日		
活动异常名录			
社会组织名称	登记管理机关	列入日期	列入事由
云南省			
马关县木厂镇堡堡寨中草药种植协会	马关县民政局	2022/12/21	未按照规定时限和要求向登记管理机关报送年度工作报告的
马关县兰花协会	马关县民政局	2022/12/21	未按照规定时限和要求向登记管理机关报送年度工作报告的
马关县钓鱼协会	马关县民政局	2022/12/21	未按照规定时限和要求向登记管理机关报送年度工作报告的
马关县青年创业联盟	马关县民政局	2022/12/21	未按照规定时限和要求向登记管理机关报送年度工作报告的
马关县木厂镇堡堡寨中草药种植协会	马关县民政局	2022/12/21	未按照规定时限和要求向登记管理机关报送年度工作报告的
马关县兰花协会	马关县民政局	2022/12/21	未按照规定时限和要求向登记管理机关报送年度工作报告的
马关县乒乓球协会	马关县民政局	2022/12/21	未按照规定时限和要求向登记管理机关报送年度工作报告的
宁夏回族自治区			
同心县圆枣协会	同心县民政局	2022/11/21	未按照规定时限和要求向登记管理机关报送年度工作报告的
同心县信鸽运动协会	同心县民政局	2022/11/21	未按照规定时限和要求向登记管理机关报送年度工作报告的
同心县方棋协会	同心县民政局	2022/11/21	未按照规定时限和要求向登记管理机关报送年度工作报告的
同心县石狮牛羊养殖协会	同心县民政局	2022/11/21	未按照规定时限和要求向登记管理机关报送年度工作报告的
泾源县苗木联合会	泾源县民政局	2021/11/18	未按照规定时限和要求向登记管理机关报送年度工作报告的
银川市健康管理协会	银川市审批服务管理局	2021/10/19	法律、行政法规规定应当列入的其他情形

续表

列入时间	2022年1月1日—2022年12月31日		
活动异常名录			
社会组织名称	登记管理机关	列入日期	列入事由
新疆维吾尔自治区			
吐鲁番市篮球协会	吐鲁番市民政局	2022/7/4	登记管理机关在抽查和其他监督检查中发现问题，发放整改文书要求限期整改，社会组织未按期完成整改
吐鲁番市体育总会	吐鲁番市民政局	2022/7/4	登记管理机关在抽查和其他监督检查中发现问题，发放整改文书要求限期整改，社会组织未按期完成整改
吐鲁番葡萄产业协会	吐鲁番市民政局	2021/11/22	登记管理机关在抽查和其他监督检查中发现问题，发放整改文书要求限期整改，社会组织未按期完成整改
严重违法失信名录			
社会组织名称	登记管理机关	列入日期	列入事由
内蒙古自治区			
内蒙古民族营养师协会	内蒙古自治区民政厅	2021/11/10	被登记管理机关撤销成（设）立登记
内蒙古对外贸易商会	内蒙古自治区民政厅	2021/11/10	被登记管理机关撤销成（设）立登记
……			
内蒙古收藏家协会	内蒙古自治区民政厅	2021/1/20	被登记管理机关撤销成（设）立登记
内蒙古文化艺术交流促进会	内蒙古自治区民政厅	2021/1/20	被登记管理机关撤销成（设）立登记
内蒙古生态草原促进会	内蒙古自治区民政厅	2021/1/20	被登记管理机关撤销成（设）立登记
内蒙古企业信息化协会	内蒙古自治区民政厅	2021/1/20	被登记管理机关撤销成（设）立登记
广西壮族自治区			
玉林市肚皮舞协会	玉林市民政局	2021/11/17	被登记管理机关撤销成（设）立登记

续表

列入时间	2022年1月1日—2022年12月31日		
严重违法失信名录			
社会组织名称	登记管理机关	列入日期	列入事由
广西壮族自治区			
玉林市阳光社会工作者协会	玉林市民政局	2021/11/17	被登记管理机关撤销成（设）立登记
广西象棋协会	广西壮族自治区民政厅	2021/11/3	被列入活动异常名录满2年
广西健美健美健操协会	广西壮族自治区民政厅	2021/11/3	被列入活动异常名录满2年
……			
北海航海学会	北海市民政局	2021/3/4	被登记管理机关撤销成（设）立登记
北海市经济新闻促进会	北海市民政局	2021/3/4	被登记管理机关撤销成（设）立登记
北海市肚皮舞协会	北海市民政局	2021/3/4	被登记管理机关撤销成（设）立登记
北海市水产商会	北海市民政局	2021/3/4	被登记管理机关撤销成（设）立登记
北海市茶道艺术研究会	北海市民政局	2021/3/4	被登记管理机关撤销成（设）立登记
云南省			
昆明市西双版纳商会	昆明市民政局	2021/10/22	被登记管理机关吊销登记证书
昆明市南华商会	昆明市民政局	2021/10/22	被登记管理机关吊销登记证书
昆明市江苏宝应商会	昆明市民政局	2021/10/22	被登记管理机关吊销登记证书
昆明旅店行业协会	昆明市民政局	2021/10/22	被登记管理机关撤销成（设）立登记
昆明市婚庆行业协会	昆明市民政局	2021/10/22	被登记管理机关吊销登记证书
……			
云南闽滇经济促进会	云南省民政厅	2021/7/26	被登记管理机关吊销登记证书
昆明市罗平商会	昆明市民政局	2021/7/1	被登记管理机关撤销成（设）立登记

续表

列入时间		2022年1月1日—2022年12月31日	
昆明铸造协会	昆明市民政局	2021/7/1	被登记管理机关吊销登记证书
严重违法失信名录			
社会组织名称	登记管理机关	列入日期	列入事由
甘肃省			
陇南市信鸽运动协会	陇南市民政局	2021/8/25	受到限期停止活动行政处罚
青海省			
青海省医疗保险学会	青海省民政厅	2021/12/29	被登记管理机关撤销成（设）立登记
青海省人口学会	青海省民政厅	2021/12/29	被登记管理机关撤销成（设）立登记
青海高原酩馏文化发展促进会	青海省民政厅	2021/12/29	被登记管理机关撤销成（设）立登记
青海省慈善义工协会	青海省民政厅	2021/12/29	被登记管理机关撤销成（设）立登记
青海省劳动保障学会	青海省民政厅	2021/12/29	被登记管理机关撤销成（设）立登记
……			
青海省高等学校思想政治教育研究会	青海省民政厅	2021/7/2	被登记管理机关撤销成（设）立登记
青海省计算机教育研究会	青海省民政厅	2021/7/2	被登记管理机关撤销成（设）立登记
青海省信息产业协会	青海省民政厅	2021/7/2	被登记管理机关撤销成（设）立登记
青海省老教授协会	青海省民政厅	2021/7/2	被登记管理机关撤销成（设）立登记
宁夏回族自治区			
沙坡头区兴仁镇林木瓜果蔬菜种苗产销协会	沙坡头区民政局	2021/12/8	被登记管理机关吊销登记证书
沙坡头区烧烤行业商会	沙坡头区民政局	2021/12/8	被登记管理机关吊销登记证书

续表

列入时间	2022年1月1日—2022年12月31日		
严重违法失信名录			
社会组织名称	登记管理机关	列入日期	列入事由
宁夏回族自治区			
沙坡头区舞蹈协会	沙坡头区民政局	2021/12/8	被登记管理机关吊销登记证书
沙坡头区游泳协会	沙坡头区民政局	2021/12/8	被登记管理机关吊销登记证书
新疆维吾尔自治区			
新疆维吾尔自治区棉籽加工行业协会	新疆维吾尔自治区民政厅	2021/11/17	被登记管理机关撤销成（设）立登记
新疆维吾尔自治区农资协会	新疆维吾尔自治区民政厅	2021/11/17	被登记管理机关撤销成（设）立登记
新疆维吾尔自治区闽商建材企业联合会（商会）	新疆维吾尔自治区民政厅	2021/11/17	被登记管理机关撤销成（设）立登记
……			
喀什地区书法家协会	喀什地区民政局	2021/3/30	被登记管理机关撤销成（设）立登记
喀什地区珠算协会	喀什地区民政局	2021/3/30	被登记管理机关撤销成（设）立登记
喀什噶尔艺术团	喀什地区民政局	2021/3/30	被登记管理机关撤销成（设）立登记
喀什导游协会	喀什地区民政局	2021/3/30	被登记管理机关撤销成（设）立登记
新疆天阳昆仑文化研究中心	新疆维吾尔自治区民政厅	2021/2/22	受到限期停止活动行政处罚

注：根据全国社会组织信用信息公示情况，作者自制。

2. 业务活动绩效水平较低

西部地区社会团体的业务活动等级评判为"差"，而民办非企业单位同一指标测评结果为"中"。该评价结果：一方面反映出社会团体在承接中央财政、辖区内政府购买或委托服务、跨区域社会服务三方面，可能存在专业能力不足、资源条件有限的困境；另一方面，在具体参与相对贫困治理、乡村振兴项目、民族地区社会治理、基本公共服务供给、自然灾害风险防范等特色业务活动中，可能存在"意强行弱"。调研中西部地区社会团体在承接辖区内政府购买或委托服务评分为 3.501，承接跨区域社会组织服务评分为 1.592，参与中央财政项目情况评分为 1.880，表现出该类组织服务范围局限在登记注册地（县区、乡镇、街道、社区）。地方政府作为资源发包方，倾向于扶持本地注册的社会团体，"圈内"购买现象大量存在。[①] 从部分西部社会团体培育过程来看，组织由当地政府发起或者倡导成立，更易于与属地政府建立信任机制，适应地方实践场域的运作规则，而对融入辖区外环境、标准与要求显现出不适，与自身能力和特长不相匹配。与此同时，调研中发现：西部地区社会团体依托承接乡村振兴项目时，有权享受税收优惠政策，但前置审批、申报手续烦琐，政策优惠内容未能实际惠及参与主体。组织技能培训、产业帮扶的信息共享平台建设存在不足，帮扶手段趋同、业务能力有限，"送温暖"[②]、"送慰问"[③] 等一次性帮扶和碎片化帮扶现象屡见不鲜，资源供给未能良好匹配帮扶需求，导致帮扶协议落地、帮扶项目实施效果与预期存在偏差。此外，部分组织定位模糊，参与帮扶过程中行政化色彩鲜明，为了争取项目经费，不得不写一些真假参半的材料、做一些表面形式的活动。

3. 组织文化特色不鲜明

社会团体组织文化建设体现铸牢中华民族共同体意识、促进民族

---

① 黄晓春：《当代中国社会组织的制度环境与发展》，《中国社会科学》2015 年第 9 期。
② 田恒：《科技类社会组织参与精准扶贫的经验转向与未来选择——基于贵州省的实践考察》，《学会》2020 年第 10 期。
③ 潘建红、杨珊珊：《试论科技类社会组织参与社会治理的实践功能与建议》，《社会工作》2018 年第 3 期。

交往交流交融、传承传统文化习俗、彰显非物质文化遗产保护四方面要求。西部地区社会团体的组织文化等级评判为"中"级，而民办非企业单位和基金会同一指标测评结果为"优"级，这说明社会团体文化建设存在问题。习近平总书记在中央民族工作会议上，对新时代党的民族工作作出重要部署，以铸牢中华民族共同体意识为主线，推进新时代党的民族工作高质量发展。"铸牢中华民族共同体意识，就是要引导各族人民牢固树立休戚与共、荣辱与共、生死与共、命运与共的共同体理念。"[①] 通过扎根法、访谈法调研西部地区社会团体参与民族团结示范区建设过程，发现一部分社会团体习惯从自身角度选择内容、传达理念、表达声音，交流形式多以舞台艺术和展览为主，深层次交往交流交融较少。工会、共青团、文联、工商联、社科联、科技协会、行业协会等社会团体在开展民族团结进步宣传教育工作时缺乏个性化建设。同时，文化类社会团体的现状与政府向社会力量购买公共文化服务的需求还不相适应，调研数据显示，真正符合依法在登记管理部门登记、具有比较健全的内部治理结构和管理制度、具有独立承担民事责任能力要求的文化类社会团体，在全部社会团体中占比不到15%，表明社会团体在民族地区传统文化建设工作上还有一定改进空间。现有的具有一定专业服务能力的文艺团队，由于治理结构和管理运行不规范，多数还不能成为承接政府购买公共文化服务的社会组织。需要进一步依托特色文化资源优势，结合民族性、地域性及专业性开展富有实效的历史文化遗产保护、民族文化继承工作。例如"一些文化遗产保护协会、文化发展促进会尽管登记注册为社会组织身份，但在活动开展过程中仍以营利为导向，假借举办艺术博览会名义，设立金、银、铜奖项收取参评费高达数十万元"（2023年8月15日呼和浩特市赛罕区民政局一对一访谈），违反《优化营商环境条例》[②]《社会组织评比

---

① 中共国家民委党组：《以铸牢中华民族共同体意识为主线　推进新时代党的民族工作高质量发展的纲领性文献》，《人民日报》2021年11月8日第12版。

② 中华人民共和国中央人民政府：《优化营商环境条例》，2019年10月23日，https：//www.gov.cn/zhengce/content/2019-10/23/content_5443963.htm，2023年7月13日。

达标表彰活动管理暂行规定》①。

三　西部地区社会团体发展中的制约因素分析

1. 目标章程不合理的制约因素

调研中，一些社会团体存在发展目标与公共价值偏离、组织使命"逐利化"、组织章程不规范及诚信建设缺失四方面现实困境，究其原因与依附式发展模式、社会团体自主性不足、监督管理失范密切相关。

一是依附式发展模式。社会组织发展明显受到制度环境的强烈影响，政府、企业和海外力量构成的外部环境极其强大，绝大多数社会组织无法获得相称的独立性或自主性而呈现"依附式发展"。② 社会团体则愿意主动借助"依附式发展"模式形成的政策倾斜与资源补给，谋求组织合法性"身份"与发展策略。在此过程中，更多的社会团体倾向于采用经济价值驱动的策略来换取政府信任。例如，有意识的适度混淆组织目标与公共价值之间的关系；避开争议性或敏感性问题，将组织发展重心转变到经济发展领域；利用私人关系动员政府部门，形成关系网络以便获取所需资源。这一现象逐步导致社会团体的发展偏离了服务社会的预期目标和使命愿景。

二是社会团体自主性不足。受"行政吸纳社会"、"依附式发展"、"依附式自主"、"嵌入型监管"等中国制度场景下的政社关系影响，政府依据自身利益，对具有不同挑战能力和提供不同公共物品或服务的社会组织采取不同的控制策略，即"分类控制"。③ 政府对行业协会、学会、商会等组织采取不同的控制策略，包括成立资格、部门设

---

① 中华人民共和国民政部：《全国评比达标表彰工作协调小组印发〈社会组织评比达标表彰活动管理办法〉》，2022 年 5 月 7 日，https：//www.mca.gov.cn/article/xw/tzgg/202205/20220500041735.shtml，2023 年 8 月 17 日。
② 康晓光等：《依附式发展的第三部门》，社会科学文献出版社 2011 年版，第 97 页。
③ 杨志云：《开放的务实主义与策略性收放：新时代中国特色社会组织发展的机理阐释》，《公共管理与政策评论》2022 年第 4 期。

置、治理结构、资源获取、服务内容几方面的分类控制,由此形成部分社会团体在获取合法性资源、市场化资源、公益性资源等方面过度依赖于政府赋能,不利于社会团体提升自主发展能力。社会团体自主性不足促使组织发展以换取政府认可、授权、资源为主要目标,以及由此带来的生存空间。事实上,在乡村振兴战略的制度性压力推进中,某些生物科技研发协会、种养殖协会、乡村发展志愿服务促进会等科技社会团体,以开拓组织获取资源的空间为目标,伪造专利技术、科技成果高价转让、劝说农户捐款支持技术改造、非法募集资金等逐利行为,导致服务目标"工具化"、服务效能"内卷化"的发展困境。

三是监督管理失范。完善的社会组织监督管理机制是引领社会团体健康有序发展的基础,"双重管理"体制下要求:登记部门对社会团体违反条例的问题进行监督检查,对社会团体违反条例的行为给予行政处罚;业务主管部门协助登记管理机关和其他有关部门查处社会团体的违法行为。① 然而,登记部门与业务主管部门间的协调联动机制不健全,信息共享渠道不畅通,由此形成社会团体章程设置不规范、违法违规行为觉察不及时、反应不灵敏的现实困境。同时,依据"西部地区社会团体发展评估体系"中的调研样本类型分布,涉及行业协会、企业商会、学会、国际合作与交流等多个领域,民政部门监管力量有限,工作人员无力应对复杂且专业的监督管理工作,也存在部分业务主管单位对社会团体监管责任意识不强,出现个别社会团体监管无人问津、无人负责的情况。社会组织出现信用缺失、违规营利等现象,与监管不力有较大关系。

2. 业务活动协同不足的制约因素

针对调研中西部地区社会团体提供的服务存在属地限制,参与相对贫困治理、乡村振兴项目、民族地区社会治理、基本公共服务供给、

---

① 佛山市民政局:《社会团体的登记管理机关和业务主管单位主要区别是什么》,2022年9月30日,http://mz.foshan.gov.cn/gkmlpt/content/5/5409/post_5409348.html#34561,2023年7月30日。

自然灾害风险防范等特色业务活动中，存在"意强行弱"的现象，究其原因主要归纳为受政府偏好影响、组织协作机制不健全、功能性激励不足三方面。

一是受政府偏好影响。政府向社会组织购买服务，按照效能原则引导社会力量扩大普惠性基本公共服务多元供给，是兜牢民生底线、增进民生福祉的重要手段。地方政府本应以社会组织在公共服务方面的生产优势、供给质量和效能作为选择标准，按市场机制选择服务承接方。然而，由于地区间存在"竞争锦标赛"，[1] 地方政府对社会团体的背景、登记注册地等因素更为看重，更青睐于选择自身发起、倡导成立或者主管的社会组织来承接辖区内公共服务项目，为其提供生存及发展所需资源。调研中西部地区社会团体在"承接辖区内政府购买或委托服务评分"远高于"承接跨区域社会组织服务"及"参与中央财政项目情况"。由此可见，"圈内"购买现象依然存在，不仅影响适度竞争的服务外包市场，而且强化了社会组织属地壁垒，影响了服务项目整体效能的提升。

二是组织协作机制不健全。组织协作与组织分工是一体两面，有分工才有协作。调研中，社会团体参与乡村振兴战略任务实施中，服务内容主要集中于产业振兴、文化振兴、人才振兴三方面，涉及生态振兴、组织振兴的组织较少，服务内容与服务功能的同质化发展趋向，引发组织间的不必要竞争，影响合作式网络的构建。同时，社会组织服务协作系统与平台建设缺失，影响社会组织间共享行业讯息、市场需求、资源流向，难以形成社会团体承接西部地区特色业务的协同合作。

三是功能性激励不足。政府以"功能性激励"激活社会团体参与动力，意在影响组织态度及行为选择，通过"选择性支持"、"有限性激励"、"引导或指引"的弹性行动策略，实现对社会团体发展的促进与控制。"选择性支持"基于风险控制导向筛选社会团体发展的重点

---

[1] 周飞舟：《锦标赛体制》，《社会学研究》2009年第3期。

领域和属地化的社会团体发展思路,着重发展科技型、枢纽型、社区型、农村型社会团体,为其发展优化政策环境。在《中国科协所属学会有序承接政府转移职能扩大试点工作实施方案》《加强和规范科技类社会组织管理办法》《关于加强农业科技社会化服务体系建设的若干意见》等文件精神的推动下,科技类社会团体(农业、医学、工学、科普)抓住发展机遇,以"组团式"、"覆盖式"的速度快速建立起来,实现"跨越式"发展,成长为能够适应市场经济的理想型科技社会团体或激励型科技社会团体,而消极型科技社会团体参与意愿不明确,只是原地踏步,遭遇生存困境。政府采用功能性激励政策推动社会团体有序发展,而一些社会团体表现出的策略性行为,严重影响了西部地区乡村振兴、相对贫困治理、自然灾害风险防范等重点任务的有序推进。

四 组织文化创新活力不足的制约因素

调研中,一些社会团体面临对民族文化和传统文化的活动内容与交流形式创新性不足,文化社会团体发展状况难以适应政府购买公共文化服务需要的现实困境,究其原因与制度环境欠佳、传统文化服务能力不足密切相关。

一是制度环境欠佳。社会团体传承民族文化的制度环境欠佳,不仅表现出与民族文化传承相关联的制度供给不足、协同保障机制缺乏,而且现有制度重视文化传承发展的宏观政策,而忽视实际指导性细则设计。事实上,与传递民族文化、弘扬传统文化相关的社会团体遭遇组织文化创新困境时,一些管理机关采用"事本主义"原则,[①] 以"一事一制"应对民族文化产品服务短缺、资源流失、民族文化建设人才队伍薄弱等困境,制度供给机制、协同保障机制难以发挥引导及推动西部地区社会团体组织文化与传统文化、民族文化的融合发展,

---

① 黄晓春:《当代中国社会组织的制度环境与发展》,《中国社会科学》2015年第9期。

体现在融合内容深度不够、融合模式单一、网络化融合平台受限等方面。同时，社会团体组织文化激励制度针对性、可操作性欠缺，难以被细化为客观评价指标和规范动作，难以有效指引社会团体组织文化朝着传承传统文化的方向发展。

二是传统文化传承能力不足。调研中存在部分文化遗产保护协会、文化产业商会、文化发展促进会服务内容聚焦于大众文化艺术培训、现代文化产品宣传，而偏离保护和传承优秀传统文化，促使西部民族社会团体承接传统文化服务能力不足。与此同时，承接传统文化服务的社会团体数量有限，除部分依附型社会团体以外，多数文化类社会团体面临着合法性不足和自主性缺失的双重困境。从"西部地区社会团体发展指标等级"（如表6-3）看出，二级指标"业务活动"评分等级为"差"，其中文化类社会团体在"承接地方政府购买或委托服务"、"参与乡村振兴项目"、"参与民族地区社会治理"的指标评分多为0，表明该类组织具有的传统文化服务能力不能赢得政府部门的认可。社会团体"年度工作报告及财务审计报告"显示财务资金来源多依靠会费、收费，资金规模小、渠道有限，引发该类组织传统文化服务能力不足。

五　推动西部地区社会团体发展的优化路径

探寻西部地区社会团体在目标章程、业务活动、组织文化三方面存在的问题及其根源所在，主要从加强社会团体党的建设工作、构建策略性收放制度体系、构建多维资源获取路径、搭建组织间协作系统与平台、持续提升承接政府特色业务能力五方面着力，促进西部地区社会团体高质量发展，充分发挥社会团体在获取社会资源、创新基层社会治理、提升公共服务效能方面的作用，推动地方政府与社会良性互动。

1. 加强社会团体党的建设工作

加强社会团体党的领导和党的建设。将党建工作融入社会组织运行和发展全过程全领域，将党的建设写入组织章程，发挥党组织作用，引导社会组织践行服务国家、服务社会、服务人民的目标、使命，确保社会组织诚信建设正确发展方向。"有效推进党的组织和党的工作全领域覆盖，按单位、行业、区域建立党组织，坚持应建尽建原则，可依托行业协会、商会、学会等行业特征、管理体系健全的社会组织建立党组织，并对各会员单位党建工作予以指导，对规模小、党员数量有限的社会组织可打破单位界限，联合建立党组织"（2023年8月13日呼和浩特市市民政局社会团体办党建工作处D处长谷裕一对一访谈）。发挥社会组织领域党组织的战斗堡垒作用和党员的先锋模范作用，围绕社会团体发展目标、使命开展党组织活动，党组织活动与社会团体文化建设、业务特点、人员专长紧密结合，贴近社会团体成员思想状况和实际需求，形成"党建带群建、群建促党建"的群众工作合力。健全社会组织党建工作管理体制和工作机制，依托党委组织部门和民政部门建立社会团体党建工作机构，理顺中央、省、市、县、街道社区和乡镇村各级社会组织党建工作管理体系，完善各级党委组织部门和社会组织党建工作机构统筹协调工作机制，对规模大、人员多、影响广泛的社会团体党组织密切联系、听取建议、加强引导。例如，宁夏回族自治区开展社会组织党建"内部治理＋服务能力"赋能双提升工程和星级基层服务型党组织创建的一系列实践探索，将组织覆盖、骨干队伍、阵地建设贯穿社会组织培育发展和日常监管全过程，增强了社会组织党组织的创造力、凝聚力、战斗力，这是新时代中国特色社会组织发展的重要制度建设方向。[①]

2. 构建策略性收放制度体系

构建"约束—激励"共存的策略性收放制度体系。理顺控制和引导、管理和服务关系，加强"依法约束"和"引导激励"重点顶层设计，采取"激励性控制"、"分类支持"、"实用的赋权"等弹性策略，

[①] 宁夏回族自治区民政厅：《在研践相济中推动社会组织高质量发展——宁夏25家社会组织开展融合研学实践活动纪实》，http://mca.nx.gov.cn/xwzx/mzdt/202302/t20230223_3971779.html，2023年2月23日。

将其贯穿登记管理、政府购买、信用监管、年检年报、等级评估、专项整治全过程各环节。社会团体注册登记遵循"政府同意制"原则，行政体系要获得极大地自由裁量空间。例如，广州市将行业协会、异地商会作为试点，实行直接登记制度改革，取消业务主管单位。① 中共中央办公厅　国务院办公厅印发《关于改革社会组织管理制度促进社会组织健康有序发展的意见》强调稳妥推进直接登记，重点培育、优先发展行业协会商会类、科技类、公益慈善类、城乡社区服务类社会组织。② 提升社会团体社会性和自主性，行业协会、商会、学会要"去行政化""去垄断化"逐步成为真正的市场主体。③ 社会团体探索摆脱人、财、物依靠政府的"依附式发展"，实现自筹经费、自聘人员、自主管理，提升参与市场经济、制定行业标准、规范行业自律等业务能力赢得市场及会员单位认可。同时要探索新型政社关系，密切同政府间协作，实现"脱钩不托管"。加强社会团体事前、事中和事后监管制度设计，坚持预防为主，在登记、年检、评估和执法四方面加强管理。

3. 构建多维资源获取路径

构建科学、公平、高效的可持续性资源获取模式，为摆脱社会组织对政府的"非对称性依赖"关系，政府可以通过购买服务、建立"供需"采购机制与能力评估体系④、开展公益创投、扶持支持型社会组织等多维路径为社会组织提供物质性资源，破除"定向采购"与"体内循环"。形成社会团体间"横向联盟"和"纵向联盟"有效合作模式，破除"单打独斗"及"相互竞争"困境，共同获取生

---

① 广州社会组织联合会，广州社会组织研究院：《广州社会组织讲坛讲演录（2014—2015）》，广东人民出版社2017年版，第11页。
② 新华社：《中共中央办公厅　国务院办公厅印发〈关于改革社会组织管理制度促进社会组织健康有序发展的意见〉》，2016年8月21日，https://www.gov.cn/zhengce/2016-08/21/content_5101125.htm，2020年4月1日。
③ 民政部：《关于印发〈"十四五"社会组织发展规划〉的通知》，2021年9月30日，https://www.mca.gov.cn/n152/n165/c39425/content.html，2023年8月17日。
④ 倪咸林：《政府购买社会组织服务"供需适配偏差"及其矫正——基于江苏省N市Q区的实证分析》，《中国行政管理》2018年第7期。

存发展资源，共同面向社会开展公共服务。增强社会团体资源获取能力及独立生存能力是实现组织可持续发展的关键，改善组织发展理念、公共服务动机、专业化水平及公信力，改变"等、要、靠"思想，树立市场化背景下独立面向社会民众提供公共服务的意识和意愿。例如，"科技类社会团体主要通过在学术型会议中的展台出售、会员培训费用以及收取相应企业赞助资金等方式来获得组织运行经费"（2023年6月22日南宁市大数据发展协会D副理事长　电话访谈）。同时，借助社会团体精英增强其核心能力建设，在链接、挖掘社会资源、进行社会动员等方面发挥社会团体精英的重要作用，将分散的个体进行再组织化，成为构建社会资本、提升合作能力、筹资能力的重要载体。重视对社会资本的培育和重构，实现社会团体内部集体意识、价值规范、互惠合作、信任关系等社会资本的积累，提升组织成员集体行动能力，构建社会团体市场化、协同化资源获取路径。

4. 搭建组织间协作系统与平台

动员社会团体参与东西部协同帮扶机制。完善社会组织参与东西部协作和对口支援制度，依托协作地区间资源优势互补，形成资源流动、技术服务、人才输送、劳务吸收、产品扩散的"跨区域社会合作网络"。[①] 内地省市对口支援西部地区和边境地区，东部地区培育多元帮扶主体，地方政府精准对接民政部门及社会组织结对帮扶计划。例如，上海市对口支援新疆工作中，援疆干部协同新疆维吾尔自治区民政厅、教育厅，以及地级市、自治州、自治县等地方政府。调研地方社会民众所需，上海市民政局以平台形式发布公益项目，引导上海社会力量从自身业务特点及优势出发进行认领，2021年共计认领和实施13个公益项目，项目金额165.5万元，覆盖教育、社会福利、社工等领域。[②] 依托公募服务信息、志愿服务信息、资源互助信息，构建社

[①] 林尚立：《重构府际关系与国家治理》，《探索与争鸣》2011年第1期。

[②] 上海市民政局：《发挥上海社会组织优势，助力新疆乡村振兴》，2021年12月3日，https：//www.mca.gov.cn/n152/n168/c82070/content.html，2023年8月13日。

会组织协作大数据平台，打通不同类型社会团体参与东西部协作的渠道，有效对接西部地区教育、医疗、农业技术等社会公益需求，推动发达地区和欠发达地区、城市与农村协同发展。

构建乡村治理社会组织内外协同机制。社会组织介入乡村社会场域，要通过与基层政府、乡贤精英、村庄内生型社会组织、村民等主体建立互动关系，并获得内生性组织的反哺、基层政府政治性支持、地方性权力的接纳、村民认可等合法性资源，[①] 积极融入乡村治理"共建共治共享"格局中，成为实现乡村善治不可或缺的重要主体之一。社会组织以内外交互的逻辑进入乡村社会，强调外源介入的外生型社会组织依赖乡村外源系统的资源，以创新乡村社会治理体系为目标，联合乡村本土培育的内生型社会组织，以期增强乡村社会发展动力。内生型社会组织主要指由乡村社会中农民自发成立，以保障农民基本权益和需求为目标的农村社会组织。外生型社会组织指产生于乡村社会外部，在民政部门正式登记注册，依托政府购买、项目委托等形式参与到乡村治理中的专业型社会组织。[②] 社会组织内外交互以组织联通、角色调整、功能重塑等形式，意在培养与提升社会组织间的交互性与能动性，推动乡村治理体系和治理能力不断提升。例如，南京市远郊区县溧水区自2015年每年按市、区、镇1∶1∶1配比，给每村下拨"为民服务专项资金"，通过"政府购买服务"签约3A级资质以上的社会组织入驻行政村，联合"老娘舅"调解协会、爱心公社开展各类"为民服务"，以推进社会组织在村居的全覆盖，初步形成农村社区服务"一村一品"的发展路径。[③] 杭州市余杭区乡镇政府引入专业社会组织当"客服"，与村专业合作社、爱心工社、促进会分别对接农户生产技能、医疗服务、农业服务需求，

[①] 尹瑶：《乡村振兴背景下社会组织参与社会建设的路径研究——以川南云村的实践为例》，《农林经济管理学报》2022年第5期。

[②] 钱坤：《从"悬浮"到"嵌入"：外生型社会组织参与乡村治理的困境与出路》，《云南行政学院学报》2020年第1期。

[③] 易艳阳：《统合附属与悬浮内卷：农村外源型社会组织的实践检视》，《农林经济管理学报》2022年第3期。

进行线上指导。①

5. 持续提升承接政府特色业务能力

全国性社会团体、地方性社会团体应聚焦重点地区、领域、群体开展社会服务。重点承接发展示范类项目、社会服务试点类项目、社会工作服务示范项目、人员培训示范项目。结合自身优势和组织目标章程，积极参与乡村振兴重点帮扶区域、东部地区定点帮扶和对口支援地区、易地搬迁安置社区项目申报，在该地区开展未成年人保护，孤儿、农村留守儿童和困境儿童关爱服务，农村留守妇女关爱服务等方面的社会工作专业服务项目。例如，"民族地区乡镇政府将本区域产业规划布局项目交给该地区的工商联合会，将老年人的照顾和慰问交给老年人协会，将妇女、儿童权益的保障交给妇女、儿童权益保障协会"（2022年8月6日陕西省民政厅社会组织管理局S副局长 一对一访谈）。获得立项的社会团体要严格遵守项目管理制度，统筹项目实施，规范、高效、稳妥、透明执行项目，为保障和改善民生、加强和创新社会治理发挥积极作用。

此外，针对西部地区产业振兴需求，社会团体应积极参与社会经济事务，依托地区性和民族性，整合优秀民族文化和传统文化，着力打造符合民族特色的餐饮业、文化业、旅游业等行业协会，服务会员单位，维护行业秩序。例如，在广西、贵州、云南的毛竹种植加工协会、花椒加工协会、腊制品协会、民族工艺品发展会等社会团体，为规模小、市场竞争力弱、融资渠道不畅、市场份额小的当地企业拓展生存发展空间，搭建与政府、与业内企业开展合作的桥梁。

特色业务实施地民政部门应通过竞争选择、优中选优方式，对照项目实施方案，认真组织相应项目申报。要严格把关项目内容，做到业务领域精准、资金使用精准、配套保障精准、风险防范精准。要严格组织项目评审，履行"三重一大"等程序，加强过程指导管理，确

---

① 杭州余杭：《激活社会组织力量参与社区治理》，《浙江民政》，2022年1月21日，https：//www.thepaper.cn/newsDetail_forward_16392373，2023年8月17日。

保项目质量效益。

第二节 西部地区民办非企业单位发展评估指标体系的应用

一 西部地区民办非企业单位发展评估指标等级评判

利用模糊综合评价法对西部地区民办非企业单位发展等级进行综合评判,设 $U_1 = \{$基础条件,内部治理,工作绩效,社会评价$\}$,并设评语集 $V = \{$差,较差,中,良,优$\}$,根据 $B = A \times R$ 可得:

$B_{11} = (0.006, 0.092, 0.014, 0.032, 0.020)$

$B_{12} = (0.001, 0.084, 0.003, 0.017, 0.007)$

$B_{21} = (0.001, 0.002, 0.005, 0.020, 0.068)$

$B_{22} = (0.003, 0.004, 0.008, 0.012, 0.033)$

$B_{23} = (0.022, 0.004, 0.007, 0.009, 0.004)$

$B_{24} = (0.000, 0.001, 0.003, 0.007, 0.019)$

$B_{25} = (0.021, 0.015, 0.077, 0.035, 0.030)$

$B_{26} = (0.001, 0.004, 0.009, 0.012, 0.028)$

$B_{31} = (0.059, 0.011, 0.025, 0.035, 0.009)$

$B_{32} = (0.006, 0.006, 0.010, 0.012, 0.023)$

$B_{41} = (0.000, 0.001, 0.002, 0.010, 0.005)$

$B_{42} = (0.001, 0.003, 0.006, 0.025, 0.011)$

同理可得,西部地区民办非企业单位4个一级指标基础条件、内部治理、工作绩效、社会评价的评判等级:

$B_1 = (0.006, 0.176, 0.017, 0.049, 0.027)$

$B_2 = (0.049, 0.030, 0.109, 0.096, 0.181)$

$B_3 = (0.065, 0.017, 0.035, 0.046, 0.033)$

$B_4 = (0.001, 0.004, 0.008, 0.035, 0.015)$

西部地区民办非企业单位发展等级综合评价为:

$B = (0.121, 0.226, 0.170, 0.225, 0.256)$

根据最大隶属度原则,找到$\max_{1 \leq k \leq m}\{b_k\}$及其对应级别,其中西部地区民办非企业单位总评价等级为"优"级,其他维度指标评价等级如表6-5所示。

表6-5　　西部地区民办非企业单位发展评估指标等级

一级指标	评价等级	二级指标	评价等级
基础条件	较差	法人资格	较差
		登记管理	较差
内部治理	优	组织机构	优
		党组织建设	优
		人力资源	差
		财务资产	优
		业务活动	中
		组织文化	优
工作绩效	差	业务活动产出	差
		信息公开	优
社会评价	良	内部评价	良
		外部评价	良

二　西部地区民办非企业单位发展中存在的问题

依据"西部地区民办非企业单位发展评估指标体系"和"西部地区民办非企业单位发展评估指标等级"的实证分析,西部地区民办非企业单位发展评估指标中"基础条件"的等级评判为"较差","人力资源"、"业务活动产出"的等级评判为"差",这一结果表明西部地区民办非企业单位发展中存在基础条件相对薄弱、人力资源汲取不足、业务活动产出效果欠佳的现实困境。

1. 基础条件相对薄弱

民办非企业单位一级指标"基础条件"下的"法人资格"和"登记管理"评级均为"中",法人资格涵盖年末资产状况、办公环境、章程制定及修改程序、理事及监事备案情况,其中"年末资产状况"评分仅为2.91,"办公环境"评分仅为2.68;登记管理包括登记事项变更履行登记程序情况、年检结论合格及遵纪守法程度。一级指标"基础条件"下的二级指标"年末资产"反映出西部地区民办非企业单位存在收入结构不合理、收入形式单一的问题。从调研情况看(如表6-6),西部地区663家民办非企业单位的日常收入几乎完全依靠服务收费,收费占总收入的85.3%。公共部门支持、慈善与私人捐赠的收入还不到总收入的15%。同时,民办非企业单位得到的政府支持和私人捐赠也远远小于社会团体。西部地区民办非企业单位的资金来源独立于政府,绝大部分民办非企业单位依靠收费维持组织生存和发展,收入结构需要进一步完善、收入来源需要进一步拓展。

表6-6　　西部地区民办非企业单位与社会团体收入结构的比较

类型	民办非企业单位(%)	社会团体(%)
公共部门	9.1	32.7
慈善与私人捐赠	5.6	29.5
收费	85.3	37.8
总计	100	100

注:依据本次社会团体与民办非企业单位调研数据,作者自制。

登记管理方面,业务主管单位对民办非企业单位的影响远比登记管理部门的影响大,登记管理部门职责需要进一步规范。一直以来,我国对民办非企业单位实施双重管理体制。登记管理机关负责民办非企业单位的成立、变更、注销登记或者备案;对民办非企业单位实施年度检查;对民办非企业单位违反条例的问题进行监督检查;对民办非企业单位违反条例的行为给予行政处罚。业务主管单位负责民办非企业单位筹备申请、成立登记、变更登记、注销登记前的审查;监督、指导民办非企业单位遵守宪法、法律、法规和国家政策,依据其章程开展活动;负责民办非企业单位年度检查的初审;协助登记管理机关和其他有关部门查处民办非企业单位的违法行为;会同有关机关指导民办非企业单位的清算事宜。2023年,西部地区社会组织管理部门进一步规范社会组织"登管分离"工作，进一步明确登记管理部门履行全过程监管职责，业务主管部门履行前置审批、配合登记管理部门履职的协同监管责任。民政部门依法登记民办非企业单位，今后不得再将民办非企业单位登记职能划转至行政审批部门，已经划转了年度检查、等级评估等管理事项和党务工作的，要申请当地党委、政府将管理和党务工作事项划转回民政部门。通过对西南地区四川省成都市5家民办非企业单位进行访谈，可以发现，多数民办非企业单位负责人表示与登记管理部门联系不够密切，而与业务主管单位关系较为密切，业务主管单位对民办非企业单位的影响较大。

总体而言，在民办非企业单位的发展中，业务主管单位的影响是第一位的，业务主管单位对组织帮助最大。特别是对于那些需要业务主管单位许可才能开办的民办非企业单位来说，业务主管单位的影响更大。而与登记管理部门的关系相对独立，不受业务主管部门的干预，但有义务承担主管单位委托的部分职能，并受其领导。

(2022年7月8日成都市锦江区养老服务中心L理事、成都高新区羽毛球俱乐部办公室Z主任、成都市民俗文化研究会N理事、成都市青羊区浣花社区公共事务所项目部Y部长、成都市青羊区西部教育评估事务所S秘书长　群体访谈)

年检工作方面，从调研情况看，西部地区民办非企业单位存在年检参检率下降、年检报告书信息错漏、年检信息使用不充分等问题。民办非企业单位年检参检率连续4年呈下降趋势，与社会团体和基金会相比，民办非企业单位参检率下降幅度最大（如图6-2）。年检报告书信息质量不高，出现栏目填写不完整、数据不一致、信息冗余等情况。例如，一些民办非企业单位未按照年度工作报告"财务会计情况"栏设置的科目准确填写收入和支出明细信息，"财务会计情况"中的"资产负债表"各项资产数值相加与总资产金额不一致。同时，年检信息没有得到充分使用，西部各省区民政厅在省级社会组织信息平台中倾向于公示年检结论，却并未公开年检报告书的具体内容。

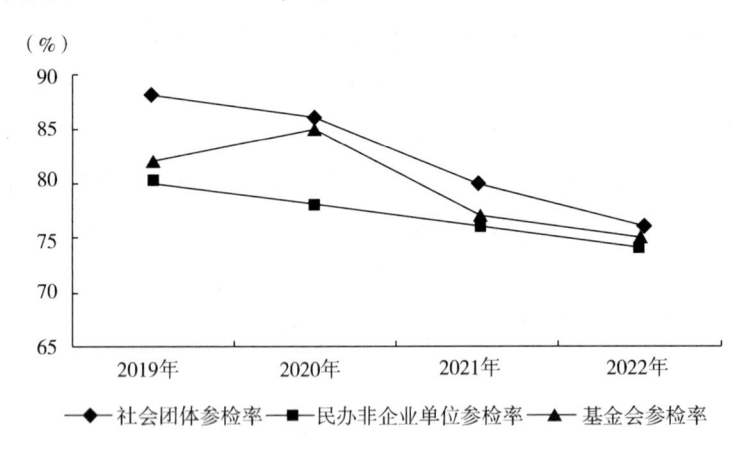

图 6-2　2019—2022 年 N 省本级社会组织参检率

数据来源：N 省社会组织管理局年度工作报告及社会组织年检报告书。

2. 人力资源汲取不足

西部地区民办非企业单位发展评估指标中的"人力资源"指标考察少数民族从业人员、岗位职责及绩效考核、基本社会保障、业务培训四方面情况，民办非企业单位人力资源评级为"差"，社会团体和基金会该指标评级均为"优"，这反映出民办非企业单位人力资源不足。调研发现：一是西部地区民办非企业单位人员构成以兼职为主、专职为辅，各部门管理者多数是来自不同行业、不同领域的高层次人才，而担任基层职位、负责组织日常运营、管理、服务的人员大多是兼职、外聘人员，人力资源危机是制约民办非企业单位高质量发展的瓶颈。二是工资待遇、编制定额有限，招人难，留人更难。依据与陕西省西安市新城区法律援助中心 Z 理事长电话访谈内容发现：法律援助类民办非企业单位"边招人边走人"较为常见。三是实用型人才短缺，在知识、技能、经验方面人员业务素养及能力与社会民众需求不匹配。例如，在参与乡村振兴项目时，部分组织缺乏既懂农业、技术，又懂市场、经营、管理的实用型人才，尤其是关乎农村产业升级的农业科技、经营管理、法律服务等方面的人力资源相当不足，制约了民办非企业单位承接推动乡村产业发展、乡村治理能力提升、乡村文化繁荣等核心业务。

  我们中心工作人员主要由实习律师、助理律师及法律专业的大学生志愿者组成。实习律师和助理律师能够提供家庭矛盾调解、社区矛盾调解、宠物伤人纠纷、弱势群体权益保护等基础咨询工作，但涉及外出务工人员讨薪、就业纠纷、工伤鉴定、电信诈骗、遗产继承咨询等专业服务时，他们的理论精熟和实战经验无法应对异质性民众需求。工资待遇方面，中心招过几个专职人员，专职人员第一年工资享受大学生"支援西部地区"政策优待，月工资能有4000多元，还算不错。但在政策支持期结束，专职人员月工资只能维持在2500左右，直接"劝退"了部分有志青年。招聘的大学生已走了近一半。目前，考虑到运营成本，主要还是靠大学生志愿者提供咨询服务。

（2022年8月11日陕西省西安市新城区法律援助中心Z理事长电话访谈）

3. 业务活动产出效果欠佳

西部地区民办非企业单位的"业务活动产出"指标评级为"差"，该指标评价内容包括"参与东西部协作和对口帮扶项目情况"、"服务的独特性及创新性"、"参与政府建言献策情况"、"服务产生的直接或间接社会影响"四方面。

首先，参与东西部协作内生动力不足。东西部协作和对口帮扶是推动区域协调发展、协同发展、共同发展的重大战略决策，是加强区域合作、助力对口帮扶地区优化产业布局、拓展对外开放空间的重大战略布局，是实现巩固拓展脱贫攻坚成果同乡村振兴有效衔接的具体部署。社会组织参与东西部协作具有灵活性、自发性等特点，作为政府和市场对口帮扶的有效补充，能够将帮扶内容延伸至各个领域。调研中，西部地区民办非企业单位参与东西部协作存在内生动力不足、参与能力有限等问题。一方面，较多民办非企业单位东西协作多停留在依赖政策推动、政治动员等方式下的组织间合作，基于东西部民办非企业单位间的自发合作并不多见，这一局面造成了西部地区民办非企业单位对东部地区资源输入依赖程度过高而内生动力不足的困境。另一方面，西部地区民办非企业单位没有将工作重心放在如何整合内在资源以承接东西部协作任务、如何提升服务能力以满足高标准市场需求、如何促进跨区域跨组织协同以达成互利共赢目标等方面。① 这一现象造成了民办非企业单位东西部协作互利共赢的目标难以实现。

其次，民办非企业单位服务供给创新性不足。民办非企业单位是提供养老、托幼、保健、娱乐、家政、文艺服务的重要主体。事实上，调研中服务类民办非企业单位提供的服务形式及服务内容缺乏吸引力，难以满足差异化的民众需求。数字赋能、数字驱动、数字技术已成为社会组织服务供给的新模式，西部地区民办非企业单位数字化运行水平不高，承接数字化服务能力有限、技术服务创新动力不足、数字平台有效合作模式欠缺等方面仍有较大提升空间。

再次，民办非企业单位建言献策能力有待提升。科藤认为，非营利组织的发展经历了四个阶段，第一代非营利组织致力于扶贫济困，第二代非营利组织致力于社区发展，而第三代、第四代非营利组织更多通过倡导活动影响公共政策、促进制度完善和改革。② 为政府相关部门建言献策是民办非企业单位参与倡导活动的体现之一。根据西部地区663家民办非企业单位的调研情况来看，有53.2%的民办非企业单位没有向各级政府部门提交过政策建议，平均每家民办非企业单位提交的建议数量为3.2条，应邀参加过政府政策咨询会议的民办非企业单位大约有35.6%，平均参加次数约为4.7次，参与国家政策法规制定、修订的民办非企业单位仅为17.9%。从表6-6可以看出，无

---

① 谢治菊、黄燕洪：《东西部协作中的国家、市场与社会》，《行政论坛》2023年第2期。
② Korten, David, *Getting to the 21st Century: Voluntary Action and Perspectives*, West Hartford, Conn. Kumarian Press, 1990.

论是结合时事热点要点提出政策建议、参与政府部门决策咨询，还是参与国家政策法规的制定、修订，民办非企业单位都远远落后于社会团体。在建言献策方面，相较社会团体，民办非企业单位参与意愿、功能发挥、利益表达、政社互动等方面活力不足。

表6-7 民办非企业单位建言献策情况与社会团体比较

	民办非企业单位（%）	社会团体（%）
年度未向各级政府部门提交过任何政策建议的机构数量	53.2	22.7
年度未应邀参加政府政策咨询会议的机构数量	64.4	19.5
年度未参与国家政策法规制定、修订的机构数量	82.1	24.3

注：依据本次社会团体与民办非企业单位调研数据，作者自制。

三 西部地区民办非企业单位发展中的制约因素分析

1. 年检不合规的制约因素

西部地区民办非企业单位年检不合规主要表现在年检参检率下降、年检报告信息质量不高、年检信息使用不充分三方面。就年检参检率下降的原因而言，一方面民办非企业单位与政府部门联系不够紧密，资源获取主要通过服务性收费，是否参检对民办非企业单位提供服务影响不大。另一方面，不参检的民办非企业单位主要是资产和收入规模较小的组织，年检增加该类组织的人、财、物负担，缺乏专项经费支撑致使民办非企业单位年检动力不足。就年检报告信息质量不高的原因而言，一是不少社会组织对年检工作采取应付态度，把往年的年检报告书稍作修改就提交上去。很多社会组织工作人员年龄偏大、人员变动频繁，往往是谁有空谁来填表。[①] 二是业

[①] 张远凤、张慧峰：《分类监管视角下社会组织年检制度优化研究——基于M省本级登记社会组织年检报告（2011—2014）的分析》，《中国行政管理》2018年第10期。

务主管部门年检初审职责履行不当,存在"形式化"、"流程化"现象。"业务主管单位的初审就是走程序而已。我们一般是在网上填好表格,打印出年检报告书,到业务主管单位去盖个章。"(2023年6月28日南宁市兴宁区社区卫生服务中心Z秘书长　电话访谈)三是登记管理部门年检报告书设计不合理也是年检报告信息质量不高的重要因素。报告书的一些栏目设计不够标准化,缺乏对内容和格式的具体要求。比如年检报告书的"项目开展情况"中"项目介绍"和"支持乡村振兴重点帮扶地区活动情况"中"项目内容简介"栏目都是由民办非企业单位自由填写,短则三五行,长则千字文,非标准化的文字叙述增大审核工作难度。一些栏目内容设计不够清晰。比如民办非企业单位年检报告书"本年度公益活动情况"一栏,将"活动领域"分为应急救援、社区发展、乡村振兴、志愿服务、公益事业发展等12个领域,将"活动方式"分为专业咨询、财务资助、对外交流等12种类型,活动领域与活动方式、业务活动与公益活动划分不明。上述因素共同制约着民办非企业单位年检工作的高质量开展。

2. 人力资源汲取不足的制约因素

一是民办非企业单位岗位设置缺乏制度性管理。《中国公益行业人才发展现状调查报告》显示半数以上的社会组织设置了项目管理、财务管理、行政等传统岗位,只有不到三分之一的组织设置人力资源管理岗位。[①] 依据"西部地区民办非企业单位发展评估指标体系",针对民办非企业单位组织架构情况调研发现,人力资源岗位通常由高层管理者或一般行政人员兼任。由于缺乏专业、专职的人力资源管理者,从业者的招聘遴选、培训开发、绩效评价、薪酬管理难以规范,严重影响从业人员自身的职业前景预期,产生"职业倦怠""职业短期化"及人员流动性增强等现实困境,阻碍民办非企业单位高质量发展。二是民办非企业单位从业人员的社会认同度较低。西部地区民办非企业

---

① 中国慈善联合会:《〈中国公益人才发展状况研究报告〉发布》,2019年6月12日,http://www.charityalliance.org.cn/org/12443.jhtml,2023年8月17日。

单位规模有限，行业自律规则及制度缺乏，无法有效规范和管理民办非企业单位从业者的资格水平和服务质量，阻碍社会组织从业人员的社会威望和社会地位提升。三是政策供给缺乏联动机制。目前，西部地区民办非企业单位人才保障体系的构建缺乏不同职能部门的联动，包括户籍管理、档案管理、社会保障等相关部门，缺乏长效的财政投入体制和运行保障机制，难以有效保护民办非企业单位从业人员的个人利益和合法权力。

3. 业务活动产出效果欠佳的制约因素

"西部民族地区民办非企业单位评估指标体系"中，"业务活动产出"指标具体包括"东西部协作和对口帮扶项目参与"、"服务供给创新性"、"参与政府建言献策情况"三方面内容。一是对"东西部协作和对口帮扶项目参与"效果欠佳的原因在于：①政府与民办非企业单位之间缺乏有效协同机制。法律援助、心理咨询、养老服务等与基本公共服务相关的民办非企业单位，在深入基层社区治理方面缺乏有效的进入路径和方式，没有建立经常性合作机制。②东、西部民办非企业单位之间上下游合作不足，没有构建生态链条、形成供需对接，西部需求与东部资源未能实现精准对接，项目匹配度、工作精准性有待提升。[①] 二是"服务供给创新性不足"的原因可以解释为政府对民办非企业单位创新性服务行为缺乏约束与激励。规则约束方面，以养老服务创新性供给为例，社会组织居家照护服务形式是互助式养老新路径，而目前政府引导、支持居家照护发展的制度大多比较笼统，具体化、操作性制度缺位。财政部颁布《关于做好政府购买养老服务工作的通知》指出"凡社会能够提供的养老服务，尽可能交给社会力量承担"，[②] 但如何承担没有说明；人社部办公厅颁布《关

---

① 杨丽、赵小平、游斐：《社会组织参与社会治理：理论、问题与政策选择》，《北京师范大学学报》（社会科学版）2015 年第 6 期。

② 财政部：《财政部　发展改革委　民政部　全国老龄办关于做好政府购买养老服务工作的通知》，2014 年 8 月 26 日，https://www.gov.cn/zhengce/2016-05/22/content_5075645.htm，2023 年 8 月 19 日。

于开展长期护理保险制度试点的指导意见》要求"引导社会组织参与长期护理服务、引导保障对象优先选择居家照护",① 而如何引导没有详细说明。制度激励方面,在已经建设的各类养老服务机构床位空置率较高的情况下,政府仍然将传统"机构照护"作为养老服务的主要给付形式,基于政绩考量,支持易实施、易量化的"机构照护",推进养老机构建设、增加照护机构数量、提高护理型床位比例,而弱化了对民办非企业单位参与"居家照护"服务供给的激励,这严重影响到社会组织满足大多数失能老人的"居家照护"需求。② 三是"建言献策能力有待提升"与参与动力不足有着密切联系。邓国胜教授曾指出"我国民办非企业单位具有自主性较强、而公共性较弱的特点",产生方式、资金来源、人事任命、决策方式、产权归属已经完全独立于政府,③ 与政府联系较为疏远,导致利益表达渠道不畅、提出建议与意见的主动性、参与感不强。

四 推动西部地区民办非企业单位发展的优化路径

基于"西部地区民办非企业单位发展评估指标体系"、"西部地区民办非企业单位发展评估指标等级评判"的实证考量,探寻西部地区民办非企业单位在基础条件、人力资源、业务活动产出三方面存在的现实困境及其根源所在,由此形成从优化年度检查制度、加快完善人才培养制度建设、完善建言献策机制、增强服务品牌示范带动作用四方面,推动西部地区民办非企业单位高质量发展。

1. 优化年度检查制度

按照分类监管原则优化改进现行年检制度。首先,按资产和年收

---

① 人力资源社会保障部:《人力资源社会保障部办公厅关于开展长期护理保险制度试点的指导意见》,2016年7月8日,https://www.gov.cn/xinwen/2016-07/08/content_5089283.htm,2023年8月19日。

② 宋全成、孙敬华:《我国社会组织参与居家照护服务供给问题研究——基于组织合法性的视角》,《中州学刊》2021年第3期。

③ 邓国胜:《中国民办非企业单位的特质与价值分析》,《中国软科学》2006年第9期。

入规模对民办非企业单位分类。由于不同区域的民办非企业单位规模分布不一致，可以由西部地区各省来确定本省范围内民办非企业单位规模分类标准。按照资产、年收入规模、会员人数对民办非企业单位进行分类。其次，分类设计年检报告内容和程序。为科学合理设计年检报告，可以对民办非企业单位的各种信息进行分类，针对不同规模的民办非企业单位分别设计年检报告。分类设计年检报告并不是为民政部门及民办非企业单位增添负担及成本，而要依据民办非企业单位规模对年检报告的内容进行分类设计，形成科学合理、真实有效、简洁明了的年检报告。年检报告内容设计为选择性填写，其中小微型民办非企业单位重点提供基本信息、机构设置、核心业务收支情况，大中型民办非企业单位重点提供组织治理、财务会计情况、运营状况、监督管理情况及信息公开情况。年检程序遵循越小越简的原则，民政部门监管应分类施策，针对小型组织要求按时提交年度报告，大中型组织定期提交季度报告及年度报告。最后，注重信息公开及利用。信息利用分为消极利用和积极利用两个方面，消极利用主要是作为惩戒或处罚依据，其目的在于规范社会组织发展；积极利用可以用于对民办非企业单位内部治理、活动开展、工作绩效、社会评价等方面的激励，其目的在于提升该类组织的政府及社会认可度。理论界利用年检报告信息公开这一方式，形成对民办非企业单位发展情况的精准把握，为政府引导及规范民办非企业单位提供决策咨询；捐赠者可以根据年检报告信息做出更加合理的捐赠决策；媒体和公众可以基于这些信息参与对民办非企业单位的监督。该制度不仅适用于西部地区民办非企业单位，而且适用于社会团体和基金会。

2. 加快完善人才培养制度建设

应当加快完善人才培养制度建设，健全民办非企业单位专业技能人才评价、激励、保障制度。首先，在人才认证评价机制方面，应加快完善职业资格认证体系，发放职业技能等级证书，扎实推进职称评定工作。以国家职业技能标准设置的五级、四级、三级、二级和一级为基础，自主设置职业技能岗位等级，形成具有自身特色的评价等级结构，建立民办非企业单位专业人才成长通道。拓宽民办非企业单位从业人员的职业发展通道，民办非企业单位自主运用评价方法，设置职称评定等级，在资格认证与职称评定的基础上健全薪资待遇分配机制；其次，在人才激励机制方面，以人才价值导向健全全方位、多层次的薪酬体系与奖励制度，在薪酬、晋升方面对表现突出的人才择优考虑，完善基于绩效考核的收入分配机制，精准激励保障服务国家战略、承担国家任务的社会组织重点人才和重点团队；在人才保障机制方面，完善社会组织专业人才数据库，搭建组织与人才的双向选择平台，畅通人才流通渠道，可在住房、落户、子女入学、医疗健康、后勤服务等方面给予社会组织"高、精、专"人才更多的政策倾斜，切实帮助人才解决后顾之忧。例如，四川省民政厅为进一步发展壮大社工人才队伍，联合教育厅、财政厅、人力资源和社会保障厅等部门印发《四川省社会工作专业人才队伍建设"十四五"规划》，① 围绕人才发展周期，着力探索"育、用、留"新模式、新机制，构建人才成长良好生态。创新人才培养方式，推动非学历教育与学历教育相结合、职业教育与继续教育相衔接、职业道德与专业价值伦理相融通，稳步提升人才质量。

3. 完善建言献策功能

着力建设智库型民办非企业单位，积极为国家战略建言献策，着力促进重大问题解决。一是拓宽民办非企业单位建言渠道。以人大代表、政协委员、智库专家身份建言献策，依托社会组织信息平台、中国社会组织政务服务平台"交流互动"、民政部"征求意见"、民政厅"领导信箱""征集调查"等渠道建言献策。充分利用承接西部地区政府委托课题、研究编制"十四五"规划、社会治理规划、民政工作规划等契机，线上线下开展广泛深入的调查研究，发表著作成果，提交研究报告。此外，政府相关职能部门负责人应主动参阅民办非企业单

---

① 川观新闻：《四川社工人才队伍建设"十四五"规划出台重点在5大领域拓展社工服务》，2022 年 2 月 7 日，https：//www.sc.gov.cn/10462/10464/10465/10574/2022/2/7/60eba88340e843169d3ceb32365a554d.shtml，2022 年 8 月 2 日。

位提交的政策研究报告，积极采纳研究成果，对有价值的建议给予充分肯定或书面表扬。二是拓宽建言范围、建言领域，提出精准化治理建议。在基层社会治理方面发力，紧紧围绕西部地区贫困易发、生态恶化、发展滞后等地区特征，为县区一级、乡镇苏木一级政府提供智力支持；围绕国家发展大局，着力解决社会难点痛点、舆情热点，在城市住宅物业服务管理难题、高校毕业生就业形势严峻、社区工作队伍短缺等方面，提供精准化决策咨询服务。三是建设"四型"民办非企业单位，实现高质量建言献策。建设学习型民办非企业单位，结合组织使命、宗旨、目标及特色业务活动，加强理论学习，围绕党和国家中心任务确定建言资政议题，为建言献策打下理论基础；建设专业型民办非企业单位，加强业务培训，为地方党委政府提供专业咨询服务；建设智库型民办非企业单位，深入调查研究，为基层政府提供智力支持；建设促进型民办非企业单位，基于当地的经济社会发展状况、自然资源禀赋，提出创新性、建设性观点，使得建议采纳率、课题结项率逐步提升。

4. 增强服务品牌示范带动作用

"西部地区民办非企业单位发展评估指标体系"调研中，西部地区民办非企业单位主要涉及文化服务类、体育类、社区卫生服务类、动物疫病防控类、法律服务类、教育类、社会工作类、养老类，重点培育上述多种类型的民办非企业单位典型品牌，积极发挥典型引路、典型示范的辐射带动作用。其一，打造社区综合性文化服务中心、家庭文化服务中心等文化服务类品牌，可以开展丰富的文化体育活动。依托社区图书馆、文化馆、城市展览馆、老年活动中心、社区养老服务中心等公益性文化场馆，开展家庭文化建设论坛、文化大讲堂、文化艺术交流、文化艺术展览展示等活动；建立社区文化网络平台，为公益文化活动提供设计、制作、装饰、展示等咨询与服务；鼓励社区体育类民办非企业单位建设，培养一批社会体育指导员，全面推进科学健身指导服务进社区，推进健康中国建设。其二，创新医疗服务品牌。进一步构建县（区）—乡镇（街道）—村（社区）三级卫生服务体系。完善社区卫生服务中心、农村卫生服务站建设，提升基础保健、疫病防控水平。除保障城镇居民医疗水平外，在以农牧业、养殖业生产为主导的西部地区，民办非企业单位可以作为动物疫病社会化服务的实施主体之一。例如，鄂尔多斯地区培育苏木乡镇兽医社会化服务品牌共7个，每个补贴10万元，开展动物血液、粪便、毛绒的检测，建立互联网平台，牧民在家通过平台与组织中的兽医专家远程通话视频诊疗，减少因动物生病带来的损失。[①] 例如，鄂托克旗畜牧兽医社会化服务中心依法为养殖户和农牧民提供动物防疫、诊疗、配种、疫情测报、动物防疫培训宣传以及畜牧兽医技术推广等服务。[②] 其三，拓展公共法律服务内容。深化社区法律顾问工作，推行公共法律服务中心、法律援助与研究中心、法律宣传咨询交流中心、法律权益保障中心品牌标准化建设，通过政府购买、志愿服务、资源共享的方式，增强服务力量、优化服务形式、丰富服务内容，为民众提供更为优质高效便捷的法律服务。通过打造上述品牌，提升民办非企业单位公信力，实现其示范带动功能，促进民办非企业单位彼此建立良好合作关系，有利于链接、挖掘所需资源，形成自治组织间有序合作、政社良性互动的局面。

第三节　西部地区基金会发展评估指标体系的应用

一　西部地区基金会发展评估指标等级评判

利用模糊综合评价法对西部地区基金会发展等级进行综合评判，设 U_1 = {基础条件，内部治理，工作绩效，社会评价}，并设评语集 V = {差，较差，中，良，优}，根据 $B = A \times R$ 可得：

B_{11} = (0.017，0.004，0.023，0.096，0.051)

[①] 鄂尔多斯市农牧局兽医科:《推进兽医社会化服务　提升服务水平》，2022年11月10日，http://nmj.ordos.gov.cn/xwdt/bmdt/202302/t20230228_3349901.html，2023年8月18日。

[②] 中国社会组织政务服务平台:《鄂托克旗畜牧兽医社会化服务中心》，2021年1月12日，https://xxgs.chinanpo.mca.gov.cn/gsxt/newDetails?b=eyJpZCI6IjUyMTUwNjI0OTUyZNjcxMjg2OCJ9，2023年8月20日。

$B_{12} = (0.013, 0.006, 0.008, 0.075, 0.014)$

$B_{21} = (0.006, 0.007, 0.016, 0.027, 0.031)$

$B_{22} = (0.004, 0.005, 0.019, 0.016, 0.012)$

$B_{23} = (0.024, 0.027, 0.047, 0.052, 0.070)$

$B_{24} = (0.002, 0.004, 0.012, 0.006, 0.007)$

$B_{25} = (0.001, 0.002, 0.004, 0.010, 0.017)$

$B_{31} = (0.022, 0.006, 0.012, 0.017, 0.003)$

$B_{32} = (0.005, 0.014, 0.050, 0.025, 0.033)$

$B_{41} = (0.002, 0.003, 0.012, 0.013, 0.017)$

$B_{42} = (0.002, 0.004, 0.006, 0.003, 0.007)$

同理可得,西部地区基金会4个一级指标基础条件、内部治理、工作绩效、社会评价的评判等级:

$B_1 = (0.030, 0.010, 0.031, 0.171, 0.065)$

$B_2 = (0.037, 0.045, 0.098, 0.111, 0.136)$

$B_3 = (0.028, 0.020, 0.062, 0.042, 0.036)$

$B_4 = (0.003, 0.007, 0.018, 0.017, 0.024)$

西部地区基金会发展等级综合评价为:

$B = (0.099, 0.082, 0.208, 0.341, 0.261)$

根据最大隶属度原则,找到$\max\limits_{1 \leq k \leq m}\{b_k\}$及其对应级别,其中西部地区基金会总评价等级为"良"级,其他维度指标评价等级如表6-8所示。

表6-8　　　　西部地区基金会发展评估指标等级

一级指标	评价等级	二级指标	评价等级
基础条件	良	法人资格	良
		登记管理	良
内部治理	优	组织机构	优
		党组织建设	中
		人力资源	优
		财务资产	中
		组织文化	优

续表

一级指标	评价等级	二级指标	评价等级
工作绩效	中	公益项目产出	差
		信息平台	中
社会评价	优	内部评价	优
		外部评价	优

二 西部地区基金会发展中存在的问题

依据"西部地区基金会发展评估指标体系"和"西部地区基金会发展评估指标等级"的实证分析，西部地区基金会发展评估指标中"党组织建设"、"财务资产"、"信息平台"的等级评判为"中"，"业务活动产出"的等级评判为"差"，这一结果表明西部地区基金会发展中存在党组织建设"非有效覆盖"、公益项目产出欠佳、财务资产管理水平有待提升、信息公开体系不完善的现实困境。

1. 党组织建设存在"非有效覆盖"

根据中共中央办公厅《关于加强社会组织党的建设工作的意见（试行）》的相关要求"要推进社会组织党的组织和党的工作有效覆盖"，[①] 党组织建设主要包括社会主义核心价值观载入、党组织"应建尽建"情况、党组织活动开展情况、党组织发挥作用情况四方面内容。西部地区基金会党组织建设存在"非有效覆盖"主要表现在以下三方面：首先，党建工作基础薄弱。基金会呈现松散性特征，由专职、兼职、编制内、编外临时聘任等多种人员构成，党员流动性强，一些党员组织关系仍归属于原单位，未转入现就职单位，组织生活无法正常参与，为基金会党组织规范化管理带来一定难度。同时，西部地区基金会规模有限，党员人数较少，办公机构不固定，党建工作专业人

---

① 新华社：《中共中央办公厅印发〈关于加强社会组织党的建设工作的意见（试行）〉》，2015年9月28日，http://www.gov.cn/xinwen/2015-09/28/content_2939936.htm，2023年8月19日。

才缺乏，不具备独立建立党支部的基础条件。其次，基金会负责人思想认识不到位。部分基金会负责人对党建工作不大关心，重业务、轻党建，党建工作存在"说起来重要、做起来次要、忙起来不要"现象。部分基金会发起人对党组织战斗堡垒作用认知不清，认为基金会依靠自身实力获得生存及发展，党组织监督、制约职能与基金会有效运行之间缺乏良性互动。最后，党组织建设工作方式创新性不足。"党建活动应贴近时代主题、贴近生活实际、贴近业务特色，而现实中存在'有组织无活动，有活动无质量'、党建活动与日常运行脱节的现象。一些基金会采用学文件、听讲座、抄笔记等模式化说教方式，活动内容不生动、缺乏吸引力，影响党员参与热情；一些基金会党建工作流于形式，'活动'于展板之上、党员工作室中、工作报告之内；一些基金会用娱乐活动代替党内组织生活，用日常办事代替思想政治教育"（2023年8月20日内蒙古老牛慈善基金会党支部Z宣传委员　群体访谈）。

2. 公益项目产出欠佳

西部地区基金会"公益项目产出"指标等级评定为"差"，其中三级指标"参与东西部协作和对口帮扶项目情况"、"项目产生的直接或间接社会影响"两方面情况与民办非企业单位类似，这里不再赘述。其公益项目产出欠佳主要表现在以下三方面：第一，公益项目规模较小。"西部地区社会组织发展评估指标体系"调研中，基金会在三类社会组织中数量少、规模小。就资金规模及登记年限来看，西部地区大型基金会屈指可数，2022年底，西部地区基金会共有745家，其中，资金规模超过100万元且成立15年以上的基金会仅有169家；[1]从全职员工数量来看，西部地区没有全职员工超过100人的基金会，按照《中小企业划型标准规定》，从业人员100人以上的企业才有资格界定为中型企业，[2] 以此类比，西部地区基金会几乎都是中小型组

---

[1] 资料来源：中国社会组织政务服务平台。
[2] 中华人民共和国中央人民政府：《工业和信息化部　统计局发展改革委　财政部　关于印发中小企业划型标准规定的通知》，2011年6月18日，https：//www.gov.cn/gongbao/content/2012/content_2041870.htm，2023年8月27日。

织。就组织类型来看,调研中,西部地区多数基金会是既开展募捐筹款、又亲自运作项目的运作型基金会,极少数是资助其他社会组织开展公益项目的资助型基金会,这一结构不利于基金会行业专业化、规模化、可持续发展,基金会行业规模制约公益慈善项目规模。上述因素导致西部地区基金会的社会认知度不高,社会公信力薄弱,资源拓展能力有限,开展公益项目的规模较小。第二,民族特色公益事业参与不足。"西部地区基金会发展评估指标等级"中"参与民族特色公益事业情况"的等级评分为2.53,表明参与民族特色公益事业的基金会数量较少,仅有七家,管中窥豹,反映出民族特色公益事业参与不足。西部地区基金会重点关注教育和扶贫两大领域,其次是医疗救助、安全救灾、老年人健康保障、残疾人帮扶、科学研究等领域。而"以藏族文化、蒙古族文化、傣族文化等民族特色文化为保护对象,在开展文化交流、奖励优秀文化人才、保护民族文化遗产、传承民间文化艺术、促进民族文化事业发展等方面的慈善捐助及公益活动规模有限"(2022年7月4日成都市民政局监管处G处长 一对一访谈),未能充分发挥基金会立足地区特色、整合社会资源、凝聚社会力量的优势。第三,参与党和国家重点项目数量较少。西部地区基金会对助力乡村振兴战略、深入实施西部大开发战略、融入"一带一路"建设、筑牢国家生态安全屏障等国家重点任务参与不足,影响公共服务供给的社会效益,延缓西部地区基金会发展进程。

3. 财务资产管理水平有待提升

财务管理是组织管理的重要组成部分,它是依据财务管理原则、开展财务活动、处理财务关系的一项经济管理工作。社会组织各类资源的筹集、使用和分配都属于财务管理范畴。基金会财务资产管理是围绕基金会发展目标、宗旨及使命,对组织资产流动进行科学管理,"西部地区基金会发展评估指标体系"中的"财务资产"指标主要包括资金募集来源、捐赠管理、货币资金管理、非货币捐赠管理、投资管理、财务报告管理等方面。财务资产管理水平较低主要表现在以下三方面:第一,捐赠管理透明度不足。捐赠资金使用不合理、账目不清晰。"我不是对慈善事业不感兴趣，不是不想向他们捐赠资金，只是现在的某些基金会，他们没有健全的财务管理制度，对捐赠者的捐赠资金随意使用，对资金的使用很不合理，而且也不能向我们公布使用情况，所以我不愿意再加入这样的组织，也不愿意向其捐赠"（2023年8月20日呼和浩特市M集团董事长　群体访谈）。由此可见，针对捐赠资金使用及项目执行过程的监督、评估及动态调整需进一步强化，信息披露的及时性、完整性有待提升。财务管理漏洞降低了西部地区基金会的社会公信度、社会影响力和社会地位。第二，投资管理体系不成熟。西部地区一些基金会缺乏规范的投资制度、专业的组织架构和执行团队，无法实现捐赠资金的市场化配置。基金会倾向于"风险厌恶型"选择，投资理念较为保守，仅局限于银行存款和理财产品，投资种类较为单一，制约捐赠资金的保值增值。投资业务的风险控制不完善，投资种类的集中度、投资项目的尽职调查、投资风险的预警及止损等方面有待规范。第三，财务报告管理的团队业务水平有限。缺乏专业化分工及人力资源优化配置，部分基金会的会计、出纳、内部审计等职位由兼职人员或临时聘任人员担任，财务会计人员的选拔、考核、激励、淘汰、业务能力培训、对外交流学习等方面制度欠缺。基金会作为民间非营利组织，其会计核算体系、纳税比例及捐赠配比不同于企业、政府机关或事业单位。基金会基于日常业务灵活性和规范性，会计核算体系的独立性和完整性需进一步明晰和保证，以便全面、真实、准确地反映财务运行状况。

4. 信息公开体系不完善

社会公信力下降是制约基金会高质量发展的重要问题，而塑造社会公信力最基本的要求是提升基金会的信息透明度和可信度。信息平台作为重要沟通载体，其建立和完善有利于降低信息不对称程度，逐步实现基金会运行公开化和透明化，积累社会民众信任支持，增进多方互信合作。然而，目前西部地区基金会信息平台建设不完善主要表现在：第一，内部治理信息公开不全面。西部地区多数基金会仅完成登记管理部门要求的一般性信息公开，而针对性地反映基金会内部管理和治理情况的信息公开不足，该项信息公开的具体内容和形式应根据不同基金会的管理要求和治理特点而有所差异。"现实中，西部地区很少有基金会在被监管部门、社会民众发现或指控存在违法违规行为时，能详细地公开说明问题的产生原因、调查情况、处理结果及改进方案，导致基金会透明度和公信力饱受争议"（2023年6月21日南宁市社会组织管理局政策法规处Z处长 一对一访谈）。第二，特定项目信息公开不够及时、充分。就具体内容来看，西部地区基金会信息平台的栏目设置主要围绕组织架构、公益项目、新闻中心、信息公开制度及内容、合作伙伴链接、公众互动等六项内容，信息公开整体框架已搭建起来。然而，在已有信息公开的基础上有待进一步细化，对项目资金的筹集、配置、使用和结余情况没有做专项说明，未能确定项目总支出中有多少用于业务活动、多少用于组织管理活动和其他活动，不够满足捐赠人、受益人、政府监管部门等不同利益相关方对特有信息的关注程度和需求偏好。例如，西部地区多数基金会年度工作报告中"公益慈善项目开展情况"一栏"项目介绍"过于简单化，对特定公益项目的运行、进展及社会反响情况缺乏完整的报告，未能较好履行对捐赠方的受托责任；就披露频率而言，西部地区基金会信息公开往往以年度为报告周期，不符合特定项目应以项目实施阶段为报告周期的原则，缺乏定期和不定期信息公开，未能及时反映项目运作的进展情况，在项目结束时未能公开完整的、综合性的项目报告。第三，存在选择性公开行为。基金会信息平台上只能看到对该组织的正面报道而规避不利或负面信息，甚至于存在自我美化、蓄意公开虚假信息。[①] 信息的充分性、可靠性和可比性受到较大的影响，使得信息使用者难以对社会组织做出准确的判断，进而可能导致盲目决策、消极选择的结果。

---

① 邵贞棋、赵西卜：《社会组织信息披露的框架体系研究》，《中国行政管理》2020年第9期。

三 西部地区基金会发展中的制约因素分析

1. 党组织建设存在"非有效覆盖"的制约因素

基金会党建工作之所以存在上述问题，主要有以下几方面原因：一是观念因素。调研发现，基金会自身对党建缺乏正确定位，导致工作思路不明确，没有将党建工作作为重要工作去抓。"怕党建工作因占用一定的组织资源会束缚其业务的开展，甚至会威胁到其自主性"。（2023年8月20日呼和浩特市扶贫基金会行政部L总监　群体访谈）二是结构因素。相较于党政机关和事业单位，基金会作为自发的社会组织化体系，具有相对自主性与开放性结构特征，这使得基金会党员岗位流动性强、工作稳定性差，党员身份不能为其提供职业发展优势。由此，基金会中党员参加党组织活动积极性不强，有的甚至故意隐瞒党员身份，长期游离于党组织之外，沦为"地下党员"、"口袋党员"、"隐身党员"。三是资金因素。党建工作经费来源与构成对党建活动开展至关重要，基金会党组织经费来源分为国家拨款、上级党组织拨款、党费留存三种形式。现实中，基金会党建资金从各级财政划拨的数量十分有限，主要依靠社会募捐、收取会费获得。西部地区三类社会组织中基金会规模最小、党员人数最少、社会捐赠不足、经费获取途径有限，党建工作缺乏必要的物质保障和人员保证，严重制约了基金会党建工作的顺利开展。"在一些已经建立党组织的基金会中，支部书记担任重要职务的，经费问题基本能解决，但未形成专项经费制度；支部书记不担任重要职务的，经费问题很难解决"。（2022年8月7日西安市未央区民政局Z局长　一对一访谈）

2. 公益项目产出欠佳的制约因素

针对西部地区基金会存在的公益项目规模较小、民族特色公益事业参与不足、参与党和国家重点项目数量较少三方面问题，总结其公益项目产出欠佳的制约因素为以下三方面。一是公益项目管理因素。项目管理是基金会的核心运作内容，对基金会履行受托责任、链接社会资源和实现社会效益具有重要意义。当前，由于西部地区基金会在项目管理方面缺少统一的参考标准和操作规范，对公益项目的立项、实施、监督、评估缺乏参照依据，项目管理标准不一、专业水平良莠不齐成为公益项目规模化开发与运作的制约因素，影响基金会募集资金使用效率、社会公信力及社会声誉。二是基金会领导者因素。西部地区基金会为了向企业有效募集资金，会主动向捐赠企业提供理事会任职资格，多数基金会的理事成员构成中捐资企业代表往往占到2/3以上，这导致理事成员构成专业性、代表性及多元化不足，难以吸纳更具专业知识技能的理事成员加入，如文化研究员、西部地区研究学者、优秀社会组织代表、财务专家、法律专家、媒体人士、居民代表等。专业性不足限制理事会对西部地区贫困易发、生态恶化、发展滞后等地区特性的认知水平，难以有效发挥开展地区特色公益项目、发展民族特色公益事业的积极作用。三是核心竞争力因素。在国家重点项目招标或委托过程中，由于西部地区部分基金会核心竞争力不足，导致资源类基金会缺乏对公益资源的有效动员和整合能力，服务类基金会缺乏对公益服务的有效供给能力，倡导类基金会缺乏对公益行动的有效组织能力、思想引领力和社会号召力，难以有效承接党和国家重点项目。

3. 财务资产管理水平有待提升的制约因素

针对西部地区基金会存在的捐赠管理透明度不足、投资管理体系不成熟、财务报告管理的团队业务水平有限三方面问题，总结其财务资产管理水平的制约因素为以下三方面。其一，基金会对捐赠资金入口的审核、项目支出的督察有待加强。对捐赠方及其资金来源审查不足，就无法保证资金安全性，可能带来因捐赠方违法、违规经营导致捐赠资金被银行冻结或无法到账。其二，基金会投资机制不健全，负责人投资意识、投资制度、组织架构、执行团队有待进一步完善。缺乏具有金融经济、投资背景的理事，投资策略不够分散化和多元化，对债券、股票、房地产、自然资源、大宗商品、私募股权等各类资产组合投资不足，严重影响投资效率。其三，对基金会实施税收优惠及捐赠配比力度有限。①当前基金会投资收益尚未纳入税收优惠范畴，而投资收益作为基金会重要收入，若能给予税收减免，势必将进一步激发基金会活力，促进基金会良性运作。②我国慈善捐赠的税收优惠政策与欧美发达国家相比仍存在优化空间。《中华人民共和国个人所得税法实施条例》规定：个人将其所得对教育、扶贫、济困等公益慈善事业进行捐赠，捐赠额未超过纳税人申报的应纳税所得额30%的部分，可以从其应纳税所得额中扣除。① 而在美国，个人对慈善事业捐赠后享受的免税额度可达当年收入的50%，超出部分可向后结转5年。③捐赠配比资金尚未实现全覆盖，中央财政设立捐赠配比专项基金对高校教育、残疾人救助等公益慈善事业捐赠实行奖励补助，浙江、北京、深圳等地也出台相应补助政策，而西部地区地方财政实力有限、配比比例不足，需要因地制宜予以提高。

4. 信息公开体系不完善的制约因素

总结西部地区基金会信息公开体系不完善的制约因素为以下三方面。一是制度因素。我国涉及基金会信息公开的制度主要包括《慈善法》《公益事业捐赠法》《红十字会法》《基金会管理条例》《捐赠管理办法》《慈善组织信息公开办法》等，这些制度在一定程度上对基金会信息公开体系起到统领和导向作用。但随着基金会不断发展变化，法律规定不够细致、条文针对性不强、监管配套性制度缺失等问题逐渐暴露出来，在《宪法》体系下缺乏更具代表性和针对性的高层次法律制度来统领和调整基金会，缺乏在实际操作和运行中与之相配套的行政法规和部门规章。二是绩效评价因素。基金会信息公开主要集中于财务信息列示，信息使用者也多是对基金会经济效益进行分析和评估。然而，经济性并不是基金会的根本属性，对组织绩效的评估不应局限于经济效益的取得。目前，西部地区基金会缺乏非财务类信息公开，对基金会产生的社会效益不够关注。基金会应在现有信息公开的

---

① 国家税务总局：《中华人民共和国个人所得税法实施条例》，2018年12月18日，http://www.chinatax.gov.cn/n810341/n810755/c3960202/content.html，2023年8月22日。

基础上，进一步分析和报告组织提供公共产品和公共服务情况、公益项目开展情况、取得的活动效果和社会反响等信息。只有将定量指标和定性评价相结合，将经济效益和社会效益相结合，才能对基金会绩效做出准确的判断，真正实现决策有用的信息公开要求。三是动机因素。基金会的公益属性和对外资源依赖属性使其具有信息公开的天然动机和内在要求，为尽可能募集到组织运行和发展所需资源，基金会需要充分、及时、准确地公开管理和运作信息，表明组织能够合理高效地规划和运用社会资源并提供社会所需的公共产品和服务，以此赢得公众信任与支持，树立良好声誉和形象。然而，由于基金会缺少商业领域中的强制性责任机制，管理层几乎不必担心被收购或者兼并，因此可能存在通过操纵或者粉饰业务活动信息来谋取私利的机会主义行为、选择性公开行为，即基金会只披露对自身有利的信息而规避不利信息，甚至于蓄意披露虚假信息。基于成本和收益之间的权衡，很可能会导致公开内容的简单化、公开形式的多样化并伴有自我美化的动机，影响信息的充分性、可靠性和可比性，使得信息使用者难以对基金会做出准确的判断，进而可能导致盲目决策甚至于消极选择的结果。相应地，由于不能取得预期效果，基金会在这种情况下进行自愿性信息公开的动机也会逐渐减弱，信息不对称程度进一步加深。

四 推动西部地区基金会发展的优化路径

针对上述存在的问题及原因，应从发挥党组织建设引领作用、积极开展特色公益服务项目、优化财务资产管理体制、加强信息公开建设四方面着力，进一步推动西部地区基金会高质量发展，更好地发挥基金会链接社会资源、承接地区特色业务、提供公共服务等方面作用。

1. 发挥党组织建设引领作用

《"十四五"社会组织发展规划》中针对社会组织党建工作提出：

要坚持党建引领，保证发展方向，加强党对社会组织的全面领导，推进社会组织党的组织和党的工作全覆盖，推动社会组织党建工作水平全面提升。基于 B 市 2016—2020 年的基金会年报数据研究发现"党组织建设是基金会获取合法性、政治空间和正式合作机制的重要途径。党组织嵌入能够有效提升基金会的资源拓展能力、项目服务能力及内部管理能力"。① 为推动基金会管理创新、转型发展、提质增效，发挥党组织建设引领作用至关重要。一是强化党建指导服务，提升基金会党建工作水平。打造基金会党建工作专业化骨干力量，通过举办培训班和座谈会、派驻党建指导员、成立联合党支部等方式加强对社会组织党建工作的指导，从党建工作成果优秀的组织中选拔有经验的党员干部对基金会负责人、党组织书记等领导班子队伍进行指导、培训。例如，2021 年 11 月，云南省曲靖市举办 2021 年社会组织党建能力提升培训班，邀请国内在"两新组织"党建、社会工作、社区治理、社会组织运营管理方面有着丰富理论和实务经验的多位专家、学者前来授课，讲授课题涵盖十九届六中全会精神、社会组织党的建设、社会组织人才队伍建设、社会组织参与社会治理、共同富裕与第三次分配等多个方面，开阔了曲靖市社会组织党建工作视野、拓宽了工作思路、提升了理论水平和业务能力。二是打造基金会党建品牌，将树典型、立标杆作为带动整体品质提升的重要抓手。例如，2021 年，陕西省宝鸡市把基金会党建工作作为加快追赶超越的重要引擎，以头雁引领、红苗培育、红领服务"三大行动"为统揽，以"头雁引领"带动"群雁齐飞"，以"红苗培育"锻造"党建达人"，以"红领服务"激活"神经末梢"，实现基金会党建品牌和品质齐抓。三是完善党建工作制度保障。制度建设对基金会党建规范化、程序化、法治化发展至关重要。为此，要建立健全组织关系转接制度、党员活动制度、党建工作联席会议制度、基层党委工作抓基金会党建工作责任制度及基金会党

---

① 荣幸、李健：《党组织嵌入提升了社会组织能力吗？——来自 B 市基金会的经验证据》，《经济社会体制比较》2023 年第 1 期。

建工作定期研究、定期督导、考核评估、经费保障制度等一系列制度体系。以考核评估制度为例，探索把握基金会党建工作特点规律的基础上，依托互联网、大数据、人工智能等数字技术促进党建评估工作智慧化，加强对基金会党组织建立、党员管理的动态实时监督；将年终考核与平时考核相结合，注重过程性评估，逐步构建科学规范的基金会党建工作综合考评机制。四是找准党建工作与基金会业务的结合点，发挥党组织"政治引领、参与管理、推动发展、促进和谐"的"领航员"与"助推器"功能。[①] 具体步骤分三步：①进一步扩大西部地区基金会党组织的覆盖面，按照"先易后难、分类指导、有序推进、全面覆盖"原则，采取单独组建、联合组建、区域联建、行业统建等方式，探索务实管用、灵活便捷的党组织设置形式，实现党组织建设从有形覆盖到有效覆盖的跨越；②发挥党建优势，有效引导和监督基金会依法参与市场活动，降低市场性风险，有效获取市场信息和政策资源；③发挥党组织在基金会中的战斗堡垒、政治核心作用，教育引导从业人员增强职业道德素质、社会责任意识，创新服务方式，提高服务能力，通过高质量公益实践赢得社会公信力，提高社会捐赠筹资收入。

2. 积极开展特色公益服务项目

西部地区自然社会条件复杂，是贫困易发、生态恶化、发展滞后三大问题交织的典型地区。基于此，西部地区基金会作为基层社会治理的重要组成部分和社会慈善资源链接的重要枢纽，在助力乡村振兴、传承民族文化、保护生态安全中具有不可替代的作用。积极开展特色公益服务项目主要体现在：第一，重点开展乡村振兴公益活动。乡村振兴是慈善事业的重要领域，也是基金会服务社会的重要抓手。立足经济欠发达地区特征，西部地区基金会更应聚焦160个国家乡村振兴重点帮扶县，加大对脱贫地区产业帮扶力度、强化脱贫监测群体就业

---

① 欧翠玲、颜克高：《党组织建设是否提高了社会组织筹资收入？——来自中国基金会的经验证据》，《外国经济与管理》2022年第12期。

帮扶支持，积极参与宜居宜业和美乡村建设；运用数字技术赋能西部地区基金会运行，积极链接社会慈善资源，将普通人的爱心善举通过互联网汇聚，与立足本地的公益需求对接，实现精准公益、透明公益和人人公益。例如，新疆红石基金会开展诸多乡村振兴公益项目，有效促进当地发展（如表6-9）。

表6-9　　　　　　　　新疆红石慈善基金会公益项目

序号	项目名称	项目成立年份	项目成效
1	"阳光助学计划"	2010年	累计资助帮扶乌市周边乡村中小学贫困学生500名，共计发放爱心物资及助学金100多万元。
2	"夕阳天使，爱在社区"	2011年	通过开展邻里守望与为老服务活动切实让乡村的高龄孤寡老人"老有所依、老有所乐、老有所养"。
3	"星星宝贝爱心计划"	2012年	获中央财政50万元康复训练示范项目帮扶资金，资助金分四批发放，共计帮扶全疆104名自闭症儿童。
4	"保护行动"	2012年	针对遭遇重大天灾人祸的人群或个体开展的阶段性救助项目。
5	红石专项基金设立	2015年	2015年5月新疆红石慈善基金会先后设立27个专项基金，累计发起项目40多个，共募集善款700多万。
6	"乐计划"	2016年	为改善新疆伊犁、巴楚、喀什、吐鲁番等地区学校学生的饮水安全问题，通过线上募集的方式，为44所乡村学校捐赠总价近280万的净水设备，极大地改善了水质问题。
7	"扶贫环保合作社"	2018年	通过社会募集方式为新疆贫困村建立合作社。该项目一是解决困难群体就业，二是方便居民生活。荣获2018年中国公益慈善项目大赛百强项目。
8	"大病计划"	2019年	针对精准扶贫中因病致贫、因病返贫的现状，结合当前新疆大病医疗政策，助力本地健康扶贫。已启动"绿洲计划"和"991救助金"

续表

序号	项目名称	项目成立年份	项目成效
9	新疆天使互助创业	2020 年	项目希望通过建立政府、企业、社会组织三方联动的公益创业帮扶体系，提高中青年女性创新创业意识和技能，构建以"创业赋能+创业导师+创业资金"为主要途径的创业孵化服务。
10	星光闪耀陪伴康复路	2021 年	凝聚社会力量，关爱心智障碍孩子的成长和进步，目前已收到捐款 54.4 万元。
11	小胡杨教育计划	2021 年	针对乡村儿童的学习、生活环境进行基础硬件设施改善。

资料来源：由新疆红石慈善基金会官网相关资料整理。

第二，积极参与民族文化传承活动。西部地区基金会将公益慈善项目与民族文化传承相结合，中国西部人才开发基金会开展的"东乡锦绣工程"公益项目是其中的典型代表。项目实施地域为甘肃省东乡族自治县，受益对象是当地 900 名刺绣妇女，项目资金 170 万元。对东乡族刺绣艺术传承展开资金帮扶、技艺培训和技术改进，将传统技法同现代时尚元素相结合，发挥东乡刺绣唯一性、独特性及稀缺性优势，形成刺绣产业，促使东乡族女性地位提升和农民增收。

第三，大力推动生态系统保护公益活动。西部地区具有河湖湿地分布广泛、生态环境脆弱多变、气温降水复杂极端、生物资源蕴藏丰富等诸多特征，基金会作为山水林田湖草沙一体化保护和系统治理的重要力量之一，应积极实施重要生态系统保护和修复、自然保护地建设、生物多样性保护等公益项目，提升生态系统多样性、稳定性、持续性。西双版纳州热带雨林保护基金会实施"小田坝旧家森林修复项目"、"亚洲象保护核心社区项目"、"蜜蜂养殖项目"，在亚洲象核心活动区域的村寨，种植棕叶卢、构树、山桂花，进行退耕还林、人工更新造林，目前建立 3 个硝塘，形成大片湿地；① 开展退胶还林项目，

---

① 西双版纳热带雨林保护基金会：《太古可口可乐消碳庄园——亚洲象保护核心社区项目》，2023 年 1 月 31 日，https：//www.xsbntrf.com/index.php/site/site/info？wnid＝850&cid＝14，2023 年 8 月 27 日。

用坚果、杧果、波罗蜜、柚子、蛋黄果等多样化的果树替代橡胶，参与农户19户，共种植土地面积230亩；① 引入西双版纳蜜蜂养殖企业"滇云蜜语"公司，提供养蜂技术支持，发展蜂蜜养殖产业，目前共有20户村民参与项目，养殖200箱蜂群，兼顾生态保护与生计可持续发展。②

3. 优化财务资产管理体制

财务管理是基金会日常治理的核心环节，财务管理与基金会运行成本、资金配置效率、社会声誉密切相关，为实现"以最小成本实现社会价值最大化"的财务管理目标，可以从以下方面着手：第一，完善项目资金管理体制。西部地区基金会应基于项目性质，单独立项和建账，由项目负责人安排资金的具体使用。规范项目申请流程，就每个项目设立管理委员会、制定详细计划书、上报具体预算，通过分级授权，明确资金审批权限，实现"财务负责人一支笔，责权力相当"；③ 监督捐赠资金使用，就每个项目做好独立核算、决算、独立审计，要求项目负责人定期报告、评估和动态调整项目资金支出、项目执行进展，提高信息披露的及时性和完整性，增强财务信息公开的透明度和有效性。提升公信力，树立良好社会声誉。第二，完善投资管理体制。市场化、分散化、多元化配置资产，避免单一资产配置，避免将捐赠资金多数配置于定期存款以期低风险、多数配置于房地产以图简单稳定、多数配置于股票以求高收益。丰富投资策略，注重对债券、股票、私募股权等权益类资产持有，在满足短期现金流基础上关注长期回报，分散、规避及对冲不同类别、不同地域资产的风险。构建投资与捐赠联动机制，基金会与金融机构合作，金融机构可将超预期的投资报酬返捐给基金会，形成长期共赢的良性合作；基金会与企业合作，在企业并购、定向增发等金融资本运作项目中实现资源对接。

---

① 西双版纳热带雨林保护基金会：《小田坝旧家森林修复项目》，2023年1月31日，https：//www.xsbntrf.com/index.php/site/site/info? wnid=848&cid=14，2023年8月27日。

② 西双版纳热带雨林保护基金会：《蜜蜂养殖项目》，2023年1月31日，https：//www.xsbntrf.com/index.php/site/site/info? wnid=843&cid=14，2023年8月27日。

③ 陈璞、陈姚：《高校基金会财务管理制度创新初探》，《中国人民大学教育学刊》2016年第2期。

第三，完善财务系统数字化管理体制。数据平台建设向智能化、信息化方向发展，优化升级基金会账务、报销项目、票据管理系统，实现数据自动化录入、推送、共享及线上审批。简化项目审批流程，财务收支与报销过程应兼具灵活性与规范性，数据跑路替代群众跑腿，减轻基金会工作人员日常负担，提升财务管理效率。

4. 加强信息公开建设

为更好地适应不断变化的时代需求，在现有制度的基础上，加强西部地区基金会信息公开建设，对于塑造社会公信力、提升组织透明度具有重要意义，从而能够更加有序、更为有力地实现行政问责与公共监督，保障政府、捐赠人、社会民众等各利益相关方的合法权益。第一，数据赋能信息平台建设。推进互联网、大数据、人工智能在西部地区基金会信息公开方面的应用，有效回应公众诉求，提升基金会透明度和公信力。建设规范统一、互联互通的综合信息平台和逐级完善、持续更新的数据库体系，实现基金会大数据的整合、管理与共享。在此基础上，以各方需求为导向，"依托门户网站和新媒体公共服务平台，推动西部地区基金会各项信息的实时公开和'一站式'查询，并提供多样化、个性化的信息获取与分析服务"（2023年6月24日柳州H公益教育基金会S新闻发言人　一对一访谈）。同时，西部地区基金会也可以利用互联网的协同优势和便捷途径，开展网络慈善、乡村振兴、在线教育宣讲等活动，拓展创新服务项目，增强资源筹措能力，实现基金会服务能力与社会需求有效对接，深度发掘基金会潜在功能和作用。第二，增强信息公开制度保障。法律层面的设计主要规定基金会信息公开义务、原则、信息公开主体、客体、公开形式、公开内容及公开频率，并包括对审计规范、评估和问责机制实施进行纲要性解释及说明。第三，规范财务报告信息公开，包括基金会财务报告制度和财务报表审计指引，对基金会编制财务报告、第三方中介机构开展审计业务提供全过程的指引和规范。第四，落实信息公开具体内容。在基金会信息公开相关法律制度约束下，更加充分、全面地公开西部地区基金会的财务信息与非财务信息，将一般性信息公开、重大公益项目信息公开、内部管理及治理情况信息公开相结合：一般性信息公开涉及财务报表、附表及财务状况说明书；特定项目信息公开包括项目评估报告、进度表、专项资金使用明细；组织管理和治理情况信息公开要求涵盖重大战略决策、常态化治理机制、管理活动。同时将"自愿性"、"强制性"、"验证性"信息公开贯穿于信息公开体系中，[①] 满足基金会"决策有用"和"受托责任"要求，切实适应行政监管和公共监督的现实需求。

小　结

依据"西部地区社会组织发展评估指标体系"对社会团体、民办非企业单位、基金会三类社会组织的发展评估指标进行等级评判，运用深度访谈法、问卷调查法、模糊综合评价法，结合西南、西北、华南、华北地区的实地调研，形成三类社会组织发展评估指标等级评判矩阵如表6-10，在此基础上归纳总结三类社会组织发展中存在的现实困境及其根源所在。其中，西部地区社会团体发展中存在目标章程设定不合理、业务活动绩效水平较低、组织文化特色不鲜明的现实困境；民办非企业单位发展中存在基础条件相对薄弱、人力资源汲取不足、业务活动产出效果欠佳的现实困境；基金会发展中面临党组织建设"非有效覆盖"、公益项目产出欠佳、财务资产管理水平有待提升、信息公开体系不完善的现实挑战。

表6-10　　　　　　西部地区社会组织发展评估指标等级

社会团体		民办非企业单位		基金会	
评估指标	评价等级	评估指标	评价等级	评估指标	评价等级
法人资格	优	法人资格	较差	法人资格	良
目标章程	中	登记管理	较差	登记管理	良
组织机构	优	组织机构	优	组织机构	优

---

① 邵贞棋、赵西卜：《社会组织信息披露的框架体系研究》，《中国行政管理》2020年第9期。

续表

社会团体		民办非企业单位		基金会	
党建工作	优	党组织建设	优	党组织建设	中
人力资源	优	人力资源	差	人力资源	优
财务资产	优	财务资产	优	财务资产	中
业务活动	差	业务活动	中	组织文化	优
组织文化	差	组织文化	优	公益项目产出	差
业务活动产出	良	业务活动产出	差	信息平台	中
信息公开	优	信息公开	优	内部评价	优
内部评价	优	内部评价	良	外部评价	优
外部评价	优	外部评价	良	法人资格	良

就社会团体而言，针对上述问题，主要从加强社会团体党的建设工作、构建策略性收放制度体系、构建多维资源获取路径、搭建组织间协作系统与平台、持续提升承接政府特色业务能力五方面着力。事实上，西部地区社会团体发展的关键在于理顺地方政府对社会团体的培育路径，以及两者协同进化关系，在打造共建共治共享社会治理格局的背景下，地方政府培育社会团体已经成为提升西部地区公共治理水平、实现治理体系和治理能力现代化的重要路径之一。社会团体在初始发展阶段，面临西部政策环境约束、市场机制与社会力量不足、支持型组织缺位等困境，基于地域因素、政治条件、经济社会发展实际考量，需要地方政府对其制定专项培育方案：采取"激励性控制"、"分类支持"、"实用性赋权"等弹性策略；重点培育、优先发展行业协会商会类、科技类、公益慈善类、城乡社区服务类社会团体；构建科学、公平、高效的可持续性资源获取模式，通过购买服务、建立"供需"采购机制与能力评估体系、开展公益创投、扶持支持型社会团体等多维路径为社会团体提供物质性资源。随着社会团体资源获取能力、内部治理能力、业务承接能力的提升，地方政府应从"孵化性赋能策略"转向"竞争性购买策略"，引导社会团体走向"去行政化"、"去垄断化"，逐步形成自主发展理念和公共服务动机，树立市场化背景下独立面向公众提供服务的意识和意愿；增强社会团体资源

获取能力及独立生存能力，逐步摆脱"依附式发展"，引导其自筹经费、自聘人员、自主发展，提升其参与市场经济、制定行业标准、规范行业自律等业务能力；引导社会团体间形成"横向联盟"或"纵向联盟"合作模式，破除"单打独斗"及"相互竞争"困境，使其共同获取生存发展资源，共同面向社会开展公共服务。最终，社会团体在自主运营、自主链接社会资源的基础上，将资源"反哺"给西部地区地方政府，两者走向协同进化；社会团体参与东西部协作和对口支援，依托协作地区间资源优势互补，形成资源流动、技术服务、人才输送、劳务吸收、产品扩散的跨区域社会合作网络，吸引中央、东部资源来破解西部地区基层治理难题；社会团体介入乡村社会场域，与基层政府、乡贤精英、村庄内生型社会组织、村民建立互动关系，将所获取的内生性组织支持、地方性权力的接纳、村民信任等合法性资源反哺给基层政府，弥补当地政府在基层社会治理上的资源不足，提升西部地区政府基层治理水平，至此得以形成协同进化关系。"西部地区社会团体发展评估指标体系的应用"展望社会团体发展的周期特征，以期为西部地区地方政府高质量培育社会团体、借助社会资源提升公共治理效能、实现政府与社会关系良性互动提供政策启示。

就民办非企业单位而言，针对上述问题，从优化年度检查制度、加快完善人才培养制度建设、完善建言献策机制、增强服务品牌示范带动作用四方面推动西部地区民办非企业单位高质量发展。西部地区民办非企业单位的发展关键在于兼顾公益性与经济性、公共性与自主性，在乡村振兴、基层社会治理、公共服务供给及灾害风险防范等领域，自觉承担公益职责、主动承接政府服务。西部地区民办非企业单位具有经济性较强、而公益性不足，自主性较强、而公共性较弱的特质。基于此，公共性、公益性是学界研究的流行话语，也是西部地区民办非企业单位未来发展的一个新动向，这一本质特征要求组织使命不以私人利益为目标，组织运行具有年检公开性、财务透明性、公共政策倡导性特征，组织产出有助于实现公共利益：一是民政部门按分类监管原则优化改进现行年检制度。依据资产、年收入规模、会员人数对其分类；针对民办非企业单位不同规模，年检报告内容实行分类设计、选择性填写；年检程序遵循越小越简的原则，针对小型组织要求按时提交年度报告，大中型组织定期提交季度报告及年度报告；信息公开面向学界研究、政府咨询、捐赠决策、社会监督，信息利用采取"约束—激励"策略，消极信息作为惩戒或处罚依据、积极信息用于对组织基础条件、内部治理、工作绩效、社会评价方面的激励。二是完善建言献策机制，建设"学习型"、"专业型"、"智库型"、"促进型"民办非企业单位，发挥公共政策倡导性功能。引导其依托社会组织信息平台、中国社会组织政务服务平台"交流互动"、民政部"征求意见"、民政厅"领导信箱"、"征集调查"等渠道，以人大代表、政协委员、智库专家身份，抓住承接西部地区政府委托课题、研究编制"十四五"规划、社会治理规划、民政工作规划等机会建言献策；地方政府应主动参阅、积极采纳政策研究报告，对有价值的建议给予充分激励；拓宽建言范围及领域，围绕西部地区贫困易发、生态恶化、发展滞后等治理困境，以及城市住宅物业服务管理难题、高校毕业生就业形势严峻、社区工作队伍短缺等社会难点痛点、舆情热点提出精准化决策咨询。经济性、自主性是民办非企业单位的又一本质特性，近几年，西部地区民办非企业单位呈现增长迅速、竞争更为激烈的发展趋势，只有不断加强自身内部治理能力、业务绩效水平、品牌辐射能力，方可在公共服务供给、就业、经济方面做出贡献。一是应加快完善民办非企业单位专业技能人才认证、评价、激励、保障等制度。应加快完善职业资格认证体系，发放职业技能等级证书，扎实推进职称认定工作；以国家职业技能标准设置的五级、四级、三级、二级和一级为基础，形成具有自身特色的职业技能岗位等级评价结构，在资格认证与职称评定的基础上健全薪资待遇分配机制；完善民办非企业单位专业人才数据库，搭建组织与人才的双向选择平台；应在住房、落户、子女入学、医疗健康、后勤服务等方面给予人才保障支持，解决"高、精、专"人才后顾之忧。二是重点培育文化服务类、社区卫生服务类、动物疫病防控类、法律服务类民办非企业单位优秀品牌，典型引路、典型示范。依托社区图书馆、文化馆、城市展览馆、老年活动中心、社区养老服务中心，开展文化论坛、文化大讲堂、艺术展览活动，打造社区或家庭文化服务中心；引导社区卫生服务中心、乡村卫生服务站参与构建县（区）—乡镇（街道）—村（社区）三级卫生服务体系，同时可以引导民办非企业单位主动承接动物疫病防控社会化服务；推行公共法律服务中心、法律援助与研究中心、法律宣传咨询交流中心、法律权益保障中心品牌标准化建设。作为西部地区社会组织重要组成部分的民办非企业单位，在激烈的竞争环境中获得快速成长，并保持健康有序发展。目前，从数量增长迈向质量提升阶段，需要在公益性与经济性、公共性与自主性之间寻求审慎平衡。

就基金会而言，针对上述问题，应从发挥党组织建设引领作用、积极开展特色公益服务项目、优化财务资产管理体制、加强信息公开建设四方面着力，进一步推动西部地区基金会高质量发展，更好地发挥基金会链接社会资源、承接地区特色业务、提供公共服务等方面作用。兴起至今，西部地区基金会发展规模、数量和质量持续提升，经济社会贡献不断增长，已逐渐成长为汇聚社会资源，吸引民间资本，支撑乡村振兴、应急救助、扶贫济困等公益慈善事业发展的重要保障。新时代，如何深化西部地区基金会治理是顺应国家治理体系与治理能力现代化的重要命题，应围绕组织建设和贡献水平两方面考量。从组织建设方面优化完善。首先，发挥党组织建设引领作用。完善党对基金会的全面领导制度是推动西部地区基金会健康有序发展的首要原则。这要求打造党建专业化骨干力量，从党建成果优秀的组织中选拔有经验的党员干部对领导班子队伍进行指导、培训；将树典型、立标杆作为带动基金会党建整体品质提升的重要抓手，以"头雁引领"带动"群雁齐飞"，以"红领服务"激活"神经末梢"；建立健全组织关系转接制度、党员活动制度、党建工作联席会议制度、基层党委工作抓基金会党建工作责任制度及基金会党建工作定期研究、定期督导、考核评估、经费保障制度等一系列制度体系；找准党建工作与基金会业务的结合点，发挥党组织"政治引领、参与管理、推动发展、促进和谐"的"领航员""助推器"功能。其次，优化项目资金管理、投资管理、财务系统数字化管理体制。财务管理是组织治理的核心环节，与基金会运行成本、资金配置效率、社会声誉密切相关。应基于项目性质，单独立项和建账，由项目负责人安排资金的具体使用；鼓励基金会分散化、多元化配置资产，构建投资与捐赠联动机制，注重对债券、股票、私募股权等权益类资产持有，在满足短期现金流基础上关注长期回报；优化升级基金会账务、报销项目、票据管理系统，实现数据自动化录入、推送、共享及线上审批。最后，加强信息公开建设。信息公开对实现行政问责与公共监督、提升组织透明度、塑造社会公信力具有不可估量的作用。引导建设规范统一、互联互通的综合信息平台和逐级完善、持续更新的数据库体系，依托门户网站和公共服务平台，实现各项信息实时公开和"一站式"查询，提供个性化的信息获取与分析服务；规范财务报告制度、信息公开制度，明确基金会信息公开义务、原则、信息公开主体、客体、公开形式、公开内容及公开频率，并对基金会编制财务报告、第三方中介机构开展审计业务提供全过程指引；将一般性信息公开、重大公益项目信息公开、内部管理及治理情况信息公开相结合，将"自愿性"、"强制性"、"验证性"信息公开贯穿于信息公开体系中，满足基金会"决策有用"和"受托责任"要求。

  习近平总书记在2021年12月的中央经济工作会议中指出，"要发挥好第三次分配作用，引导、支持有意愿有能力的企业和社会群体积极参与公益慈善事业"。未来西部地区基金会应基于西部地区贫困易发、生态恶化、发展滞后三大问题，在坚持公益性、互助性、基金信托性的前提下，在乡村振兴、文化传承、生态安全诸领域积极活动。鼓励和支持基金会聚焦160个国家乡村振兴重点帮扶县，强化对脱贫地区产业帮扶、对脱贫监测群体就业帮扶；引导其将公益项目与文化传承相结合，对传统艺术传承开展资金帮扶、技艺培训和技术改进；激励其参与山水林田湖草沙一体化保护，开展生态系统保护和修复、自然保护地建设、生物多样性保护等公益项目。实践证明，西部地区基金会正逐步成为西部地区慈善事业的中坚力量。如新疆红石基金会开展"小胡杨教育计划""乡村托育园"项目、中国西部人才开发基金会开展"东乡锦绣工程"项目、西双版纳州热带雨林保护基金会实施"小田坝旧家森林修复""亚洲象保护核心社区"项目，充分彰显西部地区基金会在扶弱助残、扶贫济困、应急救助方面发挥的公益慈善作用。

第七章　西部地区社会组织发展评估的案例分析

依据"中国社会组织政务服务平台"中有关"地方特色"社会组织服务信息库和内蒙古农业大学社会组织助力乡村振兴研究团队实地调研、访谈资料的支撑，结合社会团体、民办非企业单位、基金会三类组织的投入性与产出性指标分布情况，本章节选择多案例研究法用于西部地区社会组织发展评估的典型案例分析。多案例分析法有助于深刻描述三类社会组织"基础条件—内部治理—工作绩效—社会评价"的全过程发展动态，有助于探寻西部地区三类社会组织的整体发展态势，以此形成多案例的经验性总结，为欠发达地区、边疆地区、民族地区社会组织参与社会建设及治理提供示范。

开展案例研究的资料源于2020年至2023年的长周期观察。书中将社会组织分为三类，并确立"西部地区社会团体发展评估指标体系"、"西部地区民办非企业单位发展评估指标体系"、"西部地区基金会发展评估指标体系"，并在新疆、西藏、宁夏、内蒙古、贵州等西部十二省区，发放问卷2466份，回收2143份，有效问卷2075份，占比84.14%。问卷设计除调研者基本信息外，其余社会组织发展指标的等级评估主要运用李斯特五级量表。2020年8月到2022年12月，调研团队依托民政部政策研究中心委托课题"社会组织参与乡村振兴战略研究：意愿、能力、困境与政策建议"对多案例中提及的社会组织创始人及工作人员、当地民政部门工作人员、专家学者、社会民众进行了访谈、发言材料、政策文件等文献的全面收集，包括组织年报、工作审计报告、财务报告、官方微博、公众号推送等相关材料，形成三大类九个典型案例用于支撑西部地区社会组织发展评估的实践启示。

一 社会团体类

西部地区社会团体的多案例分析分别选取中国西藏文化保护与发展协会（以下简称：西藏文协）、内蒙古足球协会（以下简称：内蒙足协）和内蒙古自治区建筑业协会（以下简称：内蒙建协），他们在传承、保护民族文化及传统文化、参与生态环境治理、促进行业转型升级与高质量发展等方面发挥重要作用。该类社会团体具有良好的法人资格和目标章程、完善的组织结构和人力资源、透明的信息公开机制以及多元化的内、外部评价体系。按照"西部地区社会团体发展评估指标体系"，梳理该类社会团体的全过程发展动态。与此同时，依据"西部地区社会团体发展评估指标等级"可知：该类社会团体在"法人资格"、"组织机构"、"党建工作"、"人力资源"、"财务资产"、"业务活动产出"、"信息公开"、"社会评价"指标中评估等级为优或良，这些指标为该类案例着重描述的内容，以期为西部地区社会团体发展提供经验支撑。

（一）中国西藏文化保护与发展协会

1. 案例背景

2004年6月21日，中国西藏文化保护与发展协会在北京成立，是由海内外热心于西藏文化保护与发展事业的有影响人士自愿联合组成的全国性非政府组织。2007年7月，联合国经济与社会理事会授予协会特别咨商地位。目前，协会理事共217人。十届全国人大常委会副委员长热地任名誉会长，全国政协副主席帕巴拉.格列朗杰任会长。协会宗旨是广泛联系国际国内有关组织和人士，致力于保护和发展西藏文化，维护人权，促进西藏各民族的团结和睦和共同繁荣进步。

协会业务范围包括：对西藏文化的历史、现状及发展趋势进行调查研究，向政府及经济社会组织提出有关保护和发展西藏文化的具体建议；举办西藏文化展览和学术研讨会，全面真实地介绍西藏的宗教、教育、艺术、民俗、医药、旅游、环境保护等；参加国际非政府组织会议，介绍西藏文化保护、发展情况；组织藏学家及西藏艺术团出国访问，广泛联系海外相关界别人士并提供相关咨询服务，邀请外国友人到西藏考察等；争取、帮助、组织、推动国内外组织和企业为西藏文化保护与发展项目投资、培训人员；依据国家法律在国内外筹集资金，资助西藏文化保护与发展方面的项目；提供西藏文化咨询服务。

2. 发展过程

构建合法合规的法人资格及登记管理。协会成立于2004年3月18日，是由海内外热心西藏文化，关心西藏文化保护和发展的中外各界人士自发成立的民间团体，是具有独立法人地位的全国性非营利社会团体。

协会致力于保护和发展西藏文化、维护人权、促进西藏各民族的团结和睦和共同繁荣进步。[①] 党和国家充分重视藏族文化遗产，国家也投入了大量的人力、物力、财力来保存和发展藏族文化。西藏文协为地方文化的保护做出了巨大贡献，广泛地学习、开发、保护各类文化遗产、礼仪习俗和宗教信仰，尊重和传承了西藏优秀传统文化及民族风俗。

制定完善的规章制度与章程。该协会的章程共九章四十七条。第一章是协会的简介，第二章是协会的业务范围，第三章是会员，第四章是组织机构及人员组成、产生和罢免，第五章是经费，第六章是会址，第七章是章程的制定和修改，第八章是终止，第九章是附则。制度及章程完整清晰，能够维持社会团体的平稳运行及项目承接等活动。

---

① 中国西藏文化保护与发展协会—协会宗旨，2019年4月23日，http://www.tibetculture.org.cn/cn/jgjs/jszc/201904/t20190423_6561561.html，2023年3月7日。

搭建完备的组织机构。西藏文协具有完善的权力机构与执行机构，分工明确，权责一致。协会的最高权力机关是社员代表大会，其职责包括：制订和修改章程，决定工作方针和任务，审议和批准工作报告和财务报告，选举理事，决定终止事项，决定其他重大事项。在此期间，协会设立理事会为执行机关，并以成员大会或成员代表大会的方式选出理事会成员。理事会的职责是执行会员代表大会的决议、召集会员代表大会、主持本协会工作等。

有序推进党组织各项工作。西藏文协坚持以习近平新时代中国特色社会主义思想为指导，认真贯彻落实新时代党的建设总要求，贯彻落实习近平总书记关于西藏工作的重要指示和新时代党的治藏方略，以学习贯彻党的二十大精神为主线，坚定不移推动党的建设高质量发展，为"六个走在全区前列"提供了坚强政治和组织保证。协会积极巩固拓展党史学习教育成果，持续深化社会主义核心价值观、铸牢中华民族共同体意识以及扎实推进中国共产党党史、新中国史、改革开放史、社会主义发展史、西藏地方与祖国关系史等宣传教育活动，受众达23.6万余人次。

西藏文协要求各部门高度重视基层党建工作，确保党建工作扎实有序开展。一是进一步贯彻全面从严治党要求，认真落实党建工作责任制，有力推动基层党支部科学化、制度化、规范化建设，切实发挥党员的先锋模范作用。二是进一步优化"两新"组织党建工作环境，积极争取各级党委和有关部门的大力支持。三是加强组织领导、健全工作机制、健全保障体系，推动党建工作由"有形覆盖"迈向"有效覆盖"。四是要加强领导班子建设，积极发展党员、吸纳党员，继续寻找"隐型"党员，努力建设学习型、创新型、效能型、务实型党组织，不断提高党组织的战斗力和凝聚力。五是完善党组织管理制度，积极创新工作方法，规范党组织的运行机制、监督管理机制。

优化人力资源结构。西藏文协从业人员的专业度与服务意愿较高。协会会员中包括了精通藏学的专家和学者，以及对西藏文化事业充满热情的各界有志之士。除专业人员外，协会还积极吸纳想要深入了解西藏文化、关心西藏文化现状、致力于西藏文化保护和发展的各界人士，有人才荟萃、代表性强、机制灵活、活动范围广泛等特点。① 可以看出，该社会团体有着较为完善的人力结构，"刚柔并济"引才聚才，推动协会服务高质量发展。

西藏文协少数民族从业人员占比较高，融合程度较高。西藏是一个以藏族和其他少数民族为主体的少数民族自治区，协会在人力资源配置方面，积极吸纳少数民族工作者，有利于为地区特色项目、特色服务提供专业型人才。少数民族工作者在组织文化宣传、承接地区特色项目，以及东西部协作项目上发挥重要作用。从该协会的官网理事名单中可以看出，人员民族由汉族和藏族构成，少数民族占绝大多数，兼具特色与融合。②

健全财务资产体系。西藏文协资金管理制度完善，资金分配合理公正，资金使用透明。协会的资金来源包括：会费、社会各界人士、社会团体、企业、政府的资助、利息及其他合法收入。协会的资金应当按照章程所定的经营范围和发展目的，任何单位和个人不得侵占、挪用或分配。而资金使用计划、方案、规则，须经理事会或常务委员会批准后，予以执行。

西藏文协财务监管制度和程序完备。协会对经费使用的项目进行跟踪评估，及时进行必要调控。协会具备较为健全的会计核算体系，能够确保会计资料的合法、真实、准确、完整。财政状况接受理事会和会员的监督，资金来源为国家拨款或社会捐赠的，接受稽核机构的监督，并及时向社会公开。

3. 发展成效

业务活动产出方面，一是西藏文协自成立以来开展了多方面工作，

---

① 姚海全：《中国西藏文化保护与发展协会成立：热地阿沛·阿旺晋美致贺词刘延东发表讲话帕巴拉·格列朗杰宣布中国西藏文化保护与发展协会成立拉巴平措主持》，《西藏日报》2004年6月22日第1版。

② 中国西藏文化保护与发展协会官网，2019年4月23日，http://www.tibetculture.org.cn/cn/jgjs/jszc/201904/t20190423_6561561.html，2023年3月7日。

服务成果与预期目标吻合度较高，承接项目民族性和地域性突显。例如，协会通过出版书籍、拍摄影视作品、组织藏学工作者参加国际会议、组织国际性论坛等方式，充分挖掘和整合文化资源，加快转变经济发展方式和文化产业转型升级，推动西藏文化事业可持续发展，并为全国文化事业繁荣发展建言献策。西藏文协服务项目以传承和发展西藏文化、传统文化、民俗文化为主要内容，服务效果既彰显了中华民族传统文化经久不衰的特有魅力，又体现了中华文化由各民族文化共同组成的历史源流，以此铸牢中华民族共同体意识，推动西藏政治、经济、社会、文化和谐发展。二是西藏文协定期开展公益活动，提供医疗保障、社会救助及志愿服务。自 2011 年起，该协会积极响应党中央号召，秉持服务国家、服务社会、服务群众、服务行业的宗旨，先后发起"高原健康"、"高原物产"、"高原栋梁"三项为群众办实事行动。其中，"高原健康"活动面向西藏、青海、四川、云南、甘肃等地区开展"同心·共铸中国心"医疗扶贫公益活动，邀请首都医疗专家深入高原送医送药。十年间，首都医疗专家 13 次到达高原，行程累计超 10 万公里，送医送药活动覆盖高原 14 个地市州 50 余县，捐赠药品和资金超 3 亿元，50 余万社会群众受益。① 三是西藏文协定期与其他组织开展交流合作。2012 年 10 月，"西藏风情"摄影展览由中国西藏文化保护与发展学会、香港中国西藏儿童卫生教育基金会、中国西藏杂志等共同主办。此次交流合作意在透过影像呈现西藏特有的人文地理及自然风光，回溯西藏 60 年来社会发展与历史变迁，让香港读者对传统与现代相融合的西藏文化有更深刻的了解。四是西藏文协主动参与文化事业发展交流合作，积极为政府相关部门建言献策。2019 年 6 月 14 日，由中国国务院新闻办公室和西藏自治区人民政府联合主办的"2019·中国西藏发展论坛"在西藏自治区拉萨市开幕。针对西藏的开放与藏文化的传承发展议题，该协会主张以普及现代科技来实现

---

① 中国西藏文化保护与发展协会官网：《西藏白皮书—西藏文化的保护与发展》，2019 年 2 月 18 日，http://www.tibetculture.org.cn/cn/jgjs/jszc/201904/t20190423_6561561.html，2023 年 3 月 7 日。

文化自信，在全社会弘扬优秀文化，从基础教育抓起、从心理素质教育做起，促进优秀文化蓬勃发展。

信息公开方面，一是西藏文协积极搭建新媒体平台建设。协会设有微信公众号、微博、社交平台，提供便捷、翔实的业务服务，方便人民群众了解本协会工作动态。协会公众号为受众提供一种新的信息传播方式，搭建了与受众沟通互动的平台，以此增强社会民众对该协会业务活动的认知及认同。二是西藏文协做好捐赠公开工作并及时推进公益项目。协会举办的"同心·共筑中国心"2019走进西藏主题公益活动，自2011年以来连续8年走进西藏。经过10年打造，"同心·共铸中国心"已经成为一个凝聚和展示我国广大医务工作者、社会爱心力量大爱无私，践行社会责任的爱心公益平台，着力于整合社会各方资源，齐心高效办大事，办好事，办实事，彰显了新时代中国特色社会主义的社会优越性。① 该协会依托公益项目信息公开、捐赠信息公开、组织年检报告公开等方式，赢得登记管理部门、业务主管部门及政府相关部门的一致认同（如图7-1）。

图7-1 中国西藏文化保护与发展协会信息公开

社会评价方面，一是西藏文协多次获得先进社会组织称号。2021

---

① 赵耀、贾华加：《爱洒高原"同心·共铸中国心"2019走进西藏主题公益活动在拉萨市启动》，中国西藏网，2019年5月26日，http://www.tibet.cn/cn/fp/201905/t20190527_6591777.html，2023年10月31日。

年12月20日入选第四次"全国先进社会组织"候选单位名单,①2021年12月31日民政部授予"全国先进社会组织"称号。② 获得社交媒体广泛宣传与报道。协会依托公众号、微博等社交媒体平台,宣传报道服务内容、服务项目及服务成果,提高协会的品牌知名度和社会认可度,同时社交媒体也可以通过报道协会参与的相关活动,增强公众监督意识和关注度。西藏文协还与社交媒体共同合作,通过舆论引导和监督管理,推动共同的社会目标和任务的实现。二是西藏文协主动承担社会责任,具有较高的行业道德。2022年3月28日,联合国人权理事会第49届云上边会"西藏文化传承、人权保障和社会发展"国际录像学术讨论会认定该协会在西藏传统文化保护和传承方面取得了巨大成绩,各族群众的人权得到了充分保障,今后必将为促进世界人权事业健康发展做出更大贡献。③

(二) 内蒙古足球协会

1. 案例背景

内蒙古足球协会是由足球爱好者、足球专业人士及从事足球活动的单位或团体自愿结成的专业性、区域性、非营利性社会组织,接受业务主管单位内蒙古自治区体育局、内蒙古自治区体育总会以及登记管理机关内蒙古自治区民政厅的业务指导和监督管理。该协会的宗旨和业务范围是广泛开展足球运动,宣传和普及足球文化,组织举办各项足球比赛及相关培训;管理审核注册工作,依法经营;指导并管理足球运动及相关活动。截止2020年12月31日,足球协会有单位会员29个,职工24人,其中主席1人,副主席兼秘书长1人,副秘书长1

---

① 中国社会组织动态:《关于第四次"全国先进社会组织"候选单位的公示》,2021年12月20日,https://baijiahao.baidu.com/s?id=17196615648606574l0&wfr=spider&for=pc,2023年10月31日。

② 民政部:《民政部关于表彰全国先进社会组织的决定》,2022年1月12日,mca.gov.cn/article/xw/tzgg/202201/20220100039256.shtml,2023年10月31日。

③ 中国西藏网:《西藏传统文化保护传承与发展成就巨大各族群众人权得到充分保障:联合国人权理事会第49届"云上边会"举行"西藏文化传承,人权保障和社会发展"国际视频学术研讨会》,2022年3月28日,http://www.tibet.cn/cn/news/yc/202203/t20220328_7172984.html,2023年10月31日。

人，与足协签订劳务合同的职工14人。财务核算执行《社会团体管理条例》和《民间非营利组织会计制度》。

2. 发展过程

确立权责统一的执行机构。内蒙足协执行机构分工明确、权责一致。最高层级为委员大会，下设执行委员会，执委会由专项委员会、特设委员会和秘书处组成。统一领导八个专业委员会，包括竞赛委员会、技术委员会、五人制与沙滩雪地足球、裁判委员会、纪律委员会、新闻委员会、青少年足球委员会、女子足球委员会（如图7-2）。

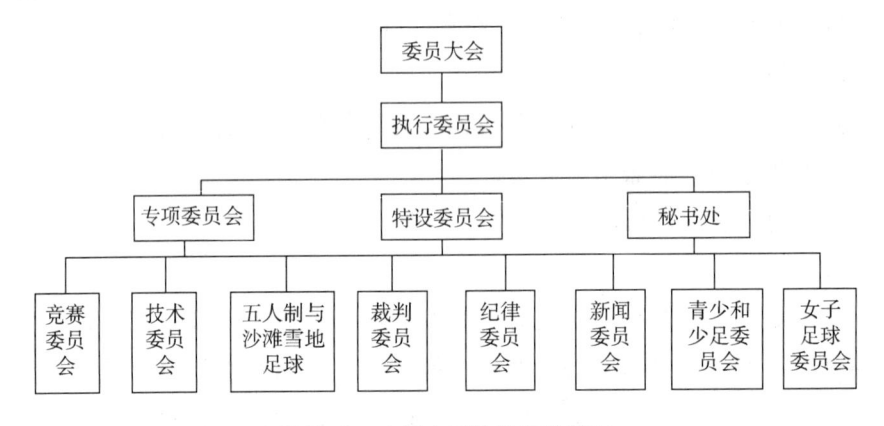

图7-2 内蒙古足协机构设置图

强化党建引领。内蒙足协按应建尽建原则，加大党员教育和清廉建设力度，实现党建工作全覆盖。首先，始终把政治建设摆在首位，规范党内组织生活，严格教育、管理、监督党员，推动党员增强"四个意识"，坚定"四个自信"，做到"两个维护"。创新党建工作方式，结合"三会一课"等支部工作，开展"百名党员讲百年党史"理论宣讲、"追寻先辈足迹、传承红色基因"主题党日等教育工作，以"大党建"理念为引领，构建适应新时期的党建工作新格局，以丰富的党建活动夯实党建工作基础，营造以党建促发展的良好氛围。坚持党建引领廉洁建设，把党的领导放在足球工作的首要位置。协会党组织加强对换届、重大事项决策、重大开支等重要"关口"的把关指导和过程监督，开展组织内部清廉风险排查和行风建设，切实为足协健康发展保驾护航。

制定科学合理的民主选举和民主协商制度。依据组织架构,制定相应的选举制度,选举过程接受内蒙古自治区民政厅监督。上一届理事会负责召开会员大会,主持换届选举工作。在会员大会上,全体会员通过无记名投票或举手表决方式选举产生协会主席和副主席,听取并审议《年度工作报告》《年度财务报告》《内蒙古足球协会年度工作要点》《内蒙古足球协会关于表彰年度先进集体的决定》。同时,加强民主协商能力建设。借助政府购买服务和社会捐赠,拓展活动资金来源渠道;加强民主协商能力培训,举行民主选举制度宣讲会、能力培训会、事务研讨会,提高协会会员的民主意识和协商能力。

表7-1　　内蒙古足球协会民主选举认可度调查表 (N=31)

认可度	人数	占比 (%)
非常认可	2	6.45
认可	7	22.58
比较认可	20	64.52
不太认可	1	3.23
不认可	1	3.23

结合表7-1和表7-2可以看出,多数会员对民主选举持"比较认可"态度,说明选举制度基本能够保障选举程序公平和结果有效。在对内蒙足协"决策方式"的调研中,"全体会员大会协商决定"占比74.19%,这说明在决策方式上较为科学,没有过度分散或过度集权的现象,民主选举制度运行比较顺畅。两项调查可以反映出该组织的民主协商、民主决策机制较为完备。

表7-2　　内蒙古足球协会决策方式调查表 (N=31)

决策方式	人数	占比 (%)
全体会员大会协商决定	23	74.19
协理事会协商决定	5	16.13
协会主要负责人协商决定	2	6.45
协会主席个人决定	1	3.23

续表

决策方式	人数	占比（%）
其他	0	0.00

建设高素质人才队伍。随着足改方案中明确要求足协与体育局脱钩，足协在内部机构设置、工作计划制定、财务和薪酬管理、人事管理、专业交流等方面拥有自主权。内蒙足协秉承"五湖四海、任人唯贤"原则，面向区内外广纳贤才，引进了一批足球高级专业人才充实到管理团队之中。一是增设高级主管、总监、顾问等职，淡化"官员"概念。进一步优化中层管理人员结构，实行竞聘制和试用期制，一年试用期满进行考核，对能力不适配者进行调整，形成"能者上、庸者下、劣者汰"的用人机制，激发人才队伍活力和自主性。二是协会主要依据政治素养和专业水平选拔任用各部门负责人和高级主管，人才队伍朝着专业化、高学历、国际化方向发展。其中，中共党员占62%，35岁以下的年轻员工占28%，具有硕士以上学位的员工占47%，包括博士学历的2人，具有海外留学经历的2人，具有足球专业资质的有16人。三是进一步搭建足球行业人才交流通道，加快足球专业人才培养步伐。内蒙足协逐步试行与职业俱乐部、会员协会之间互相选派工作骨干到对方单位进行挂职锻炼的双向人才交流培养制度。由此，培育出一批政治素养过硬、敢于担当、真抓实干的高素质人才，内蒙足协整体统筹协调、服务监督能力得到全面提升。

3. 发展成效

信息公开方面，内蒙足协充分利用新媒体平台宣介自身建设和追踪赛事实况。在新浪微博、微信公众号、抖音视频号等平台上，面向大众公开包括成绩公告、赛事通知、培训通知、协会章程在内的协会业务动态，传递协会使命、宗旨和体育精神，不仅有利于政府、民众、会员单位对协会业务承办、工作绩效等方面实施全过程监督，还有利于提升协会在体育服务供给中的公信力和影响力。同时，借助新媒体平台实况转播体育赛事，同步足协资讯，制作海报、横幅、宣传片、自治区各赛事的精美LOGO以及文创产品，以此吸引民众关注区内外足球比赛、关心足球事业发展情况、认可足球教育文化价值。各平台累计点击量超过700万，行业发展与社会期待同频共振，形成多元主体共同支持内蒙古自治区足球事业高质量发展的态势。

社会评价方面，对于内蒙足协积极规划、筹备、组织自治区级和国家级各项赛事的工作，政府体育部门给予高度肯定。内蒙足协在全国性比赛的承办中，为参赛队伍提供训练场地、比赛场馆、住宿餐饮、医疗救护等保障性服务，以及化解公共突发事件的应急性服务，确保各项赛事顺利有序进行，得到参赛队伍与观赛民众的一致认可，收获数封参赛队员的感谢信。2020年，在中国企业体育协会年度工作会议上，经第三届理事会第七次会议审议通过，内蒙古足协获得中国足球发展基金会杯"中国职工足球联赛优秀赛区"称号；2021年，被国家体育总局授予"2017—2020年度全国群众体育先进单位"称号。此外，内蒙足协整合学区内多所学校的场地、师资、设施资源，让校园足球、足球俱乐部、社会足球等多种培养途径衔接贯通，推动社会足球发展成为民心工程。例如，在内蒙足协承办的自治区"主席杯"社区五人制足球比赛上，主动参加后勤保障的社区志愿者有200余名，参加开幕式表演的社区群众有1000余名，观众高达上万名，可见内蒙足协的工作提升了足球运动的民间认同度。

（三）内蒙古自治区建筑业协会

1. 案例背景

内蒙古自治区建筑业协会成立于1987年6月，是内蒙古自治区内从事土木建筑、市政工程、智能化工程等方面的企事业单位、教育科研机构、产业协会，以及自治区建筑行业组织，是在自治区民政厅注册登记具有法人资格的非营利性社会团体。

在自治区住建厅、民政厅和中国建筑业协会等国家级协会的指导和全会人员共同努力下，协会认真履行"提供服务、反映诉求、规范行为"职能，积极发挥桥梁纽带作用。围绕建筑业持续健康发展、行业全面发展进步和企业市场竞争力提升，不断健全组织发展体系，完善组织规章制度，顺畅组织内外联通关系，以此赢得了政府和会员企业的支持和信赖。

2. 发展过程

构建合规的法人资格及登记管理制度。内蒙建协法人资格合法，登记管理合规。协会注册地位于呼和浩特市新城区东二环路兴泰商务广场T4号10层，法定代表人为韩平，统一社会信用代码和工商注册号为511500005026986561。①

坚持习近平新时代中国特色社会主义思想引领。内蒙建协坚持以习近平新时代中国特色社会主义思想为指导，全面贯彻落实党和国家的方针政策及自治区党委政府的决策，坚持党对本协会工作的领导，自觉遵守各项法律法规，认真履行提供服务、反映诉求、规范行为的职能，充分发挥服务国家、服务社会、服务行业、服务会员的作用，弘扬工匠精神，凝聚行业力量，推动建筑业高质量发展。

完善规章制度与章程。该协会的章程共八章五十六条。第一章是协会的总则，第二章是协会的业务范围，第三章是会员，第四章是组织机构和负责人的产生、罢免，第五章是资产管理、使用原则，第六章是章程的修改程序，第七章是终止程序及终止后的财产处理，第八章是附则。制度及章程完整清晰，能够维持社会团体的高效、平稳运行。

优化"总—分"型组织架构。内蒙建协具有完善的权力机构与执行机构，分工明确，权责一致（如图7-3）。协会的最高权力机关是会员代表大会，下设理事会与监事会，具体职责由常务理事会和监事会办公室完成。常务理事会的职责主要由秘书处具体执行，秘书处下设综合办公室、行业发展与会员服务部、质量安全部、财务部、法律服务中心和职业技能等级认定办公室六个部门。各部门各司其职，职能明确。

内蒙建协的核心职能在于承接政府跨区域协同的公共服务，以公共性为前提，通过科学合理的组织架构逐步优化服务效能，凭借较为

---

① 资料来源：爱企查APP，2022年3月16日，https://aiqicha.baidu.com/company_detail_14505069960739，2022年6月4日。

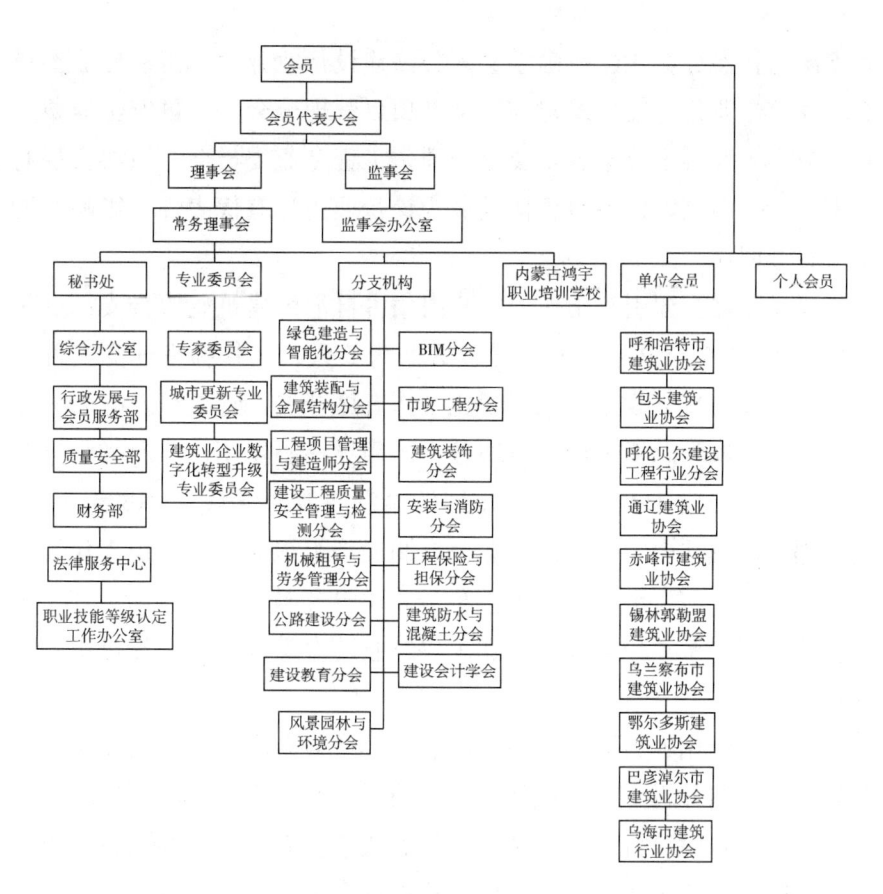

图7-3 内蒙古自治区建筑行业协会组织架构

充足的内部性资源，汲取外部利益相关者的资源输入，确保内向凝聚与外向动员有机结合，使其可以调动更多的资源用于行业服务的生产和供给，以此优化组织架构，调整部门职责，实现该行业优质服务的高效输出。

内蒙建协拥有直属会员企业2000余家，理事单位316家，常务理事单位116家。协会秘书处设有综合办公室、培训与网络中心、行业发展与会员服务部、质量安全部、财务部、专家委员会、法律服务中心七个部门。根据行业发展需要设置了17个分支机构：智能化分会、内蒙古BIM发展联盟、建筑装饰分会、建设工程质量安全管理分会、安装分会、市政工程分会、金属结构分会、机械管理与租赁分会、工程保险与担保分会、建造师学会、公路建设行业分会、劳动专业委员会、建筑工业化与装配式建筑分会、项目管理分会、质量安全监督与检测分会、混凝土分会、安装分会消防工程专业委员会。该协会拥有一网一刊一微信宣传平台，使其成为该行业内具有代表性、影响力的品牌社会团体。

重视发展党建引领工作。中共内蒙古自治区建筑业协会支部委员会成立于2016年9月1日，党员人数为5人，会长韩平任党支部书记。自支部委员会成立以来，党建工作有序开展，党组织发挥较大作用，充分发挥党总揽全局、协调各方的领导核心作用，不断增强党组织的凝聚力、战斗力，为行业持续健康发展做出贡献。2018年7月，内蒙建协被中共内蒙古自治区非公有制经济组织和社会组织工作委员会评为"六个好"党组织示范点称号。2019年被内蒙古自治区住房和城乡建设厅授予"以党建促住建·建筑业助力脱贫攻坚"先进组织单位称号。

完善多元化人力资源结构。内蒙建协理事会成员中中共党员占比80%以上，四分之一为党政机关、国有企事业单位（离）退休干部、骨干成员来自建筑行业优秀企业领导者或者富有行业经验的机关单位工作人员，专职工作人员的学历结构中硕士及以上学历近一半。协会的领导者、精英团体及优质会员能够带动和链接更多资源，这种资源包括政策资源、人才资源、资金资源、公信力资源，增强了协会发展的自主性。

健全财务资产管理体系。内蒙建协资金管理制度完善，资金分配合理公正，资金使用透明。协会的资金来源主要包括：会费、捐赠、政府资助、在核准的业务范围内开展活动或服务的收入、利息、其他合法收入等。该协会按照国家有关规定收取会员会费，但在开展评比、评选、表彰等活动时，不收取任何费用；经费必须用于本章程规定的业务范围和事业的发展，不得在会员中分配；建立严格的财务管理制度，保证资产来源合法，会计资料真实、准确、完整；配备具有专业资格的会计人员，会计不得兼任出纳；会计人员必须进行会计核算，实行会计监督。

内蒙建协财务监管制度和程序完备。协会的资产管理严格执行国家财务管理制度，接受会员代表大会和有关部门的监督。资产来源于国家拨款或者社会捐赠、资助，接受审计机关的监督，并将有关情况以适当方式向社会公布；协会换届或更换法定代表人之前应当进行财务审计；协会的资产，任何单位和个人不得侵占、私分和挪用；协会专职工作人员的工资和保险、福利待遇，参照国家对事业单位的有关规定执行。

3. 发展成效

业务活动产出方面，内蒙建协服务成果与预期目标吻合度较高，项目与区域发展契合度较高。协会自成立以来开展了职业技能等级认定、建设领域施工现场专业人员培训和鸿羽职业培训学校创办等多方面工作，把脉行业发展新趋势，探索行业发展新举措，为内蒙古自治区建筑业发展注入力量。

信息公开方面，内蒙建协依托信息公开平台（如图7-4），拓展组织服务影响力，逐步实现服务品牌化、特色化，以此实现该组织服务的示范功能，并得到政府及社会的广泛认同。具体措施包括：一是建立健全全方位监督体系。业务主管单位对协会进行经常性监管，具体负责协会筹备申请、成立登记、变更登记、注销登记前的审查；监督、指导协会遵守宪法、法律法规和国家政策，依据其章程开展活动；负责社会团体年度检查的初审；协助登记管理机关和其他有关部门查处社会团体的违法行为；会同有关机关指导社会团体的清算事宜等内容。社会民众可以通过批评、建议、检举、揭发、申诉等方式，对内蒙古建筑行业协会的日常工作及其工作人员的合法性与合理性进行监督。新闻媒体可以采取多种形式，表达和传导有一定倾向的议论、意见及看法，对协会运行中的偏差行为起到矫正和制约的作用。全方位的监督体系，对于提升该类组织的服务效能至关重要。二是积极搭建新媒体平台。内蒙协会设有微信公众号和微博，方便人民群众了解本协会的动态，提升组织的业务服务与用户管理能力。订阅号为受众提供一种新的信息传播方式,构建了与读者沟通的平台。应用公众号和微博,增强了信息公开,用户可在平台上实现同特定群体的全方位沟通互动。三是完善服务宣传机制。内蒙建协依托微信公众号大力宣传组织动态。2020 年该协会获得全国建筑业"最具影响力"微信公众号称号。协会微信公众号创号于 2016 年 3 月,始终遵循新媒体的传播特性,拒绝枯燥的长篇累牍,以图文结合、简短文字的形式,来满足受众碎片化的阅读需求。平台宣传内容主要针对协会公告、获奖荣誉、组织活动及时报道。

图 7-4　内蒙古自治区建筑行业协会信息公开

社会评价方面,一是构建多元社会评价体系,主要包括组织内部给予的评价、被服务对象给予的评价、接受政府相关部门的监督与评价、接受政府部门赞许或表彰。协会内部评价主要来自理事会、监事会、部门负责人及组织工作人员针对组织诚信建设、党建工作、内部民主化程度、执行机构分工等方面给予的全面评价。被服务对象针对信息平台建设、执行新闻发言人制度、年度工作报告及财务审计报告、公益项目进展情况等方面履行公民监督权力。二是接受部门监督，主要针对项目风险防范情况、定期与其他组织开展交流合作活动、为政府部门建言献策、参与公益项目规模等方面开展专项督查、专项整治行动。自党的十八大以来，民政部授予内蒙建协"全国先进社会组织"、"全国四好商会"、"全国建筑行业先进协会"等荣誉称号。自治区级相关部门先后授予内蒙古建协"全国建筑行业先进协会"、"自治区5A级社会组织"、"六个好党组织示范点"、"创鲁班奖工程优秀组织单位"、"以党建促住建 建筑业助力脱贫攻坚先进组织单位"、"社会扶贫先进单位"、"建筑业抗疫工作突出贡献集体"等荣誉。内蒙建协建立的全方位社会评价体系，有助于推动建筑业持续健康发展、提升行业服务市场竞争力，增强行业社会影响力，赢得政府和社会的支持和认同。

（四）案例总结及实践启示

依托"西部地区社会团体评估指标体系"、"西部地区社会团体发展评估指标等级"的实证考量，对中国西藏文化保护与发展协会、内蒙古足球协会和内蒙古自治区建筑业协会三个典型社会团体案例进行深入剖析，发现西部地区社会团体发展过程中涉及"内部治理"中的组织机构、党建工作、人力资源，"工作绩效"中的业务活动产出、信息公开和"社会评价"六方面内容，组织工作围绕上述内容，取得显著成效（如表7-3）。其中，党建工作和人力资源是该类案例的共同优势指标，业务活动产出、社会评价、组织机构和信息公开为该类案例的差异优势指标。

表7-3   西部地区社会组织发展评估优势指标

社会组织类型	西部地区社会组织典型案例	社会组织发展评估优势指标		
社会团体	中国西藏文化保护与发展协会	党建工作**	业务活动产出	
	内蒙古足球协会	党建工作和人力资源**	社会评价	
	内蒙古自治区建筑业协会	组织机构	人力资源**	信息公开

续表

社会组织类型	西部地区社会组织典型案例	社会组织发展评估优势指标		
民办非企业单位	甘肃兴邦社会工作服务中心	党建工作	信息公开	社会评价
	广西重阳老年公寓	组织机构	组织文化	
基金会	西双版纳州热带雨林保护基金会	组织文化**	社会评价	
	新疆红石慈善基金会	组织机构	人力资源	
	三江源生态保护基金会	法人资格及登记管理	组织文化**	

注：**为共性指标；依据"西部地区社会团体发展评估指标等级"、"西部地区民办非企业单位发展评估指标等级"、"西部地区基金会发展评估指标等级"自行制作。

其中，"中国西藏文化保护与发展协会发展评估指标等级"中的二级指标"党建工作"和"业务活动产出"为"优"或"良"。西藏文协"内部治理"中党建工作的优势在于，持续开展学习教育活动，引导协会增强"四个意识"、坚定"四个自信"、做到"两个维护"；接受党的领导，将铸牢中华民族共同体意识写入章程，增强组织的历史责任感和时代使命感；认真落实西藏自治区党建工作与登记管理工作要求，年检时同步检查党建工作情况；立足增强组织党建工作的向心力、战斗力、吸引力、组织力和号召力，做到时刻与党中央保持高度一致，持续加强党的建设，始终坚持守正创新，夯实组织纪律意识，凝聚思想共识。西藏文协"工作绩效"中的业务活动产出优势在于，服务成果与预期目标吻合程度较高，组织项目风险防范情况较好，能够定期与其他组织开展交流合作活动，积极参与东西部协作、对口帮扶项目，参与多项大型公益项目，为政府部门建言献策。该组织秉持新发展理念，立足新发展阶段，坚持政府引导、市场主导、要素融通、合作共赢，深化跨区域文化交流合作机制，健全东西部文化交流合作体系，激发企业、高校、科研院所等各类创新主体的活力，推动资源共享、人才交流、平台联建、联合攻关、成果转化，形成优势互补、高效协同的跨区域文化交流创新合作新局面。

"内蒙古足球协会发展评估指标等级"中的"党建和人力资源"、"社会评价"为"优"。内蒙足协"内部治理"中的党建工作和人力资源优势在于,按应建尽建原则,加大党员教育和廉洁建设力度,实现党建工作全覆盖。构建适应新时期的党建工作新格局,以丰富的党建活动夯实党建工作基础,营造以党建促发展的良好氛围。坚持党建引领廉洁建设,把党的领导放在足球工作的首要位置。建设高素质人才队伍,进一步优化中层管理人员结构,实行竞聘制和试用期制,依据政治素养和专业水平选拔任用各部门负责人和高级主管,逐步试行双向人才交流培养制度,以此合理调配人力资源内蒙足协"社会评价"方面的优势在于,业务活动运行顺畅,能够获得社会、政府、被服务对象与其他社会团体的积极评价,坚持赛制规范、公正廉洁,被体育局、教育厅等部门给予高度肯定,获得国家体育总局和中国企业体育协会颁发的国家级荣誉称号。通过党建工作的"有效覆盖"及"制度覆盖",调动组织内部管理、评价、监督、反馈等机制有效运作,赢得组织内部成员的认可和支持。不断建立健全行动者参与机制,促使组织与体育部门、企事业单位、社会民众及其他社会组织间形成良性互动。

"内蒙古自治区建筑业协会发展评估指标等级"中的"组织机构"、"人力资源"、"信息公开"为"优"。内蒙建协"内部治理"中的组织机构管理优势在于,内蒙建协具有完善的权力机构与组织章程,章程中明确了组织领导的责任和义务,制度完整清晰,执行机构分工明确,能够保证组织的流畅运行和发展;人力资源优势在于,组织成员多数为富有行业经验的机关单位离退休工作人员,组织专职工作人员的学历结构中硕士及以上学历近一半,协会精英团体及优质会员占比较多,能够为组织发展带动和链接更多资源。内蒙建协"工作绩效"中的信息公开优势在于,该组织信息公开平台建设完善,积极建立健全全方位监督体系、积极搭建新媒体平台建设、完善服务宣传机制,通过执行新闻发言人制度,拓展组织服务影响力,逐步实现服务品牌化、特色化,实现该组织服务的示范功能,得到政府及社会的广泛认同。

二 民办非企业单位类

西部地区民办非企业单位多案例分析分别选取甘肃兴邦社会工作服务中心（以下简称：兴邦社工）和广西重阳老年公寓（以下简称：重阳公寓），他们在具体实践中为当地提供了先进的社会工作服务与高质量的养老保障服务，对当地经济社会发展发挥了重要作用。按照"西部地区民办非企业单位发展评估指标体系"，梳理该类民办非企业单位的全过程发展动态。与此同时，依据"西部地区民办非企业单位发展评估指标等级"可知：该类民办非企业单位在"组织机构"、"党组织建设"、"组织文化"、"信息公开"和"社会评价"指标中评估指标等级为优或良，这些指标为该类案例着重描述的内容，以期为西部地区民办非企业单位提供实践经验。

（一）甘肃兴邦社会工作服务中心

1. 案例背景

兴邦社工始创于2005年，是一个集社会组织能力建设、城乡社区发展、教育助学为一体的综合性社会服务机构。甘肃兴邦践行"携手同道，公益兴邦"的使命，以民族地区驻校社工和民族地区贫困学生综合支持项目为特色，以富有兴邦特色的能力建设课程和服务为核心，发挥支持型、平台型社会组织功能。

2. 发展过程

搭建高效的组织架构。兴邦社工由顾问、专家和监事组成最高权力机构理事会。目前理事会有5位成员，1位理事长，1位副理事长，3位理事。理事长对理事会负责，理事参与理事会对重要事件进行表决。按组织章程规定，理事会一年召开2次会议，四年进行1次换届。实行理事会领导下的秘书长负责制，下设能力建设部、社区发展部、教育助学部、行政部、财务部五个部门（如图7-5）。有专职人员20名，兼职人员4名，固定志愿者30余名。行政部门负责各种证件等资料的管理、规章制度的完善、人员招聘及支持各项目运行。财务部主要对机构各类项目的财务进行管理。能力建设部为初创期社会组织及个人提供培训，提升社工专业能力。社区发展部主要开展农村及城市社区社会工作专业服务。教育助学部开展为贫困家庭学生提供无息贷款等助学活动。

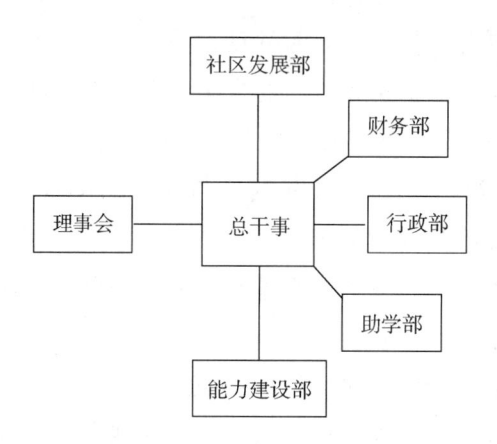

图7-5　甘肃兴邦社会工作服务中心组织机构设置

坚持以党建引领机构可持续发展。该中心定期开展主题党日活动，规范全体员工积极参与党建学习。党建内容主要包括：一是以习近平新时代中国特色社会主义思想为指导，以"不忘初心、牢记使命"主题教育学习为契机，继续深入学习践行党的二十届一中、二中全会精神，实现党建与机构业务相结合，鼓励和支持党员在各自领域发挥模范带头作用。二是坚持常态化党建学习，建设标准化党支部，举办专题党课。三是"三社联动"项目联合兴邦社工党支部开展主题党日活动，组织志愿者参观党史教育基地。从理论学习、制度完善、党员作用发挥等方面着手，打造社会工作服务机构的"党建+"模式，开展好各项社会工作服务，促进社会工作专业发展，通过各个项目发挥党员在社工服务中的先锋模范作用。①

---

① 甘肃兴邦社会工作服务中心：《甘肃兴邦社会工作服务中心着力打造"党建+"工作模式》，甘肃兴邦社会工作服务中心官网，2019年12月4日，http://www.gsxbsg.cn/，2023年1月13日。

完善财务资产管理体系。兴邦社工具有独立的账户、不存在资产转移、负债等不良情况。资金管理制度和财务监管制度完善，预决算制度和程序完备，资金分配合理、公正、使用透明。经费来源主要有会费、社会各界爱心人士捐赠、政府资助、在核准的业务范围内开展的活动或服务收入、利息和其他合法收入等。从兴邦社工现金流量表来看，财务主要有三块，即业务活动、投资活动、筹资活动。业务活动产生的现金流量：业务活动产生的现金流量净额为71万元，其中接受捐赠的现金为212万元，提供服务收到的现金为13万元，政府补助收到的现金为192万元，收到的其他与业务活动有关的现金为19万元，提供捐赠或者资助支付的现金为274万元，支付给员工以及为员工支付的现金为89万元，支付的其他与业务活动有关的现金为2.9万元。投资活动产生的现金流量：投资活动产生的现金流量净额为11.29万元，其中，收回投资所收到的现金为10万元，取得投资收益所收到的现金为1.17万元，支付的其他与投资活动有关的现金为0.18万元。筹资活动产生的现金流量：筹资活动产生的现金流量净额为0.27万元，其中，收到的其他与筹资活动有关的现金为0.27万元。①

树立积极向上的组织文化。兴邦社工践行"携手同道，公益兴邦"的使命，以民族地区驻校社工、少数民族地区贫困学生综合支援计划为主要内容，以具有兴邦特色的能力建设课程与服务为核心，发挥支持型、平台型社会组织的作用，推动甘肃省创新型社会组织的可持续发展。兴邦社工以"致力于提供高品质的社会服务，促进平等、仁爱、和谐社会"为宗旨，成为较有影响力的民办非企业单位，让每个人都能享受优质的社会服务，实现在建设服务队伍、提升服务素质、创新服务模式、打造服务品牌等方面达到卓越表现。②

兴邦社工组织愿景使命明确，章程完善。兴邦社工不断完善机构

---

① 甘肃兴邦社会工作服务中心：《甘肃兴邦社会工作服务中心2020年年检报告》，2021年7月1日，http://www.gsxbsg.cn/，2023年1月13日。

② 萤火虫公益：《"甘肃兴邦'伙伴计划'张掖市社会组织沙龙活动"》，2020年7月29日，https://www.meipian.cn/32l7hqgv，2023年1月13日。

各项制度和流程体系,促进机构规范化运行。以"实现一个平等互助、文化多元的美好社会"为组织愿景,以"携手同道,公益兴邦"为组织使命,以"责任信用严谨高效创新"为价值引导,主要业务包括能力建设、社区发展、教育助学及诚信建设工作。组织具备良好的办公条件,设施齐全。自成立以来,参与了三百余个公益项目,规章制度与章程完善,具有完备的中长期发展规划,取得了良好的社会效益。

3. 发展成效

信息公开方面,一是兴邦社工采用官网和新媒体结合的方式公开信息。在信息公开管理方面,兴邦社工从2014年开始建立了信息公开制度,并且指定专人负责信息公开工作,通过多种公开平台及时发布相关信息,还设有官方网站和微信公众号作为宣传渠道。信息公开的内容包括组织基本信息、业务活动信息、财务审计报告、年度工作报告、捐赠信息等多个方面(如图7-6)。二是兴邦社工对于信息公开的重视程度逐年提升,公开的信息内容完整真实,时效性高。在服务承诺方面也积极推行制定相关服务承诺制度,有关进展经理事会正式讨论,依托官方网站、微信公众号及其他宣传平台等渠道公开。通过

图7-6 甘肃兴邦社会工作服务中心信息公开

扩大对社会工作的宣传，对社会工作服务进行外延扩展，扩大了服务范围和影响力的同时，也获得了当地政府和民众的高度认可。①

外部评价方面，兴邦社工获得外部机构颁发的诸多奖项。2007年，兴邦社工执行的中国发展市场项目被国务院扶贫办、民政部和世界银行联合评选为九个成功案例之一。2010年，兴邦社工荣获"壹基金典范工程潜力典范创新奖"。2014年，在第三届中国慈展会上甘肃兴邦参展项目入围实施类百强项目。2015年，兴邦社工被《中国社工时报》评为"2015中国社工界'最佳雇主'"。2016年，兴邦社工被《公益时报》和国家开放大学评选为2015年度"全国百强社工机构"。2018年，兴邦社工实施的"民族地区驻校社工项目"获得第七届中国公益节"2017年度公益项目奖"。2019年1月，兴邦社工获得第八届中国公益节"2018年度公益组织奖"。2017年至2019年，兴邦社工在临夏回族自治州实施的"共筑少数民族社区的幸福家园"系列项目、"驻校社工——为民族地区教育送去希望"项目、在平凉市庄浪县实施的"蜜香关山——小蜜蜂变身脱贫攻坚主力军"项目获得民政部"脱贫攻坚社工同行、脱贫攻坚志愿服务"项目优秀案例。2020年，兴邦社工实施的"庄浪县中蜂养殖特色产业扶贫"项目获得国务院扶贫办2020年志愿者扶贫优秀案例50佳。2021年，兴邦社工被甘肃省民政厅评为"4A级社会组织"。

内部评价方面，兴邦社工严格按照国家要求和章程开展活动，诚实守信、公平公正、不弄虚作假，不损害国家、组织和个人利益。每年按时向有关部门提交年检报告，接受政府监督，并在官网将年检报告结果进行公示，报告内容全面，能够详细地涵盖组织的内部建设情况、接受监督检查情况、财务会计报告、业务活动情况、年检审查意见等内容，翔实的报告保证了信息的公开透明。组织内部也会定期将财务报表、活动详情进行公开。不断强化自身能力建设，促进团队健

---

① 邱恩源：《"甘肃社工走进'三区'，与爱同行"》，中国发展简报官网，2017年2月22日，http://www.chinadevelopmentbrief.org.cn/customer/details.html?id=3512&type=INS_NEWS，2023年1月13日。

康发展。

（二）广西重阳老年公寓

1. 案例背景

重阳公寓成立于 2003 年 12 月，是由广西壮族自治区民政厅投入福利彩票公益金兴建的专业养老服务机构。采取"公建民营"的运营管理模式，由广西中医药大学高等职业技术学院（广西中医学校）自主经营。业务主管单位和登记机关是自治区民政厅。该公寓占地面积 30 亩，建筑面积 23800 平方米，庭院绿化面积 13540 平方米，设床位 600 张。整个建筑按照中华人民共和国"老年人建筑设计规范"要求建设，是专门为老年人兴建的、现代化的、综合性的、设施最全、环境最好、服务一流的老年公寓。

2. 发展过程

组织各部门职责明确。重阳公寓具有完善的组织机构，主要有医务部、护理部、社工部、财务部、膳食部和后勤部六个服务部门（如图 7-7），各部门严格遵循重阳公寓的规章制度，共同承担起公寓的相应职责。

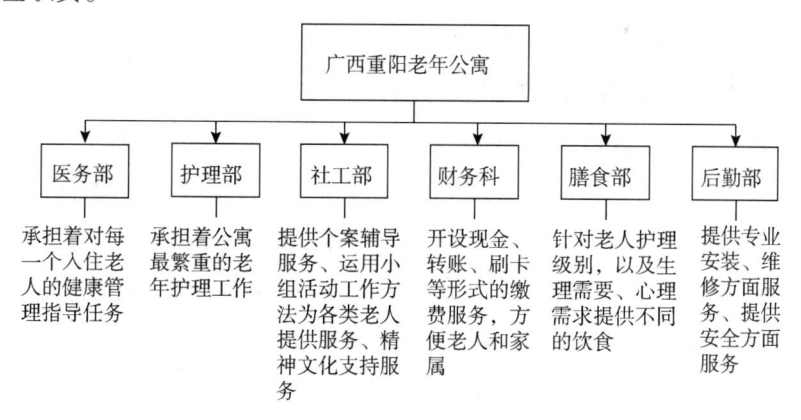

```
                    广西重阳老年公寓
    ┌──────┬──────┬──────┬──────┬──────┬──────┐
  医务部  护理部  社工部  财务科  膳食部  后勤部
承担着对  承担着公  提供个案  开设现金、 针对老人  提供专业
每一个入  寓最繁重  辅导服务、 转账、刷卡 护理级别、 安装、维
住老人的  的老年护  运用小组  等形式的  以及生理  修方面服
健康管理  理工作    活动工作  缴费服务， 需要、心理 务、提供
指导任务            方法为各  方便老人  需求提供  安全方面
                    类老人提  和家属    不同的饮  服务
                    供服务、             食
                    精神文化
                    支持服务
```

图 7-7　重阳老年公寓组织机构

医务部作为公寓主要业务科室，承担着对每一个入住老人的健康管理指导任务。医务部中的保健医生遵循"以老人为中心"的服务模式，关注老年人的健康状态，注重人文关怀；保健医师采用中西医结

合的治疗方法，医治老年人常见病、多发病，解决亚健康问题；识别或排除少见但可能会威胁老人健康的疾病或问题；能够正确地进行院前急救，及时的转诊处理；指导护士护理员开展有效地生活照料、医疗护理、心理护理、安全防范等工作，保证老人在入住老年公寓的每个时间段、疾病的各个阶段，以及各种新或旧的健康问题得到连续性关照。

护理部承担着公寓最繁重的老年护理工作。整个护理工作紧紧围绕"促进疾病康复，延缓衰老进程，提高生活质量"的工作目标开展。护理部制定了个人生活照料服务、安全保护服务、老年护理服务等十三项养老护理服务工作内容的操作流程、操作规范、质量控制标准、考核评分标准，抓好标准化规范化建设。

社工部遵循助人自助的工作原则，主要为老人提供以下服务：第一，个案辅导服务。第二，运用小组活动工作方法为各类老人提供服务。第三，精神文化支持服务。财务部的收费工作是为老人服务的重要窗口，秉承"以老人为中心"的宗旨，一切为老人着想，热情服务。开设现金、转账、刷卡等形式的缴费服务，方便老人和家属。

膳食部针对老人护理级别，以及生理需求、心理需求提供不同的饮食。提供的膳食种类有普通饮食、半流质饮食、流质饮食、鼻饲营养液。每天有不同的菜谱、三十多种菜式供老人选择。根据季节的变化每天提供一款新鲜时令蔬菜。包餐、订餐、现场自选快餐，形式多样，可供老人自由选择。根据老人的特殊情况提供不同的餐饮。针对某些老人的特殊情况（如回民、特殊饮食习惯者），开设专人小灶供应，现点现做。定期邀请营养专家到公寓现场指导和培训。公寓膳食部每月都会邀请营养专家来食堂指导和培训，通过指导培训，提高科学配餐的质量，使老人能享受到更加优质的餐饮服务。

后勤部在保证后勤供应工作的基础上，承担以下任务：提供专业安装、维修方面服务；提供安全方面服务；监控及维护公寓的安全设施，如安全消防柜，消防泵，应急发电机；通过安全监控系统，对公寓进行全天候监控；做好满足老人多样化需求的通讯、交通、代办服务。

围绕建党百年开展系列党建活动。重阳公寓围绕献礼建党100周年开展系列活动,以党建促服务,通过参加全国养老护理技能大赛、举行红歌会、开展"我为群众办实事"等活动,实现党的组织和工作有效覆盖。"我为群众办实事"活动组织党员宣传政府购买居家养老服务、适老化改造等政策,开展专家义诊、测量血压、中医问诊等关爱老年人项目,切实为群众办实事。党建促服务提升了该机构的社会知名度和社会影响力。上级相关部门对重阳公寓在民族地区养老服务领域所取得的成绩表示高度认同,表示:公寓推动机构养老转向社区居家养老,医养深度融合,有效运营政府"长者饭堂"项目,旅居养老服务等形成完整的养老产业链,顺应了我国人口老龄化的需要,符合国家的发展战略要求,创造了有自己特色的养老服务标准体系,为我国养老服务业的发展做出了有益的探索与贡献。

积极打造实现六个"老有所"的组织文化。重阳公寓以老人为中心,养护医教研相结合,以促进疾病康复、延缓衰老进程、提高生活质量为目标,积极规范化管理,不断提高服务质量,努力满足老人的各种需求,实现老有所养、老有所依、老有所乐、老有所为、老有所学、老有所教。

首先,凝聚文化价值共识。文化价值是组织文化内核的引领与塑造。重阳公寓将"更好地为广大老年人提供养老服务"的宗旨置于优先位置,结合公寓的发展定位、服务范畴等,重阳公寓的目标定位清晰,积极履行公寓的价值内核。① 其次,引导文化规范管理。重阳公寓除了健全章程和制度外,还积极探索以科学化管理取代传统化管理,以规范化管理取代非制度化管理,以民主式管理取代威权式管理的管理范式。通过重阳公寓负责人的定期培训、研讨会等方式,促进公寓管理者改进管理思维,逐渐塑造科学正规、民主开放、互动共享的组织管理文化。最后,打造文化实践品牌。重阳公寓以品质管理理念,保障组织的文化服务及文化活动质量。重阳公寓的文化实践不仅局限于碎片化、一次性娱乐文化活动的开展,还树立整体性思维、整合性

---

① 易艳阳、周沛:《文化资本与助残社会组织文化建设》,《宁夏社会科学》2020年第1期。

理念，以发挥公寓组织文化的功能价值为基础，探寻契合广大老年人需求与公寓特色的文化服务项目。

3. 发展成效

信息公开方面，一是重阳公寓设有独立的官方网站、微信公众号等公开平台，该公寓的网站设有公寓介绍、部门服务、重阳新闻、环境设施、入院须知、老人天地、亲情互动等栏目，内容涉及基础条件建设、组织机构设置、组织机构职责、业务活动内容、社会评价、亲情互动等内容（如图7-8）。其中，基础条件建设主要包括四人间、双人间和豪华套房不同级别的房间类型，花园、老年大学、康复区等场所，康复设施、实训基地、食堂、医学康复中心等配套设施完备。二是网站中的亲情互动窗口可以提供入住公寓意向咨询、义工服务、康复师应聘和社会评价等内容，体现了重阳公寓重视信息公开，与社会多元群体积极互动，吸纳多元社会评价等方面的工作，推动公寓养老服务高质量发展。

图7-8 广西重阳老年公寓信息公开

外部评价方面，重阳公寓先后荣获"全国模范养老机构"、"全国敬老文明号"、"养老服务放心机构十佳单位"等荣誉称号（如图7-9），是广西首批中医药特色医养结合示范基地、广西首批五星级养老机构、广西养老服务业标准化试点单位。重阳公寓编制《疗养型养老机构服务规范》《养老机构候鸟式服务规范》等地方标准。每年接待全国各地和东南亚地区老人超过2万人次，床位使用率常年保持在90%以上。国家中医药管理局人才交流中心健康促进处、中国红十字会总会事业发展中心调研组、自治区民政厅、全国老龄办及各省市领导多次到重阳公寓视察，均给予高度评价。

图7-9 广西重阳老年公寓荣誉

（四）案例总结及实践启示

依托"西部地区民办非企业单位评估指标体系"、"西部地区民办非企业单位发展评估指标等级"的实证考量，对甘肃兴邦社会工作服务中心和广西重阳老年公寓两个典型民办非企业单位案例进行深入剖析，可以发现西部地区民办非企业单位发展过程中涉及"内部治理"中的组织机构、党组织建设、财务资产和组织文化，"工作绩效"中的信息公开和"社会评价"六项内容，均成效显著（如表7-3）。组织机构、财务资产、党组织建设、信息公开、社会评价和组织文化为该类案例的差异优势指标。

"甘肃兴邦社会工作服务中心发展评估指标等级"中的"党组织

建设"、"信息公开"和"社会评价"为"优"。兴邦社工"内部治理"中的党组织建设优势在于，兴邦社工着眼推进党建工作"有效覆盖"，充分发挥党建工作的政治引领作用，促进机构可持续发展，定期开展主题党日活动，规范全体员工积极参与党建学习；从理论学习、制度完善、党员作用发挥等方面着手，打造社会工作服务机构的"党建+"模式，开展好各项社会工作服务，促进社会工作专业化发展。兴邦社工"工作绩效"中的信息公开优势在于，建立了完善的信息公开制度，严格执行新闻发言人制度，针对组织机构职责、业务活动内容、财务审计报告、年度工作报告、公开捐赠等内容做到及时公开、内容真实；兴邦社工积极建设多主体联动的信息共享机制，及时主动地向登记管理部门、业务主管（指导）单位及合作单位公开业务活动信息，并对所提供信息的真实性负责。兴邦社工"社会评价"优势在于，兴邦社工的理事会、监事会对组织的日常管理状况进行了全过程监管，组织内部工作人员对组织管理状况评价良好，服务对象对组织服务质量评价较高，登记管理部门及业务主管部门对组织发展给予高度评价，并获得了政府部门多项表彰；运用"互联网+"模式，探索和开发公众号、小程序、微博、微信等方式，不断拓展社会评价渠道。

"广西重阳老年公寓发展评估指标等级"中的"组织机构"和"组织文化"为"优"。重阳公寓"内部治理"中的组织机构优势在于，机构设置清晰、完整，组织的功能职责分别通过医务部、护理部、社工部、财务部、膳食部和后勤部六个服务部门发挥作用，各部门分工明确，职责清晰，严格执行相应的规章制度；组织文化优势在于，结合凝聚文化价值共识、引导文化规范管理、打造文化实践品牌三方面，在契合国家中医药管理局产业发展方向的基础上，进一步创新养老服务发展理念，充分发挥公寓中医药医养结合服务特色优势，不断提升养老服务多样化、专业化水平，有效促进西部民族地区养老服务发展。

三　基金会类

西部地区基金会多案例分析分别选取西双版纳州热带雨林保护基金会（以下简称：雨林基金会）、新疆红石慈善基金会（以下简称：红石基金会）和三江源生态保护基金会（以下简称：三江源基金会），他们在具体实践中对当地的环境保护、慈善事业形成了有力的资金保障。该类基金会人力资源配置完备、组织文化特色鲜明，网络平台建设完善。按照"西部地区基金会发展评估指标体系"，梳理该类基金会的全过程发展动态。与此同时，依据"西部地区基金会发展评估指标等级"可知：该类基金会在"法人资格"、"登记管理"、"组织结构"、"人力资源"、"组织文化"、"社会评价"指标中评估等级为优或良，这些指标为该类案例着重描述的内容，以期为西部地区基金会发展提供实践经验。

（一）西双版纳州热带雨林保护基金会

1. 案例背景

雨林基金会成立于2010年6月21日。由西双版纳州政府主导，在云南省民政厅登记成立，由云南省林业和草原局作为业务主管单位的地方性公募基金会。自成立以来，雨林基金会一直致力于资助、开展热带雨林及生物多样性保护与生态环境修复公益项目。2013年12月，雨林基金会被云南省民政厅评为3A级基金会。2021年8月，雨林基金会被云南省民政厅评为4A级基金会。2018年，雨林基金会取得公开募捐资格，2021年被省民政厅评定为4A级社会组织。

2. 发展过程

法人资格和登记管理合法合规。2010年6月该基金会在西双版纳州政府主导下成立的非营利组织，负责筹集和管理国内外企事业单位、社会团体、其他组织和个人为热带雨林保护捐赠的资金、物质。雨林基金会组织目标与使命对社会发展有重要意义。该基金会宗旨是遵守宪法、法律法规和国家政策，践行社会主义核心价值观，开展西双版纳热带雨林及生物多样性保护与生态环境修复，为地区经济社会发展提供保障，大力推进生态文明建设，实现修复热带雨林生态环境，保护雨林生物多样性的发展目标。遵循习近平关于生态文明建设的重要指示，树立"绿水青山就是金山银山"的发展理念，以及建立人与自然和谐共生的中国式现代化发展道路的精神指引，该基金会呼吁更多人关注亚洲象和热带雨林保护，同时也为建立人、象、雨林共生的新型模式筹集善款；呼吁统筹推进生态修复与村民增收协同发展，实施新型雨林修复计划，在保障村民收益和生态效益的前提下，退胶还林，有效修复了雨林生态。

雨林基金会章程完整、明确、合理。首先，雨林基金会于2019年5月9日第二届第十次理事会会议表决通过并实施了当前章程，章程中明确了基金会的业务范围、组织机构等基础条件，规定了基金会财产的管理和使用方法，确定了章程的修改方法等；其次，经过多次理事会会议，持续更新和完善信息公开制度、重大事项报告制度、工作监督制度等一系列规章。

完整的组织机构和合理的人力资源配置。雨林基金会成立于云南省西双版纳傣族自治州，处所在西双版纳州景洪市，地处少数民族聚集区，组织内部"少数民族从业人员占比"较高；雨林基金会通过理事会会议，审议和总结一个阶段的工作报告和项目内容。雨林基金会的部分资金支出用于从业人员的专业培训和技能培育。雨林基金会设理事会，自2010年至2023年共有三届理事会，从第三届理事会看，理事会共15人，含理事长1名、副理事长2名、秘书长1名、理事8名、监事长1名、监事2名。且根据章程规定：理事会成员中内地居民不超过1/3。

推动发展让更多人成为"雨林守护者"。雨林基金会遵循"广泛募集、取之于民、用之于林、保护雨林、造福后代"的宗旨，大力推进生态文明建设，致力于西双版纳热带雨林及生物多样性保护与生态环境修复，为地区经济及社会发展提供保障。围绕着"遵守宪法、法律法规和国家政策，践行社会主义核心价值观，开展西双版纳热带雨林生物多样性保护与生态环境修复，大力推进生态文明建设开展活动。"就生物多样性保护而言，雨林基金会开展了太古可口可乐消碳庄园——亚洲象保护核心社区项目、蜜蜂养殖项目、亚洲象救助项目、勐腊大臭水生态保护项目等，切实做好新时代生物多样性保护工作，将生物多样性保护融入经济社会发展全过程，铸牢民族地区生物多样性保护屏障。就生态环境修复而言，雨林基金会开展了小田坝旧家森林修复项目、蜜蜂养殖项目、乐在农家——尚勇保护区龙门污水处理项目、勐海布朗山林地恢复项目等，加大生态修复宣传，积极培育生态文化、生态道德，引导广大群众树立生态文明价值观，为西部地区、边疆地区生态环境的整治与修复做出了极大的贡献。

3. 发展成效

外部评价方面，一是雨林基金会承接项目受到好评。2020年9月18—20日，成立10年的西双版纳州热带雨林保护基金会第一次走出大山和村寨，参加了在深圳举办的第八届中国公益慈善项目交流展示会。小象未来成长计划是基金会常设项目，在基诺乡策划并推动的新型雨林修复项目是这次参展的重点内容。2018年在基诺乡试点的新型雨林修复项目延续了小象计划一贯的理念，在退胶还林、实现生态修复的同时，带动村民发展生态旅行，让参加雨林修复的村民，能够实现更多元、更可持续的收益，让绿水青山真正成为村民的金山银山。慈展会主办方在对项目进行评估后，认为雨林修复"为小象建家园"，既是为象，也是为人，基础是修复，核心是发展，充分利用了西双版纳的资源优势，用有趣、好玩的方式做公益、谋发展，修复与发展并重的模式已经得到初步验证，越来越多的村民正在积极参与。雨林基金会承接的雨林修复项目荣获"优秀扶贫项目合作伙伴"和"优秀新锐参展项目"，是云南省参展公益项目中唯一获奖的项目。

二是雨林基金会受到广泛宣传与报道。一是基金会常设项目"小象未来成长计划"，通过新浪微博、抖音、B站等平台，以亚洲象保护和雨林修复为主要内容，对雨林基金会工作进行日常宣传推广。截止到2022年微博粉丝有近8万活跃用户，2020年为基金会带来60余万捐赠。二是 2020 年"99 公益日"期间，该基金会参与腾讯组织的网络直播活动，邀请新浪知名博主担任直播嘉宾，宣传介绍雨林修复项目，得到社会广泛认可。三是基金会副秘书长参加第六届上海国际自然保护周名人讲坛圆桌会议，向与会嘉宾介绍西双版纳雨林修复项目，得到嘉宾的一致好评。

三是雨林基金会受到政府部门表彰。2013 年 12 月，西双版纳州热带雨林保护基金会被云南省民政厅评为 3A 级基金会。2018 年 7 月，西双版纳州热带雨林保护基金会被云南省民政厅认定为慈善组织，并取得公开募捐资格。2021 年 8 月，西双版纳州热带雨林保护基金会被云南省民政厅评为 4A 级基金会（如图 7 - 10）。

图 7 - 10　西双版纳州热带雨林保护基金会等级证书

（二）新疆红石慈善基金会

1. 案例背景

红石基金会于 2009 年 8 月在新疆维吾尔自治区民政厅注册登记，是一家公募基金会。该基金会是具有独立法人资格的非营利性社会公益组织；理事由专家、学者、企业家、律师等组成；以弘扬人道主义、致力于扶贫帮困、赈灾救难、关爱妇女老年儿童及贫困地区青少年成长、支持公益慈善事业为己任,以促进社会进步为目标。截至2021年2月累计募集善款近1.1亿元,帮扶受益人数达百万人次。

2. 发展过程

登记管理符合规章、组织目标清晰、章程完备。红石基金会于2009年8月在新疆维吾尔自治区民政厅注册登记,是一家公募基金会,具有独立法人资格的非营利性社会公益组织。红石基金会以弘扬人道主义、致力于扶贫帮困、赈灾救难、关爱妇女老年儿童以及贫困地区青少年成长、支持公益慈善事业为己任,以促进社会进步为目标。红石基金会开展业务范围包括支持社会福利事业发展,为可行性项目提供资金及技术援助,支持公益事业,参与社会工作、人才培训、咨询服务。

红石基金会宗旨是"汇聚点滴爱心,帮助需要帮助的人,促进新疆稳定和谐发展"。红石基金会使命是"扎根新疆、扶贫济困、促进社会组织发展"。红石基金会的愿景是建设一个和谐稳定的家园。为了规范和加强红石基金会的管理,自成立之时便成立信息公开制度,增强慈善工作透明度、提高组织对社会的影响以及公信力,推动新疆慈善事业健康发展。依照《中华人民共和国慈善法》《中华人民共和国公益事业捐赠法》《基金会管理条例》《基金会信息公布办法》等法规文件,结合新疆红石慈善基金会章程制定了信息公开制度条例。

搭建科学规范的组织机构。红石基金会具有完善的组织机构及章程。组织机构设有(如图7-11)理事会和监事会,理事会由名誉理事长、理事长和理事成员构成,理事长下设秘书处,秘书处由1名秘书长和2名副秘书长组成。秘书长主要负责财务部,两位副秘书长分别负责互联网运营中心、项目运营中心、健康发展中心和行政部、联合劝募中心、公益慈善研究院。另外,监事会下设专家委员会,具体包括保值增值委员会、基金会发展委员会、专家咨询委员会和健康发展委员会。

按照红石基金会章程规定,理事会成员应在7—21名,每届任期为5年。经第三届六次理事会讨论决定免去和增补部分理事、监事,

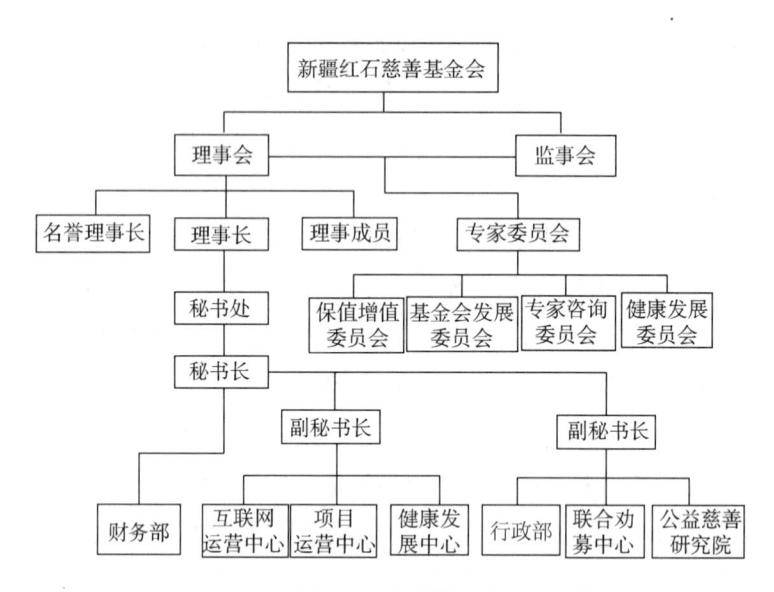

```
                    新疆红石慈善基金会
                           │
              ┌────────────┴────────────┐
            理事会                     监事会
              │
   ┌──────┬───┼────────┬────────────┐
 名誉理事长 理事长  理事成员      专家委员会
           │                          │
         秘书处              ┌────┬────┼────┬────┐
           │              保值增值 基金会发展 专家咨询 健康发展
         秘书长            委员会   委员会    委员会   委员会
           │
      ┌────┴──────────────┐
    副秘书长            副秘书长
      │                    │
 ┌────┼────┬────┐     ┌────┼────┐
财务部 互联网 项目  健康发展 行政部 联合劝 公益慈善
      运营中心 运营中心 中心        募中心  研究院
```

图7-11 新疆红石慈善基金会组织架构

目前有理事成员11人，监事3人，按照章程规定每年至少召开两次理事会会议。根据理事会的权限，拟定修订章程，推选、罢免理事长、副理事长、秘书长，并研究决定重要的商业活动，制定内部管理制度等规范红石基金会内部治理结构，听取审核年度工作报告和财务报告，研究决定红石基金会其他重大事项。红石基金会具有一整套完整的规章制度与章程体系。为促进红石基金会更好的发展，服务于社会、服务于人民，基金会设立了全国性社会组织评估管理规定、红石员工制度、基金会人力资源管理制度、基金会项目管理制度、基金会财务管理制度五项具体透明制度。除此之外，红石基金会根据相关法律规定成立公募基金会，不仅能够为社会各项公益事业提供资金，而且还能够提高社会公益事业的透明度和公信力。

加强项目管理、明确业务范围。红石基金会以"弘扬人道主义、致力于扶贫帮困、赈灾救难、关爱妇女老年儿童以及贫困地区青少年成长、支持公益慈善事业"为已任，业务范围包括支持社会福利事业发展，为可行性项目提供资金，技术援助，支持公益事业，参与社会工作，人才培训，咨询服务等。

红石基金会建立完善的项目管理制度和监督机制，加强内部控制与审计，从而确保基金会人员、财产、活动按照法律法规和组织章程要求稳妥有序运作。制定了《新疆红石慈善基金会项目管理制度》，在项目立项、实施、资金管理、项目监督、中止、档案管理等方面，建立了管理制度。为实现红石基金会规范运作及长远发展，需要员工履行层级管理、审批流程的相关规范与规则标准。一是逐步完善内部管理监督机制，利用 OA 管理系统，规范财务审批、项目审批、工作总结汇报等流程，使各项工作有法可依，有章可循。二是定期召开秘书长办公会议和周例会，对阶段性工作和重大工作进行专题布置安排和总结。三是加强项目管理，为进一步加强项目管理工作、规范公益项目有关行为、确保设立的公益项目良性运作，建立完善的项目管理制度和全过程监督机制，加强内部控制与审计，从而确保基金会人员、财产，活动按照法律法规和组织章程要求有序运作。四是制定了《新疆红石慈善基金会项目管理制度》，包括项目立项、项目实施、项目资金管理、项目监督、项目中止、项目档案管理等各个工作阶段的管理细则。

　　人员安排合理，分工明确。结合红石基金会自身发展的需要，建立健全行之有效的框架结构。截至目前，在职工作人员 21 人，均为正式员工编制。其中秘书处 1 人，行政部 3 人，财务部 3 人，项目管理中心 4 人，健康发展中心 7 人，互联网运营中心 3 人。明确组织架构和各部门岗位职责标准，使每个成员在这个组织中，了解自身处于什么地位、拥有什么权力、承担什么责任、发挥什么作用。

　　组织文化积极向上，注重人文关怀。营造良好的工作氛围，通过多种形式开展党建、团建活动，增强团队凝聚力和团队融合度，为员工庆祝生日，发放重大节日福利（春节、三八节、儿童节、端午节），关怀生病住院的员工及其直系亲属，这些都充分体现了基金会对员工的关心和爱护，让员工真正感受到基金会的温度。[1]

---

[1] 新疆红石基金会官网，2022 年 12 月 6 日，https：//www.hsjj.org.cn/，2023 年 1 月 20 日。

红石基金会从2021年起，每月编发公益简报1期，传播公益活动、交流慈善知识、法律法规、公益理念和公益项目开展情况等，携手新疆公益团队，爱心人士立足乡村振兴、社会治理、生态环保、教育助学和大病救助等公益活动，共同学习、共同倡导公益，为民族地区社会发展做出应有贡献（如图7-12）。红石基金会在每年1月初召开年度工作总结会议，包括个人总结、部门总结和理事长工作总结。同时，会上对上一年的工作进行满意度测评，以此表彰了先进集体和先进个人。

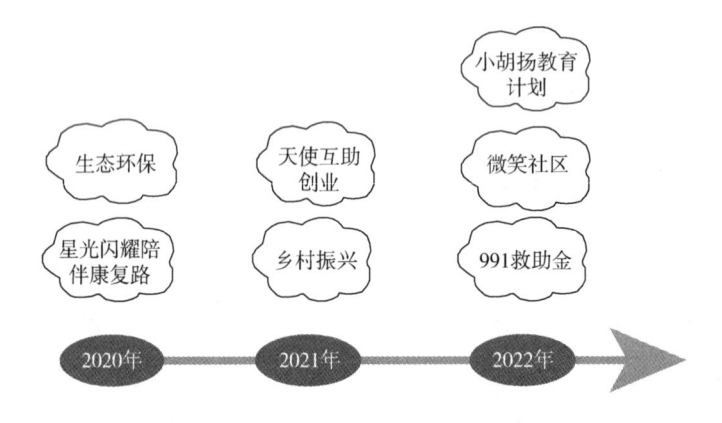

图 7-12　新疆红石慈善基金会公益项目

自2021年1月17日以来，红石基金会通过抖音直播的形式举办了"向善而行、共创美好生活"2020年年会、"走进991救助，了解背后的故事"、"红石公益小课堂"三场直播活动，借助线上直播的形式与公众见面、对话嘉宾与公益人、吸引幸运观众抽奖，以此吸引超过2000人次观看，这一过程中所有直播打赏收益全部捐赠至基金会公益项目，用于支持公益事业。红石基金会成立自己的直播间，让更多的网友了解基金会，让更多的公益人参与到社会公益事业中。

3. 发展成效

外部评价方面，红石基金会取得了诸多外部机构给予的荣誉和认可。2012年、2016年获得自治区4A级社会组织；2012至2015年连续四年被自治区民政厅评为"先进基金会"和"先进社会组织"单位；2018年6月获得全疆首批慈善组织认定和公开募捐资格，取得《慈善组织公开募捐资格证书》及《慈善组织证书》；2018年该基金会参加全国慈展会，凭借"照亮牧区帐篷"项目获得中国公益慈善项目大赛"金奖"、凭借"扶贫环保打馕合作社"项目获得中国公益慈善项目大赛"百强项目"奖；2017年、2019年、2020年获得CFC中国基金会透明指数FTI满分，2021年获得自治区脱贫攻坚"先进集体"。[①]

内部评价方面，红石基金会加强内部管理制度，内部评价良好。为实现基金会规范运作及长远发展，需要员工在履行职责时按照层级管理、审批流程的规则来统一标准。逐步完善内部管理监督机制，制定完善的管理制度，利用OA管理系统，规范财务审批、项目审批、工作总结汇报等流程，使各项工作有法可依，有据可考。定期每周一召开秘书长办公会议和周例会，对阶段性工作和重大工作进行专项布置。

（三）三江源生态保护基金会

1. 案例背景

三江源生态保护基金会是由青海省人民政府和省国有资产投资管理公司发起成立的，具有独立法人资格的公募基金会。2012年10月22日，三江源生态保护基金会正式挂牌成立。基金会成立目的是为了加快推进三江源生态保护修复，筑牢国家生态安全屏障，促进生态文明建设，推进三江源国家公园建设，发展三江源保护公益事业，为建立生态保护长效机制提供支持。在政府各部门的指导下，在各理事单位的大力支持下，经青海省民政厅认定，三江源生态保护基金会荣获2022年青海省级社会组织评估等级"5A"级社会组织称号。[②]

2. 发展过程

具备完备的基础条件。三江源基金会属于公益性公募基金会，具有独立法人资格，所管理的基金属于公募基金。2012年8月29日基金

[①] 新疆红石基金会官网，2022年4月5日，https://www.hsjj.org.cn/，2023年1月20日。
[②] 三江源生态保护基金会，2022年4月2日，http://www.sepf.org.cn/page/aboutus.html，2022年12月2日。

会在青海省民政厅登记成立，业务主管单位是三江源国家公园管理局。

三江源基金会组织目标与使命对社会发展有较大贡献。三江源基金会的宗旨：凝聚社会力量，支持三江源生态环境保护，助力生态文明建设，推动经济社会和谐发展。基金会定位：募集融资、基金增值、公益投资、项目推动、科研支撑、宣传普及、保护生态、持续发展。三江源基金会的使命：纯净无言的三江源，见证了我国生态文明建设的历史，传承了我国生态保护的发展，如今肩负起为全国生态文明建设积累经验、为国家公园建设提供示范的使命。三江源基金会的愿景：有了以实现国家所有、全民共享、世代传承为目标的顶层推动，青海紧紧把握"三个最大"省情定位，开展三江源生态保护的地方实践。

三江源基金会章程完整、明确、合理。章程共六章五十八条，第一章是协会的总则，第二章是业务范围，第三章是组织机构，第四章是财产的管理和使用，第五章是终止和剩余财产处理，第六章是章程修改。制度及章程完整清晰，能够维持组织高效运行。

搭建规范有序的组织机构。三江源基金会人员配置合理，组织机构完整。2018年8月12日，在省委省政府的关怀下，在业务主管单位的指导和社会各界大力支持帮助下，二届理事会坚持以习近平生态文明思想为指导，主动履职尽责，积极为生态保护工作拾遗补阙，为国家公园建设添砖加瓦。在广募资金支持生态保护建设事业、宣传和保护中华水塔极地，助力国家公园示范省建设及促进农牧区和谐发展推动生态建设等方面有了新的突破。开创性地提出了四大品牌项目、四大公益活动、两个基地建设、两个宣传平台建设，以及一个生态班和一个生态体验公司的"442211"战略布局。基金会设有理事长1人，秘书长1人（兼副理事长）、理事长4人、监事长1人、理事22人。重点工作包括：基金投资与社会募捐、科普宣传教育研究与对外交流、生态保护与民生项目实施、评价与建议。

推动发展"纯净无言的三江源"组织文化。三江源基金会坚持以习近平生态文明思想为指导，秉承"凝聚社会力量，支持三江源生态环境保护，助力生态文明建设，推动经济社会和谐发展"的宗旨，紧紧围绕三江源生态保护和国家公园示范省建设这个中心，以"久久为功"之定力，求真务实，扎实工作，开创三江源生态保护事业发展新局面。

三江源基金会依据章程宗旨主动履职尽责，积极为政府拾遗补阙、努力为群众排忧解难，久久为功从未懈怠。2019年全年已募集资金近3000万元，创下了基金会年度募资新纪录，在社会组织助力生态文明建设中写下浓墨重彩的一笔。三江源基金会按照"一优两高"战略部署和国家公园示范省建设总体要求，立足极地中华水塔保护，坚定不移贯彻新发展理念，观大势、谋全局、抓大事、重落实，凝心聚力，担当作为。在省委、省政府的坚强领导和社会各界的大力支持下，再接再厉，恪尽职守，围绕基金会"442211"总部署，加大募资力度，加强品牌宣传，强化项目管理，扎扎实实做好各项工作，为国家公园试点的总目标贡献力量，为全面建成小康社会作出应有贡献。

3. 发展成效

外部评价方面，一是三江源基金会社会信誉良好、透明指数不断提升。在参加的中国基金会中心网"中基透明指数（FTI）"综合评价中，2014年三江源生态保护基金会"中基透明指数"为100分，在全国3051家基金会中与96家基金会并列第一，青海省排名第一，是省内唯一满分指数的公益组织，进入了"中国最透明口袋"名单。2015年至今"中基透明指数"全省排名第一（如图7-13）。

二是三江源基金会积极投入三江源国家公园建设。由基金会发起，联合省教育厅等部门在全省100所学校开展了"生态文明教育进课堂"活动。联合省相关部门开展"老少共携手，保护三江源"、"保护青海湖，青年志愿者治沙行动"、"2016年青海博士论坛——高原水环境保护与治理研讨会"等活动。向海南藏族自治州捐建太阳能光伏电站一座，帮助贫困地区解决用电问题。并多次深入三江源地区实地调研，筛选出一批以生态环保宣传、解决白色污染、推动人与自然和谐共生为主要内容的"三江源生态环保示范村建设"公益项目，提高了

图7-13 三江源生态保护基金会荣誉

基金会的社会影响力，得到了社会广泛认可。① 2023年4月，被青海省民政厅授予5A级社会组织称号。

(四) 案例总结及实践启示

依托"西部地区基金会评估指标体系"、"西部地区基金会发展评估指标等级"的实证考量，对西双版纳州热带雨林保护基金会、新疆红石慈善基金会和三江源生态保护基金会三个典型案例进行深入剖析，可以发现西部地区基金会发展过程中涉及"基础条件"中的法人资格和登记管理，"内部治理"中的组织机构、人力资源和组织文化和"社会评价"六方面内容，均成效显著（如表7-3）。组织文化是该类案例的共同优势指标，法人资格及登记管理、组织机构、人力资源和社会评价为该类案例的差异优势指标。

其中，"西双版纳州热带雨林保护基金会发展评估指标等级"中的"组织文化"和"社会评价"为"优"。雨林基金会"内部治理"

---

① 三江源生态保护基金会：《助力我省生态文明建设》，2021年12月16日，https://www.sohu.com/a/113573949_115496，2022年4月2日。

中的组织文化优势在于，雨林基金会能够践行铸牢中华民族共同体意识，承担起促进民族交往交流交融、传承传统文化习俗、彰显非物质文化遗产保护的职责；注重组织文化共建共享，提升组织的社会效益，通过开展各项公益事业，在项目实施过程中，立足组织核心价值文化，致力于文化共享，满足公众需求，提升公益事业的经济效益和文化效益，放大雨林保护的社会价值。雨林基金会"社会评价"优势在于，用制度化的方式引导组织的公信力建设，建立规范化的评价内容和体系；扩大评价主体的范围，拓展社会评价渠道，以确保评价的全面性与代表性，注重社会媒体对基金会作用发挥的评价，加强基金会行业互评，健全基金会社会评价体系。

"新疆红石慈善基金会发展评估指标等级"中的"组织机构"和"人力资源"为"优"。红石基金会"内部治理"中的组织机构优势在于，理事会换届、构成、会议召开、决策程序及方式、分支机构等运行机制完备，对组织发展起到了重要保障作用；决策层能够合理配置各类资源，确保有限的资源优先满足弱势群体，承担着制定规划与执行方案、搭建沟通桥梁、维系组织目标的任务；操作层能够认真执行各项捐赠项目，确保资金不被浪费，积极打造组织品牌形象，提升组织的传播能力；监督层能够提升组织工作透明度，强化监督机制，关注组织发展的各项建设，为获得更多资源打下良好基础。人力资源优势在于，不仅通过组织自身的人力资源力量，以组织内生动力提升组织影响力，还注重外生力量，通过吸纳乡贤、宗族嵌入乡村，了解受益者的实际情况和现实需求，运用乡贤和宗族的知识、文化和威望，能够较为深入地接触需求者，精准掌握村民的公共服务诉求，提高组织工作效能；内外互助的人力资源运作模式吸引多元力量加入该组织，为组织发展提供源源不断的资源要素，为公益事业高质量发展提供物质保障。

"三江源生态保护基金会发展评估指标等级"中的"法人资格及登记管理"、"组织文化"为"优"或"良"。三江源基金会"基础条件"中的法人资格及登记管理优势在于，为组织发展提供根本保障，能够规范和加强组织管理；促进组织形成科学有效的管理制度，如信息公开制度、新闻发言人制度等，增强组织工作透明度、提高组织的社会影响力以及公信力，推动公益事业健康发展。三江源基金会"内部治理"中的组织文化优势在于，组织的使命目标、价值准则与时俱进，符合新时代赋予的时代发展要求，有鲜明的历史性，使组织工作人员具有强烈的归属感、核心人次具有强烈的认同感，对组织的良性循环起到核心作用；注重组织文化创新，在组织文化中融入生产性元素，组织文化实践不应囿于单一的公益项目，而应将创新创业思维引入组织的文化中，以公益文化促就业、非遗文化促创业等方式，激活组织的生产能力，使广大受众获得经济利益，实现组织的经济价值与社会价值。

附录1　西部地区社会组织发展评估指标体系筛选

您好，非常感谢您在百忙之中参加本次问卷调查。

本问卷的主要目的是对西部地区社会组织发展评估有关的指标进行重要性的判断，从而为构建西部地区社会组织发展评估指标体系的构建提供参考。本问卷不记名，请根据您的对现实情况的了解独立完成这份问卷，并尽可能回答完所有的题目，您所提供的数据仅供参考分析，不会对外公布。

对于您在社会公益事业上的贡献表达我最诚挚的感谢，大道之行也，天下为公。恭祝您：事业顺利、生活幸福！

内蒙古农业大学
2022 年 4 月

社会团体

指标内容			重要程度					备注
一级指标	二级指标	三级指标	非常重要	比较重要	一般	不太重要	不重要	其他新增指标
基础条件	法人资格及登记管理	法人资格及登记管理						
		办公场所和设施齐全						
	目标及章程	组织的目标与使命明确						
		规章制度与章程完善程度						
		具有完善的中长期发展规划						
		诚信建设情况						

续表

社会团体

指标内容			重要程度					备注
一级指标	二级指标	三级指标	非常重要	比较重要	一般	不太重要	不重要	其他新增指标
内部治理	组织机构	组织内部民主化程度						
		具有完善的权力机构与组织章程						
		组织的服务范围广泛						
		执行机构分工明确						
		监督机构完善						
	党建工作	社会主义核心价值观载入章程情况						
		党组织建立及活动开展情况						
		党组织发挥作用情况						
	人力资源	少数民族从业人员占比						
		学历结构						
		从业人员专业培训						
		专职人员专业度						
		志愿者管理制度完善						
	财务资产	独立账户情况						
		预决算制度和程序完备						
		资金管理制度完善						
		财务监管制度、程序完备						
	业务活动	参与中央财政项目情况						
		组织自营项目合法有序						
		承接跨区域社会组织服务						
		承接委托能力较强						
		参与相对贫困治理						
		参与乡村振兴项目						
		参与民族地区社会治理						
		参与基本公共服务供给						
		参与自然灾害风险防范						

续表

社会团体							
指标内容			重要程度				备注
一级指标	二级指标	三级指标	非常重要	比较重要	一般	不太重要	不重要	其他新增指标
内部治理	组织文化	组织文化铸牢中华民族共同体意识						
		组织文化促进民族交往交流交融						
		组织文化传承传统文化习俗						
		组织文化彰显非物质文化遗产保护						
工作绩效	业务活动产出	服务成果与预期目标吻合程度较高						
		项目风险防范情况						
		项目公益性						
		定期与其他组织开展交流合作活动情况						
		参与东西部协作、对口帮扶项目情况						
		为政府部门建言献策情况						
		参与公益项目规模						
	信息公开	平台建设						
		执行新闻发言人制度						
		年度工作报告及财务审计报告						
		公开捐赠信息和公益项目进展情况						
社会评价	内部评价	组织内部给予的评价						
		被服务对象给予的评价						
	外部评价	有关部门给予组织的评价						
		接受登记主管部门、业务主管部门的监督与评价						
		接受政府部门赞许或表彰						

续表

民办非企业单位								
指标内容			重要程度					备注
一级指标	二级指标	三级指标	非常重要	比较重要	一般	不太重要	不重要	其他新增指标
基础条件	法人资格	年末资产状况						
		有独立办公用房且环境良好						
		主要办事机构所在地与住所一致						
	登记管理	章程制定及修改符合程序						
		理事、监事备案情况						
		登记事项变更履行登记程序情况						
		年检结论合格及遵纪守法程度						
内部治理	组织机构	组织内部民主化程度						
		具有完善的权力机构与组织章程						
		执行机构分工明确						
		监督机构完善程度						
		印章管理制度完善程度						
	党组织	社会主义核心价值观载入						
		党组织"应建尽建"情况						
		党组织建立及活动开展情况						
		党组织发挥作用情况						
	人力资源	少数民族从业人员占比						
		岗位职责及绩效考核合理程度						
		基本社会保障						
		参加业务培训情况						
	财务资产	会计核算管理						
		项目财务管理完善程度						
		货币资金管理制度						

续表

民办非企业单位								
指标内容			重要程度					备注
一级指标	二级指标	三级指标	非常重要	比较重要	一般	不太重要	不重要	其他新增指标
内部治理	财务资产	实物资产管理完善程度						
		投资收益管理完善程度						
		财务报告制度						
		总资产及业务收入						
	业务活动	业务项目管理及监督考核						
		业务活动实施完成情况						
		项目监督考核合格情况						
		参与中央财政项目情况						
		承接跨区域社会组织服务						
		承接地方政府购买或委托服务						
		参与相对贫困治理						
		参与乡村振兴项目						
		参与民族地区社会治理						
		参与基本公共服务供给						
		参与自然灾害风险防范						
	组织文化	组织文化铸牢中华民族共同体意识						
		组织文化促进民族交往交流交融						
		组织文化传承传统文化习俗						
		组织文化彰显非物质文化遗产保护						
工作绩效	业务活动产出	服务项目定位						
		服务效果的独特性及创新性						
		参与东西部协作、对口帮扶项目情况						

续表

民办非企业单位							
指标内容			重要程度				备注
一级指标	二级指标	三级指标	非常重要	比较重要	一般	不太重要	不重要	其他新增指标
工作绩效	业务活动产出	服务产生的社会效果（直接/间接）显著						
		参与政府建言献策情况						
	信息公开	平台建设						
		执行新闻发言人制度						
		业务信息、年度工作报告及财务审计报告						
		捐赠信息及公益项目进展公开						
社会评价	内部评价	理事、监事对管理状况评估情况						
		工作人员对管理状况评估程度						
	外部评价	服务对象对服务质量的评估						
		登记管理部门、业务主管部门的评估情况						
		媒体对组织发挥作用的评估情况						
		接受政府部门赞许或表彰情况						

基金会							
指标内容			重要程度				备注
一级指标	二级指标	三级指标	非常重要	比较重要	一般	不太重要	不重要	其他新增指标
基础条件	法人资格	净资产状况						
		法人选举程序						
		任职资格符合规定						
		独立办公条件						

续表

基金会							
指标内容			重要程度				备注
一级指标	二级指标	三级指标	非常重要	比较重要	一般	不太重要	不重要	其他新增指标
基础条件	登记管理	章程制定及修改符合程序						
		登记事项变更履行登记程序情况						
		理事、监事备案情况						
		遵纪守法程度						
内部治理	组织机构	理事会换届、构成情况						
		会议召开情况						
		决策程序及方式						
		分支机构						
	党组织	社会主义核心价值观载入						
		党组织"应建尽建"情况						
		党组织活动开展情况						
		党组织发挥作用情况						
	人力资源	专职人员少数民族占比情况						
		人员学历结构						
		负责人履职情况						
		岗位职责及绩效考核合理程度						
		享受基本社会保障情况						
		参加业务培训情况						
		志愿者管理制度合理与详尽程度						
	财务资产	资金募集来源						
		依法纳税情况						
		合同、协议管理完善程度						
		捐赠票据管理						
		捐赠协议签订						

续表

基金会								
指标内容			重要程度					备注
一级指标	二级指标	三级指标	非常重要	比较重要	一般	不太重要	不重要	其他新增指标
内部治理	财务资产	货币资金管理制度						
		非货币捐赠管理完善程度						
		投资管理制度完善程度						
		投资收益情况						
		实物资产管理制度完善程度						
		公益项目财务管理完善程度						
		物资及服务采购管理						
		财务报告制度						
	组织文化	组织文化铸牢中华民族共同体意识						
		组织文化促进民族交往交流交融						
		组织文化传承传统文化习俗						
		组织文化彰显非物质文化遗产保护						
工作绩效	业务活动产出	公益项目数量与规模						
		年度接受捐赠总额						
		民族特色公益事业支出						
		管理费用支出金额						
		项目运作管理						
		参与党和国家重点项目情况						
		参与东西部协作、对口帮扶项目情况						
		项目产生社会影响						
		捐赠者与被捐赠者隐私保护						
	信息公开	网络平台建设						
		执行新闻发言人制度						
		业务信息、年度工作报告及财务审计报告						

续表

指标内容			重要程度					备注
一级指标	二级指标	三级指标	非常重要	比较重要	一般	不太重要	不重要	其他新增指标
社会评价	内部评价	组织内部对管理状况评估程度						
		工作人员对管理状况评估情况						
	外部评价	服务对象对服务质量的评估						
		媒体对基金会发挥作用的评估情况						
		登记管理机关的评估情况						
		业务主管单位的评估情况						

表头:基金会

附录2 西部地区社会组织发展评估指标体系权重打分调查问卷

您好,非常感谢您在百忙之中参加本次问卷调查。

本问卷的主要目的是对西部地区社会组织发展评估有关的指标权重进行判断,从而为构建西部地区社会组织发展评估指标体系的构建提供参考。本问卷不记名,请根据您的对现实情况的了解独立完成这份问卷,并尽可能回答完所有的题目,您所提供的数据仅供参考分析,不会对外公布。请对指标两两比较的重要程度按照1—9分进行排序,反之则是1—1/9。

对于您在社会公益事业上的贡献表达我最诚挚的感谢,大道之行也,天下为公。恭祝您:事业顺利、生活幸福!

内蒙古农业大学
2022 年 4 月

1. 西部地区社会团体发展评估指标体系矩阵

(1) 一级指标矩阵

西部地区社会团体发展评估指标体系	基础条件	内部治理	工作绩效	社会评价
基础条件				
内部治理				
工作绩效				
社会评价				

（2）二级指标矩阵

投入性指标	基础条件	内部治理
基础条件		
内部治理		

产出性指标	工作绩效	社会评价
工作绩效		
社会评价		

（3）三级指标矩阵

法人资格	法人资格与登记管理	办公条件
法人资格与登记管理		
办公条件		

目标章程	组织目标与使命	规则制度与章程完善	诚信建设
组织目标与使命			
规则制度与章程完善			
诚信建设			

组织机构	民主化程度	完善的权力机构	执行机构分工明确	监督机构完善
民主化程度				
完善的权力机构				
执行机构分工明确				
监督机构完善				

党建工作	社会主义核心价值观载入	党组织建设及活动开展情况	党组织发挥作用情况
社会主义核心价值观载入			
党组织建设及活动开展情况			
党组织发挥作用情况			

人力资源	少数民族从业人员占比	学历结构	专职人员专业度及服务意愿	志愿者管理情况
少数民族从业人员占比				

续表

人力资源	少数民族从业人员占比	学历结构	专职人员专业度及服务意愿	志愿者管理情况
学历结构				
专职人员专业度及服务意愿				
志愿者管理情况				

业务活动	承接政府委托/购买服务	地域特色项目	公益性项目
承接政府委托/购买服务			
地域特色项目			
公益性项目			

财务资产	独立账户	预决算制度和程序完备	资金管理制度完善情况
独立账户			
预决算制度和程序完备			
资金管理制度完善情况			

组织文化	组织内部对组织文化的认可度	组织文化的社会认可度
组织内部对组织文化的认可度		
组织文化的社会认可度		

业务活动产出	服务成果与预期目标吻合度	项目风险防范	定期开展交流合作	为政府部门建言献策情况	公益项目数量及规模
服务成果与预期目标吻合度					
项目风险防范					
定期开展交流合作					
为政府部门建言献策情况					
公益项目数量及规模					

信息平台	平台建设	执行新闻发言人制度	年度工作报告及财务审计报告	捐赠公开及公益项目效果
平台建设				

附录2　西部地区社会组织发展评估指标体系权重打分调查问卷

续表

信息平台	平台建设	执行新闻发言人制度	年度工作报告及财务审计报告	捐赠公开及公益项目效果
执行新闻发言人制度				
年度工作报告及财务审计报告				
捐赠公开及公益项目效果				

内部评价	组织内部给予的服务质量评价	被服务对象给予的服务质量评价
组织内部给予的服务质量评价		
被服务对象给予的服务质量评价		

外部评价	接受政府相关部门给予的服务质量评价	获得政府表扬及奖励
接受政府相关部门给予的服务质量评价		
获得政府表扬及奖励		

2. 西部地区民办非企业单位发展指标矩阵

（1）一级指标矩阵

西部地区民办非企业单位发展评估指标体系	基础条件	内部治理	工作绩效	社会评价
基础条件				
内部治理				
工作绩效				
社会评价				

（2）二级指标矩阵

投入性指标	基础条件	内部治理
基础条件		
内部治理		

产出性指标	工作绩效	社会评价
工作绩效		

续表

产出性指标	工作绩效	社会评价
社会评价		

(3) 三级指标矩阵

法人资格	年末净资产低于开办资金	办公条件	章程制定及修改符合程序	理事、监事备案情况
年末净资产低于开办资金				
办公条件				
章程制定及修改符合程序				
理事、监事备案情况				

登记管理	服务范围	登记事项变更履行登记程序	年检结论及遵纪守法
服务范围			
登记事项变更履行登记程序			
年检结论及遵纪守法			

组织机构	组织内部民主化程度	执行机构分工明确	监督机构完善	印章管理制度
组织内部民主化程度				
执行机构分工明确				
监督机构完善				
印章管理制度				

党组织	社会主义核心价值观载入	党组织"应建尽建"	党组织活动开展情况
社会主义核心价值观载入			
党组织应建尽建			
党组织活动开展情况			

组织文化	本组织人员对组织文化认可度	组织文化社会认可度
本组织人员对组织文化认可度		
组织文化社会认可度		

附录2　西部地区社会组织发展评估指标体系权重打分调查问卷

财务资产	项目财务管理制度	货币资金管理制度	实物资产管理制度	投资收益管理	财务报告制度
项目财务管理制度					
货币资金管理制度					
实物资产管理制度					
投资收益管理					
财务报告制度					

人力资源	少数民族从业人员占比	岗位职责及绩效考核	基本社会保障	专业化培训
少数民族从业人员占比				
岗位职责及绩效考核				
基本社会保障				
专业化培训				

业务活动产出	服务效果的独特性及创新性	服务产生的社会效果	参与政府建言献策
服务效果的独特性及创新性			
服务产生的社会效果			
参与政府建言献策			

信息平台	网络平台建设	执行新闻发言人制度	捐赠公开及公益项目进展
网络平台建设			
执行新闻发言人制度			
捐赠公开及公益项目进展			

内部评价	投诉建议	信息公开
投诉建议		
信息公开		

外部评价	被服务对象的评价	接受政府相关部门的评价	媒体对组织作用发挥的评价	获得政府表扬及奖励
被服务对象的评价				

续表

外部评价	被服务对象的评价	接受政府相关部门的评价	媒体对组织作用发挥的评价	获得政府表扬及奖励
接受政府相关部门的评价				
被服务对象评估				
媒体对组织作用发挥的评价				
获得政府表扬及奖励				

3. 西部地区基金会发展评估指标体系矩阵

（1）一级指标矩阵

西部地区民办非企业单位发展评估指标体系	基础条件	内部治理	工作绩效	社会评价
基础条件				
内部治理				
工作绩效				
社会评价				

（2）二级指标矩阵

投入性指标	基础条件	内部治理
基础条件		
内部治理		

产出性指标	工作绩效	社会评价
工作绩效		
社会评价		

（3）三级指标矩阵

法人资格	年末净资产不低于基金总额	法人经理事会选举	独立办公条件	章程制定及修改符合程序
年末净资产不低于基金总额				
法人经理事会选举				

附录2　西部地区社会组织发展评估指标体系权重打分调查问卷

续表

法人资格	年末净资产不低于基金总额	法人经理事会选举	独立办公条件	章程制定及修改符合程序
独立办公条件				
章程制定及修改符合程序				

登记管理	登记事项变更履行程序	遵纪守法	诚信建设
登记事项变更履行程序			
遵纪守法			
诚信建设			

组织机构	理事会换届、构成情况	会议召开情况	决策程序及方式
理事会换届、构成情况			
会议召开情况			
决策程序及方式			

党组织	社会主义核心价值观载入	党组织应建尽建	党组织活动开展情况
社会主义核心价值观载入			
党组织应建尽建			
党组织活动开展情况			

组织文化	本组织人员对组织文化认可度	组织文化社会认可度
本组织人员对组织文化认可度		
组织文化社会认可度		

人力资源	专职人员少数民族占比	人员学历结构	岗位职责与绩效评价	享受基本社会保障	志愿者管理制度	参加业务培训
专职人员少数民族占比						
人员学历结构						
岗位职责与绩效评价						
享受基本社会保障						

续表

人力资源	专职人员少数民族占比	人员学历结构	岗位职责与绩效评价	享受基本社会保障	志愿者管理制度	参加业务培训
志愿者管理制度						
参加业务培训						

财务资产	纳税管理	合同、协议管理	非货币捐赠管理	投资管理制度	货币资金管理制度	实物资产管理制度	公益项目财务管理	财务报告制度
纳税管理								
合同、协议管理								
非货币捐赠管理								
投资管理制度								
货币资金管理制度								
实物资产管理制度								
公益项目财务管理								
财务报告制度								

业务活动产出	民族特色公益项目支出金额	地域特色项目	项目产生社会影响	参与党和国家重点项目情况
民族特色公益项目支出金额				
地域特色项目				
项目产生社会影响				
参与党和国家重点项目情况				

内部评价	基金会内部评价	捐赠人评价	受益人评价	志愿者评价
基金会内部评价				
捐赠人评价				
受益人评价				
志愿者评价				

信息平台	网络平台建设	新闻发言人制度	业务信息、年度报告及财务审计报告
网络平台建设			

附录 2　西部地区社会组织发展评估指标体系权重打分调查问卷

续表

信息平台	网络平台建设	新闻发言人制度	业务信息、年度报告及财务审计报告
新闻发言人制度			
业务信息、年度报告及财务审计报告			

外部评价	媒体推广及宣传	接受政府相关部门评价	获得政府表扬及奖励
媒体推广及宣传			
接受政府相关部门评价			
获得政府表扬及奖励			

附录3 西部地区社会组织发展等级评估问卷

西部地区社会组织发展评估——社会团体

您好,非常感谢您在百忙之中参加本次问卷调查。

本问卷的主要目的是针对您所在的社会团体的发展情况进行评估,从而为西部地区社会组织发展情况提供数据依据。本问卷不记名,请根据您的对现实情况的了解独立完成这份问卷,并尽可能回答完所有的题目,您所提供的数据仅供参考分析,不会对外公布。

对于您在社会公益事业上的贡献表达我最诚挚的感谢,大道之行也,天下为公。恭祝您:事业顺利、生活幸福!

内蒙古农业大学

2022年4月

社会团体名称:

指标内容					等级					备注
一级指标	二级指标	指标含义说明	三级指标	指标含义说明	差	一般	中	良	优	
投入性指标	法人资格	此类指标是基础性指标,是社会团体开办的基础性条件	法人资格及登记管理	选举程序规范、遵守登记管理机关规定						
			办公场所和设施齐全	办公用房、办公设备						

续表

社会团体名称：

一级指标	二级指标	指标含义说明	三级指标	指标含义说明	差	一般	中	良	优	备注
投入性指标	目标章程	组织发展定位及诚信建设	组织的目标与使命明确	作用情况						
			规章制度与章程完善程度	章程制定或修改程序						
			诚信建设情况	信用信息制度、信用评价、信用信息发布						
	组织机构	此类指标是对民办非企业单位组织结构完整的评估	组织内部民主化程度	会员（代表）大会表决事项、会员（代表）大会表决形式、负责人产生形式						
			具有完善的权力机构与组织章程	制度齐全、运行规范						
			执行机构分工明确	设置合理、职责明确						
			监督机构完善	设立规范						
	党建工作	评估社会组织党建工作是否实现"应建尽建"	社会主义核心价值观载入章程情况	社会主义核心价值观作用情况						
			党组织建立及活动开展情况	参与"红色精神"专题培训、参与党建联建活动、参与智慧党建云平台						
			党组织发挥作用情况	充分发挥党组织的政治核心作用、党支部的战斗堡垒作用、党员的先锋模范作用						
	人力资源	评估组织内部人员结构、服务意愿及服务能力	少数民族从业人员占比	专职人员少数民族占比达到1/3以上						
			学历结构	本科及以上从业人员占比达到1/3以上						
			专职人员专业度	人员培训、考核情况						
			志愿者管理制度完善	管理办法、落实情况						

续表

社会团体名称：

指标内容					等级					备注
一级指标	二级指标	指标含义说明	三级指标	指标含义说明	差	一般	中	良	优	
投入性指标	财务资产	评估社会团体的财产状况的指标，是对社会团体资金来源、使用、公开、透明、不良资产的评估	独立账户情况	银行账户						
			预决算制度和程序完备	预算管理制度、预算编制、预算执行						
			资金管理制度完善	货币资金管理制度、货币资金使用						
			财务监管制度、程序完备	财务监督制度与监事监督、财务报表审计、离任或换届财务审计						
	业务活动	针对社会团体组织日常活动展开进行各方面评估的指标	参与中央财政项目情况	参与发展示范项目、承接社会服务试点项目、社会工作服务示范项目、人员培训示范项目						
			承接跨区域社会组织服务	会展与培训、技术服务与咨询						
			承接辖区内政府购买或委托服务	承接政府职能、委托项目和购买服务						
			参与相对贫困治理	开展工作情况						
			参与乡村振兴项目	开展工作情况						
			参与民族地区社会治理	开展工作情况						
			参与基本公共服务供给	开展工作情况						
			参与自然灾害风险防范	开展工作情况						
	组织文化	此类指标针对评估社会团体价值理念、服务宗旨等	组织文化铸牢中华民族共同体意识	中华民族共同体意识作用情况						
			组织文化促进民族交往交流交融	对少数民族文化、宗教、语言等尊重、包容						
			组织文化传承传统文化习俗	开展工作情况						
			组织文化彰显非物质文化遗产保护	开展工作情况						

续表

社会团体名称：

指标内容					等级					备注
一级指标	二级指标	指标含义说明	三级指标	指标含义说明	差	一般	中	良	优	
产出性指标	业务活动产出	组织提供公共服务的成效	服务成果与预期目标吻合程度较高	年度工作计划和总结						
			项目风险防范情况	风险控制制度、管理情况						
			定期与其他组织开展交流合作活动情况	行业调查研究、信息收集、数据统计、信息发布						
			参与东西部协作、对口帮扶项目情况	业绩突出、特色贡献						
			为政府部门建言献策情况	提供技术、市场、管理、法律、政策咨询						
			参与公益项目规模	组织公益活动						
	信息公开	评价组织信息公开情况	平台建设	有独立的组织网站、定期维护更新						
			执行新闻发言人制度	发布形式、实施情况						
			年度工作报告及财务审计报告	及时、准确、有效披露						
			公开捐赠信息和公益项目进展情况	公益捐赠来源、资金使用						
	内部评价	社会团体内部人员及被服务对象给予服务质量的评价	组织内部给予的评价	会员评价、理事评价、监事评价、工作人员评价						
			被服务对象给予的评价	对服务态度、服务质量、信息公开、社会影响力和诚信度等的评价						

续表

社会团体名称：										
指标内容					等级					备注
一级指标	二级指标	指标含义说明	三级指标	指标含义说明	差	一般	中	良	优	
产出性指标	外部评价	社会团体的影响力以及号召力的评估	接受政府相关部门的监督与评价	对规范化建设、遵纪守法、行业影响力、服务社会、服务会员、服务行业等的评价						
			接受政府部门赞许或表彰	对规范化建设、领导班子建设、行业自律、服务政府、服务社会、服务行业等的赞许或表彰						

填表方式：社会团体名称为必填项，其余指标请您根据实际情况，在"优、良、中、一般、差"中选择最符合您所在组织的实际情况。

西部地区社会组织发展评估—民办非企业单位

您好,非常感谢您在百忙之中参加本次问卷调查。

本问卷的主要目的是针对您所在的民办非企业单位的发展情况进行评估,从而为西部地区社会组织发展情况提供数据依据。本问卷不记名,请根据您的对现实情况的了解独立完成这份问卷,并尽可能回答完所有的题目,您所提供的数据仅供参考分析,不会对外公布。

对于您在社会公益事业上的贡献表达我最诚挚的感谢,大道之行也,天下为公。恭祝您:事业顺利、生活幸福!

内蒙古农业大学

2022 年 4 月

填表方式:基金会名称为必填项,其余指标请您根据实际情况,在"优、良、中、一般、差"中选择最符合您所在组织的实际情况。

社会团体名称:

指标内容					等级					备注
一级指标	二级指标	指标含义说明	三级指标	指标含义说明	差	一般	中	良	优	
投入性指标	法人资格	此类指标是基础性指标,是民办非企业单位开办的基础性条件	年末资产状况	年末资产不低于开办资金						
			有独立办公用房且环境良好	办公用房、办公设备						
			章程制定及修改符合程序	章程制定或修改程序、章程经登记管理机关核准情况						
			理事、监事备案情况	严格按照核准章程要求产生和罢免理事、监事						

续表

社会团体名称:										
指标内容					等级					备注
一级指标	二级指标	指标含义说明	三级指标	指标含义说明	差	一般	中	良	优	
投入性指标	登记管理	对民办非企业单位遵守登记管理条例、服从登记管理机关管理的评估	登记事项变更履行登记程序情况	名称、业务范围、住所、注册资金、法定代表人、业务主管单位等变更登记情况						
			年检结论合格及遵纪守法程度	参检时间、年检结论						
	组织机构	此类指标是对民办非企业单位组织结构完整的评估	组织内部民主化程度	会员（代表）大会表决事项、会员（代表）大会表决形式、负责人产生形式						
			执行机构分工明确	制度齐全、运行规范						
			监督机构完善程度	设置合理、职责明确						
			印章管理制度完善程度	设立规范						
	党组织	评估社会组织党建工作是否实现"应建尽建"	社会主义核心价值观载入	社会主义核心价值观作用情况						
			党组织"应建尽建"情况	依法设立党组织、党组织结构完善、党建工作有序开展						
			党组织建立及活动开展情况	参与"红色精神"专题培训、参与党建联建活动、参与智慧党建云平台						
			党组织发挥作用情况	充分发挥党组织的政治核心作用、党支部的战斗堡垒作用、党员的先锋模范作用						

附录3　西部地区社会组织发展等级评估问卷

续表

社会团体名称：

指标内容					等级				备注
一级指标	二级指标	指标含义说明	三级指标	指标含义说明	差	一般	中	良	优	
投入性指标	人力资源	评估组织内部人员结构、服务意愿及服务能力	少数民族从业人员占比	专职人员少数民族占比达1/3以上						
			岗位职责及绩效考核合理程度	聘用情况、考核情况、薪酬情况						
			基本社会保障	劳动用工合同、社会保险、企业年金						
			参加业务培训情况	培训内容专业化、培训形式多样化						
	财务资产	此类指标是对民办非企业单位财务状况、资金使用等的评估	项目财务管理完善程度	资金来源、资金使用						
			货币资金管理制度	货币资金管理制度、货币资金使用						
			实物资产管理完善程度	资产管理制度、资产使用和处置情况						
			投资收益管理完善程度	投资管理制度						
			财务报告制度	执行年终审计制度、向公众披露财务报表						
	业务活动	此类指标针对民办非企业单位日常业务活动展开的相关内容的评估	业务活动实施完成情况	项目工作计划和总结						
			项目监督考核合格情况	项目监督制度						
			参与中央财政项目情况	参与发展示范项目、承接社会服务试点项目、社会工作服务示范项目、人员培训示范项目						
			承接跨区域社会组织服务	会展与培训、技术服务与咨询						
			承接辖区内政府购买或委托服务	承接政府职能、委托项目和购买服务						
			参与相对贫困治理	开展工作情况						

续表

社会团体名称：

指标内容					等级					备注
一级指标	二级指标	指标含义说明	三级指标	指标含义说明	差	一般	中	良	优	
投入性指标	业务活动	此类指标针对民办非企业单位日常业务活动展开的相关内容的评估	参与乡村振兴项目	开展工作情况						
			参与民族地区社会治理	开展工作情况						
			参与基本公共服务供给	开展工作情况						
			参与自然灾害风险防范	开展工作情况						
	组织文化	此类指标为价值理念、服务宗旨	组织文化铸牢中华民族共同体意识	中华民族共同体意识作用情况						
			组织文化促进民族交往交流交融	对少数民族文化、宗教、语言等尊重、包容						
			组织文化传承传统文化习俗	开展工作情况						
			组织文化彰显非物质文化遗产保护	开展工作情况						
产出性指标	业务活动产出	此类指标为针对民办非企业单位的成就、成果的评估	服务效果的独特性及创新性	提供服务、反映诉求、行业自律						
			参与东西部协作、对口帮扶项目情况	业绩突出、特色贡献						
			服务产生的社会效果（直接/间接）显著	行业覆盖率、国内外影响力						
			参与政府建言献策情况	提供技术、市场、管理、法律、政策咨询						

附录3 西部地区社会组织发展等级评估问卷

续表

社会团体名称：

一级指标	二级指标	指标含义说明	三级指标	指标含义说明	差	一般	中	良	优	备注
产出性指标	信息公开	评价组织信息公开情况	平台建设	有独立的组织网站、定期维护更新						
			执行新闻发言人制度	发布形式、实施情况						
			捐赠信息及公益项目进展公开	公益捐赠来源、资金使用						
	内部评价	此类指标为相关主体对于民办非企业单位服务的评估	理事、监事对管理状况评估情况	对领导班子、规范化管理、财务公开、创新能力、民主办会等的评价						
			工作人员对管理状况评估程度	对领导班子、规范化管理、财务管理、行业影响力、业务开展情况、工资福利等的评价						
			服务对象对服务质量的评估	对服务态度、服务质量等的评价						
	外部评价	此类指标为民办非企业单位的社会影响力、号召力	登记管理部门、业务主管部门的评估情况	对规范化建设、遵纪守法、行业影响力、服务社会、服务会员、服务行业等的评价						
			媒体对组织发挥作用的评估情况	媒体报道情况						
			接受政府部门赞许或表彰情况	对规范化建设、领导班子建设、行业自律、服务政府、服务社会、服务行业等的赞许或表彰						

西部地区社会组织发展评估—基金会

您好,非常感谢您在百忙之中参加本次问卷调查。

本问卷的主要目的是针对您所在的基金会的发展情况进行评估,从而为西部地区社会组织发展情况提供数据依据。本问卷不记名,请根据您对现实情况的了解独立完成这份问卷,并尽可能回答完所有的题目,您所提供的数据仅供参考分析,不会对外公布。

对于您在社会公益事业上的贡献表达我最诚挚的感谢,大道之行也,天下为公。恭祝您:事业顺利、生活幸福!

内蒙古农业大学

2022 年 4 月

填表方式:基金会名称为必填项,其余指标请您根据实际情况,在"优、良、中、一般、差"中选择最符合您所在组织的实际情况。

基金会名称:										
指标内容					等级					备注
一级指标	二级指标	指标含义说明	三级指标	指标含义说明	差	一般	中	良	优	
投入性指标	法人资格	基础性指标,是基金会成立的基础性条件	净资产状况	年末净资产不低于原始基金数额						
			法人选举程序	经理事会选举产生						
			独立办公条件	具有办公场所、基本办公设施						
			章程制定及修改符合程序	按要求具有规章以及组织自身中长期发展规划等						

附录3 西部地区社会组织发展等级评估问卷

续表

基金会名称：

一级指标	二级指标	指标含义说明	三级指标	指标含义说明	等级 差	等级 一般	等级 中	等级 良	等级 优	备注
投入性指标	登记管理	对基金会遵守登记管理条例、服从登记管理机关管理的评估	登记事项变更履行登记程序情况	名称、业务范围、住所、注册资金、法定代表人、业务主管单位等变更登记情况						
			遵纪守法程度	备案、年检时间和结论						
	组织机构	此类指标是对民办非企业单位组织结构完整的评估	理事会换届、构成情况	严格按照核准章程要求产生和罢免理事						
			会议召开情况	保存有会议纪要和决议、并载明会议出席人数和表决人数						
			决策程序及方式	决策科学化、民主化						
			分支机构	数量众多、管理完善						
	党组织建设	评估社会组织党建工作是否实现"应建尽建"	社会主义核心价值观载入	社会主义核心价值观作用情况						
			党组织"应建尽建"情况	依法设立党组织、党组织结构完善、党建工作有序开展						
			党组织活动开展情况	参与"红色精神"专题培训、参与党建联建活动、参与智慧党建云平台						
			党组织发挥作用情况	充分发挥党组织政治核心作用、党支部战斗堡垒作用、党员先锋模范作用						

续表

基金会名称：

指标内容					等级					备注
一级指标	二级指标	指标含义说明	三级指标	指标含义说明	差	一般	中	良	优	
投入性指标	人力资源	评估组织内部人员结构、服务意愿及服务能力	专职人员少数民族占比情况	专职人员少数民族占比达1/3以上						
			人员学历结构	大专及以上从业人员占比达1/2以上						
			岗位职责及绩效考核合理程度	聘用情况、考核情况、薪酬情况						
			享受基本社会保障情况	按国家规定缴纳社会保险和住房公积金						
			参加业务培训情况	培训内容专业化、培训形式多样化						
			志愿者管理制度合理与详尽程度	管理办法、落实情况						
	财务资产	基金会资金来源、财务状况、资金使用等的评估	资金募集来源	渠道多、稳定、持续						
			依法纳税情况	纳税管理						
			合同、协议管理完善程度	合同、协议管理制度						
			捐赠管理制度完善程度	经费来源和资金使用						
			货币资金管理制度	货币资金管理制度、货币资金使用						
			非货币捐赠管理完善程度	经费来源和资金使用						
			投资管理制度完善程度	投资管理制度						
			实物资产管理制度完善程度	资产管理制度、资产使用和处置情况						
			公益项目财务管理完善程度	经费来源和资金使用						
			财务报告制度	执行年终审计制度、向公众披露财务报表						

续表

基金会名称：

指标内容					等级					备注
一级指标	二级指标	指标含义说明	三级指标	指标含义说明	差	一般	中	良	优	
投入性指标	组织文化	基金会的价值理念、服务宗旨	组织文化铸牢中华民族共同体意识	中华民族共同体意识作用情况						
			组织文化促进民族交往交流交融	对少数民族文化、宗教、语言等尊重、包容						
			组织文化传承传统文化习俗	开展工作情况						
			组织文化彰显非物质文化遗产保护	开展工作情况						
产出性指标	业务活动产出	基金会开展公益活动的成就的相关指标	公益项目数量与规模	年度捐赠收入、年度公益事业支出						
			民族特色公益事业支出	民族特色公益事业支出占总支出 1/5 以上						
			参与党和国家重点项目情况	参与发展示范项目、承接社会服务试点项目、社会工作服务示范项目、人员培训示范项目						
			参与东西部协作、对口帮扶项目情况	业绩突出、特色贡献						
			项目产生社会影响	有专业或独立的宣传、推广部门						
	信息平台	评价组织信息公开情况	网络平台建设	有独立的组织网站、定期维护更新						
			执行新闻发言人制度	发布形式、实施情况						
			业务信息、年度工作报告及财务审计报告	及时、准确、有效披露						

续表

基金会名称：									
指标内容					等级				备注
一级指标	二级指标	指标含义说明	三级指标	指标含义说明	差	一般	中	良	优
产出性指标	内部评价	对基金会提供公共服务的评估	组织内部对管理状况评估程度	对领导班子、规范化管理、财务管理、行业影响力、业务开展情况、工资福利等的评价					
			捐赠人的评估	捐赠人正面、肯定的评价					
			受益人的评估	对服务态度、服务质量等的评价					
	外部评价	基金会的社会影响力、号召力	媒体对基金会发挥作用的评估情况	媒体报道情况					
			接受政府部门赞许或表彰情况	对规范化建设、领导班子建设、行业自律、服务政府、服务社会、服务行业等的赞许或表彰					

参考文献

包鑫：《文化自觉与公共性重建：农村少数民族地区公共文化服务的双重使命》，《图书馆建设》2019年第1期。

［美］彼得·德鲁克：《管理新现实》，吴振阳等译，机械工业出版社2019年版。

［美］彼得·德鲁克：《非营利组织的管理》，吴振阳等译，机械工业出版社2018年版。

曹天禄：《评估困境：当前社会组织评估面临的软肋——以广东深圳为例》，《深圳职业技术学院学报》2014年第6期。

曹天禄：《社会组织评估：困境与突破——以深圳社会组织评估为例》，《湖湘论坛》2015年第6期。

曹亚斌、石乃方：《跨区域社会组织参与边疆社会治理的机制研究》，《边疆经济与文化》2023年第9期。

柴一凡：《以有效监管促进社会组织健康有序发展》，《中国行政管理》2021年第4期。

常健、毛讷讷：《中国公共组织愿景中使命的缺失及其影响》，《领导科学》2016年第5期。

常魁星、方绍海：《四川巴中公益救援队泸定抗震救灾彰显"中国大爱"》，中国建设传媒网，2022年9月18日，https://www.163.com/dy/article/HHIVI52105159V24.html，2023年7月21日。

陈成文、陈建平：《论社会组织参与市域社会治理的制度建设》，《湖湘论坛》2020 年第 1 期。

陈成文、黄开腾：《制度环境与社会组织发展：国外经验及其政策借鉴意义》，《探索》2018 年第 1 期。

陈建国、冯海群：《社会组织评估的制度结构和改革方向》，《云南大学学报》（社会科学版）2018 年第 3 期。

陈璞、陈姚：《高校基金会财务管理制度创新初探》，《中国人民大学教育学刊》2016 年第 2 期。

陈思、凌新：《社会治理精细化背景下社会组织效能提升研究》，《理论月刊》2017 年第 1 期。

陈晓春、肖雪：《社会组织参与法治社会建设的路径探析》，《湖湘论坛》2019 年第 4 期。

陈延斌：《民族地区社会组织结构与区域经济发展适度性研究——基于民族八省区的样本分析》，《西南民族大学学报》（人文社会科学版）2020 年第 3 期。

陈友华、詹国辉：《中国社会组织发展：现状、问题与抉择》，《新视野》2020 年第 5 期。

陈振明等：《公共服务绩效评价的指标体系建构与应用分析——基于厦门市的实证研究》，《理论探讨》2009 年第 5 期。

崔秀朋、翁晓晖：《社会组织信息公开的实践与思考——以宁波市为例》，《中国社会组织》2016 年第 19 期。

崔英楠、王柏荣：《政府购买社会组织服务绩效考核研究》，《北京联合大学学报》（人文社会科学版）2017 年第 4 期。

崔月琴、母艳春：《双重制度逻辑下公益组织的行动策略与发展张力——基于 S 公益组织与政府合作的实践分析》，《浙江社会科学》2021 年第 12 期。

党秀云、谭伟：《民族地区社会组织参与基层社会治理的路径选择》，《新视野》2016 年第 1 期。

邓国胜：《非营利组织"APC"评估理论》，《中国行政管理》2004 年第 10 期。

邓国胜：《中国民办非企业单位的特质与价值分析》，《中国软科学》2006年第9期。

董凡：《心系雪域高原 爱驻大美边疆——民政部社管局发布通知，要求进一步做好全国性社会组织援藏援疆工作》，《慈善公益报》2021年6月30日。

杜承秀：《西部民族地区乡村治理中的新型社会组织及其法治化引导》，《广西民族研究》2018年第1期。

杜淑芳：《基于多元共治视角的社会组织参与城市治理研究——以内蒙古自治区为例》，《社会科学动态》2021年第11期。

费孝通：《论人类学与文化自觉》，华夏出版社2004年版。

付强、辛晓玲：《空间社会学视域下的学校教育空间生产》，《山东社会科学》2019年第4期。

嘎索荣珠：《西藏社会组织的发展现状、困境及路径探析》，《现代交际》2017年第2期。

高红、杨秀勇：《社会组织融入社区治理：理论、实践与路径》，《新视野》2018年第1期。

葛道顺：《中国社会组织发展：从社会主体到国家意识——公民社会组织发展及其对意识形态构建的影响》，《江苏社会科学》2011年第3期。

管兵：《竞争性与反向嵌入性：政府购买服务与社会组织发展》，《公共管理学报》2015年第3期。

广州社会组织联合会，广州社会组织研究院：《广州社会组织讲坛讲演录（2014—2015）》，广东人民出版社2017年版。

郭少华：《社会组织信用体系建设面临的挑战及应对策略研究》，《征信》2023年第8期。

郭梓焱、刘春湘：《社会组织制度执行环境的结构维度、现实困境及优化路径》，《学习与实践》2022年第3期。

果佳、卢卓新、郭跃：《西部地方政府与其培育社会组织的关系演变研究——一项单案例分析》，《公共管理学报》2023年第2期。

郝亚明：《中华民族共同体意识视角下的民族交往交流交融研究》，《西南民族大学学报》（人文社会科学版）2019年第3期。

何欣峰：《社区社会组织有效参与基层社会治理的途径分析》，《中国行政管理》2014年第12期。

侯利文、李昂：《社会组织在地合法性的逻辑建构与治理突围》，《深圳大学学报》（人文社会科学版）2023年第1期。

胡建华、钟刚华：《跨区域公共危机协同治理的实践考察与创新模式研究》，《地方治理研究》2022年第1期。

胡江华、曹胜亮：《新时代社会组织参与社会治理创新的现实困境与纾解路径》，《理论月刊》2022年第5期。

胡那苏图、崔月琴：《组织化振兴：农村社会组织参与乡村治理路径分析——以内蒙古东部脱贫县A镇三村为例》，《理论月刊》2020年第5期。

黄开腾、赵巧玉：《社会组织参与民族地区基层社会治理：作用领域、实践困境及化解对策》，《广西民族师范学院学报》2021年第6期。

黄晓春、嵇欣：《非协同治理与策略性应对——社会组织自主性研究的一个理论框架》，《社会学研究》2014年第6期。

黄晓春：《当代中国社会组织的制度环境与发展》，《中国社会科学》2015年第9期。

黄晓勇：《中国社会组织报告（2022）》，社会科学文献出版社2022年版。

纪莺莺：《从"双向嵌入"到"双向赋权"：以N市社区社会组织为例——兼论当代中国国家与社会关系的重构》，《浙江学刊》2017年第1期。

姜耀辉、刘春湘：《社会组织制度环境：经验测量及其政策意义》，《湖南师范大学社会科学学报》2020年第3期。

金碧华：《政府向社会组织购买公共服务的评估机制研究——基于上海、广州、东莞、宁波的考察分析》，《西安电子科技大学学报》（社会科学版）2015年第3期。

康晓光等：《依附式发展的第三部门》，社会科学文献出版社2011年版。

［美］莱斯特·M·萨拉蒙等：《全球公民社会：非营利部门视界》，贾西津、魏玉等译，社会科学文献出版社 2007 年版。

赖俊明：《EDP 环境下社会组织内部控制评价探析——以杭州市文化创意协会为例》，《现代企业》2013 年第 11 期。

黎明泽：《地缘关系与政治嵌入：流动人口管理的视角创新》，《新东方》2014 年第 3 期。

李春玲：《断裂与碎片：当代中国社会阶层分化实证分析》，社会科学文献出版社 2005 年版。

李建升、石卫星、郭娅娟：《基于政府视角谈公益慈善组织公信力构建》，《社会与公益》2019 年第 5 期。

李俊清、李泽锋：《边疆治理：民族地区公共文化服务政策变迁的政治过程——一个间断均衡理论的分析框架》，《河南师范大学学报》（哲学社会科学版）2023 年第 2 期。

李帅帅、董芹芹：《政府、市场和社会组织在公共体育服务中的角色定位与绩效评估》，《湖北体育科技》2020 年第 4 期。

李晓南：《治理视角下社会组织发展路径选择——以辽宁省为例》，《人民论坛》2015 年第 21 期。

李杏果：《社区社会组织参与社会治理共同体建设：内在逻辑与实现路径》，《河南社会科学》2023 年第 1 期。

李祯：《甘肃省新型智库建设研究》，硕士学位论文，西北师范大学，2016 年。

［美］丽莎·乔丹、［荷兰］彼得·范·图埃尔主编：《非政府组织问责：政治、原则与创新》，康晓光等译，中国人民大学出版社 2008 年版。

廖鸿、石国亮：《中国社会组织发展管理及改革展望》，《四川师范大学学报》（社会科学版）2011 年第 5 期。

林尚立：《重构府际关系与国家治理》，《探索与争鸣》2011 年第 1 期。

刘传铭：《社会组织绩效评估指标体系构建研究》，《中国社会组织》2013 年第 4 期。

刘惠苑、叶萍：《社会管理体制创新视角下社会组织评估指标体系研究——以广州市社会组织评估指标体系为例》，《学会》2014年第9期。

刘惠苑、叶萍：《社会组织管理质量评估体制研究》，《前沿》2011年第24期。

刘慧敏、朱冬香、商云龙、包冠东等：《少数民族地区公益社会组织的发展研究》，《贵州民族研究》2019年第3期。

刘丽娟：《社会治理创新背景下社会组织发展研究》，《领导科学》2022年第8期。

刘洋、鞠薇、翟有龙：《四川省区域经济差异的定量化研究》，《财经科学》2006年第12期。

卢敏：《社会组织第三方评估体系的结构解析与优化建议》，《学会》2020年第6期。

鲁占萍：《青海互助村落治理中社会组织的作用研究》，《边疆经济与文化》2020年第2期。

陆春萍：《西北少数民族地区社会组织发展的特点与治理》，《西北师大学报》（社会科学版）2014年第3期。

[美]罗伯特·A·达尔、布鲁斯·斯泰恩布里克纳：《现代政治分析》，吴勇译，中国人民大学出版社2012年版。

[美]罗伯特·卡普兰等：《平衡计分卡：化战略为行动》，刘俊勇、孙薇译，广东经济出版社2013年版。

马超峰、薛美琴：《组织资源禀赋与社会组织党建嵌入类型——基于南京市社会组织的案例分析》，《学习与实践》2020年第6期。

马国芳：《社会治理进程中云南边疆民族地区社会组织活力研究》，《云南社会科学》2015年第6期。

马立、曹锦清：《社会组织参与社会治理：自治困境与优化路径——来自上海的城市社区治理经验》，《哈尔滨工业大学学报》（社会科学版）2017年第2期。

马庆钰、贾西津：《中国社会组织的发展方向与未来趋势》，《国家行政学院学报》2015年第4期。

孟晓玲、冯燕梅：《我国社会组织参与社区治理的模式、困境与路径》，《西安财经大学学报》2021年第3期。

倪咸林：《政府购买社会组织服务"供需适配偏差"及其矫正：基于江苏省N市Q区的实证分析》，《中国行政管理》2018年第7期。

欧翠玲、颜克高：《党组织建设是否提高了社会组织筹资收入？——来自中国基金会的经验证据》，《外国经济与管理》2022年第12期。

潘建红、杨珊珊：《试论科技类社会组织参与社会治理的实践功能与建议》，《社会工作》2018年第3期。

潘薇等：《非营利标准化组织评估的研究与思考》，《中国质量与标准导报》2017年第5期。

彭庆军：《乡村治理现代化视域下民族地区少数民族传统社会组织的功能——以黔东南L村侗族"寨老"组织为例》，《西南民族大学学报》（人文社会科学版）2015年第6期。

钱坤：《从"悬浮"到"嵌入"：外生型社会组织参与乡村治理的困境与出路》，《云南行政学院学报》2020年第1期。

邱玉婷：《市域社会治理现代化格局中社会组织协同治理的效能提升》，《理论导刊》2021年第8期。

荣幸、李健：《党组织嵌入提升了社会组织能力吗？——来自B市基金会的经验证据》，《经济社会体制比较》2023年第1期。

邵贞棋、赵西卜：《社会组织信息披露的框架体系研究》，《中国行政管理》2020年第9期。

石国亮、廖鸿：《推动新时代社会组织高质量发展的战略思考》，《理论与改革》2019年第1期。

石国亮、苏媛媛：《通过第三方评估建设社会组织公信力的战略思考》，《中国社会组织》2019年第9期。

石国亮：《中国社会组织成长困境分析及启示——基于文化、资源与制度的视角》，《社会科学研究》2011年第5期。

宋全成、孙敬华：《我国社会组织参与居家照护服务供给问题研究——

基于组织合法性的视角》,《中州学刊》2021年第3期。

孙发锋:《依附换资源:我国社会组织的策略性生存方式》,《河南社会科学》2019年第5期。

孙莉莉、钟杨:《社会组织参与社会治理的绩效评估:理论框架和评估模型》,《宁夏社会科学》2018年第5期。

孙录宝:《社会组织评估机制创新初探》,《学会》2014年第8期。

唐文敏、赵媛、许昕、崔盼盼、夏四友等:《中国社会组织发展的时空演化与影响因素》,《人文地理》2020年第1期。

覃倩:《浅析健全我国社会组织财务管理体系》,《财务与会计》2020年第24期。

谭静:《社会组织资产管理问题研究》,《中央财经大学学报》2019年第10期。

汤辉:《赋权视角下社会组织承接民族地区乡村扶贫研究》,《黑龙江民族丛刊》2022年第1期。

唐娟:《政治嵌入视角下的城市社区秩序建构——基于"同乡村"党组织建设的个案研究》,《社会发展研究》2017年第3期。

唐任伍:《公共经济学》,中国人民大学出版社2018年版。

陶传进:《社会组织的第三方评估》,《中国社会组织》2016年第24期。

田恒:《科技类社会组织参与精准扶贫的经验转向与未来选择——基于贵州省的实践考察》,《学会》2020年第10期。

佟义东:《少数民族传统社会组织的现代转型——以广西防城港市京族翁村为例》,《广西民族研究》2017年第4期。

[美]W. 理查德·斯科特、杰拉尔德·F. 戴维斯:《组织理论:理性、自然与开放系统的视角》,高俊山译,中国人民大学出版社2011年版。

万林、章国宝、陶杰:《基于AHP-CRITIC的电梯安全性评估》,《安全与环境学报》2017年第5期。

汪应洛:《系统工程》,机械工业出版社2003年版。

王博:《我国社会团体登记管理工作现状及展望——基于对〈社会团

体登记管理条例〉实施效果评估的分析》,《中国行政管理》2021年第2期。

王海涛:《治理视域下社会组织的内部治理及其影响——以安徽H村乡村客栈联盟为例》,《党政研究》2022年第6期。

王名、孙伟林:《社会组织管理体制:内在逻辑与发展趋势》,《中国行政管理》2011年第7期。

王名主编:《社会组织概论》,中国社会出版社2010年版。

王名:《走向公民社会——我国社会组织发展的历史及趋势》,《吉林大学社会科学学报》2009年第3期。

王诗宗、宋程成:《独立抑或自主:中国社会组织特征问题重思》,《中国社会科学》2013年第5期。

王小林、谢妮芸:《东西部协作和对口支援:从贫困治理走向共同富裕》,《探索与争鸣》2022年第3期。

王杨:《结构功能主义视角下党组织嵌入社会组织的功能实现机制——对社会组织党建的个案研究》,《社会主义研究》2017年第2期。

王瑜、马小婷:《论加强各民族交往交流交融的内涵辨析、理论释析与教育路径探析》,《广西民族研究》2020年第5期。

王瑜:《论全球化时代民族跨文化教育的合理性发展》,《教育科学》2016年第1期。

王智慧、李贞:《云南社会组织绩效评价实证研究》,《学术探索》2014年第11期。

文军:《中国社会组织发展的角色困境及其出路》,《江苏行政学院学报》2012年第1期。

吴东民、蓝西明:《非营利组织管理》,中国人民大学出版社2003年版。

吴开松、杨芳:《社会组织在西部民族地区社会治理创新中的价值研究》,《贵州民族研究》2014年第9期。

[美]西奥多·H.波伊斯特:《公共与非营利组织绩效考评:方法与应用》,肖鸣政译,中国人民大学出版社2005年版。

习近平:《决胜全面建成小康社会 夺取新时代中国特色社会主义伟

大胜利——在中国共产党第十九次全国代表大会上的报告》，人民出版社2017年版。

谢治菊、黄燕洪：《东西部协作中的国家、市场与社会》，《行政论坛》2023年第2期。

熊艳兵：《我国当代乡村社会组织发展研究》，博士学位论文，中共中央党校（国家行政学院），2020年。

徐家良主编：《中国社会组织评估发展报告（2016）》，社会科学文献出版社2016年版。

徐家良主编：《中国社会组织评估发展报告（2019）》，社会科学文献出版社2020年版。

徐金燕：《政府购买社区养老服务运行绩效影响因素的实证研究——以长沙市为例》，《湖南社会科学》2020年第2期。

徐双敏、崔丹丹：《民办非企业类社会组织评估现状及其完善研究——以浙江N市"阳光驿站"评估为例》，《晋阳学刊》2016年第2期。

徐双敏、崔丹丹：《完善社会组织第三方评估工作机制研究——基于5市调查数据的分析》，《中南财经政法大学学报》2016年第6期。

徐顽强、于周旭、徐新盛：《社会组织参与乡村文化振兴：价值、困境及对策》，《行政管理改革》2019年第1期。

徐嫣、王博：《论失信联合惩戒视野下社会组织信用监管制度的构建》，《法律适用》2017年第5期。

杨宝、刘俊钰：《社会组织"助推"协同治理的模式及策略——基于案例比较的扩展性分析》，《学习与实践》2023年第4期。

杨洪兰、张晓蓉：《现代组织学》，复旦大学出版社1997年版。

杨丽、赵小平、游斐：《社会组织参与社会治理：理论、问题与政策选择》，《北京师范大学学报》（社会科学版）2015年第6期。

杨丽：《新疆社会组织发展现状及对策分析》，《实事求是》2010年第3期。

杨憼：《乡村振兴视域下西南民族地区农村社会组织发展现状与优化对策》，《经济研究导刊》2021年第24期。

杨先情、邓国胜：《双向嵌入与公众倡导：社会组织参与民族地区社会治理的创新路径》，《贵州民族研究》2021年第6期。

杨志云：《开放的务实主义与策略性收放：新时代中国特色社会组织发展的机理阐释》，《公共管理与政策评论》2022年第4期。

叶萍：《社会组织绩效评估指标体系研究》，《广西社会科学》2010年第8期。

叶士华、何雪松：《理事会能够提升社会组织绩效？——基于全国691家社会服务类组织的实证研究》，《公共行政评论》2021年第1期。

［加］伊恩·斯迈利、［英］约翰·黑利：《NGO领导，策略与管理：理论与操作》，陈玉华译，社会科学文献出版社2005年版。

易艳阳、周沛：《文化资本与助残社会组织文化建设》，《宁夏社会科学》2020年第1期。

易艳阳：《统合附属与悬浮内卷：农村外源型社会组织的实践检视》，《农林经济管理学报》2022年第3期。

尹瑶：《乡村振兴背景下社会组织参与社会建设的路径研究——以川南云村的实践为例》，《农林经济管理学报》2022年第5期。

郁建兴、李慧凤：《社区社会组织发展与社会管理创新——基于宁波市海曙区的研究》，《中共浙江省委党校学报》2011年第5期。

袁同成：《当前政府购买社会组织服务评估模式存在的问题及对策》，《社会科学辑刊》2016年第1期。

曾本伟：《多维视阈下社会组织评估的"GPO"模式探讨》，《广东行政学院学报》2016年第3期。

张炳江：《层次分析法及其应用案例》，电子工业出版社2014年版。

张立辉、高红萍：《党建引领社会组织参与城市多民族社区发展治理研究——以成都市洗面桥社区为例》，《民族论坛》2020年第1期。

张冉：《品牌内化提升社会组织员工品牌绩效的中介路径研究——基于中国非营利部门员工问卷调查数据的实证分析》，《中央财经大学学报》2021年第11期。

张显伟、张书增：《民族地区传统社会组织的现代转型及其法治保障——

以广西罗城仫佬族"冬"组织为例》，《广西民族研究》2017 年第 5 期。

张益萍：《浅议社会组织信息公开制度的建立》，《中国社会组织》2016 年第 23 期。

张远凤、张慧峰：《分类监管视角下社会组织年检制度优化研究——基于 M 省本级登记社会组织年检报告（2011—2014）的分析》，《中国行政管理》2018 年第 10 期。

张志泽、高永久：《传统民族社区治理现代化视阈下的社会组织发展》，《贵州民族研究》2016 年第 8 期。

赵辉、吕红：《我国社会组织公信力提升路径》，《区域治理》2020 年第 4 期。

赵小平：《社会治理视阈下社会组织四类行为的特征、转化和政策建议》，《中国行政管理》2021 年第 2 期。

郑佳斯、卜熙：《失效的第三方：组织自利性下的社会组织评估》，《华南师范大学学报》（社会科学版）2020 年第 5 期。

郑沃林、夏苒若、周艺文：《社会组织信用评价机制建设问题研究》，《征信》2023 年第 8 期。

中国社会组织年鉴编委会编：《中国社会组织年鉴》，中国社会出版社 2015 年版。

周德民、廖益光主编：《社会调查原理与方法》，中南大学出版社 2012 年版。

周飞舟：《锦标赛体制》，《社会学研究》2009 年第 3 期。

［美］朱莉·费希尔：《NGO 与第三世界的政治发展》，邓国胜、赵秀梅译，社会科学文献出版社 2002 年版。

朱燕：《借鉴与创新：边疆民族地区社会组织发展的路径——以广西 P 市 M 协会及其孵化机构为例》，《贵州民族研究》2020 年第 7 期。

朱喆、徐顽强：《科技类社会组织资源获取模式评价——基于武汉市的实证研究》，《科技管理研究》2020 年第 19 期。

Emily Barman, "What is the Bottom Line for Nonprofit Organizations? A

History of Measurement in the British Voluntary Sector", *Voluntas: International Journal of Voluntary and Nonprofit Organizations*, Vol. 18, No. 2, 2007.

G. D. Hoyos and C. Jensen, "The systems approach in American social work", *Social casework: The Journal of contemprorary*, 1985.

Hokyu Hwang and W. Walter Powell, "The Rationalization of Charity: The Influences of Professionalism in the Nonprofit Sector", *Administrative Science Quarterly*, Vol. 54, No. 2, 2009.

In E. Phelps, ed., *Toward a Theory of the Voluntary Nonprofit Sector in Three-sector*, New York: Russel Sage, 1974.

Jennifer Alexander, "Implications of Welfare Reform: Do Nonprofit Survival Strategies Threaten Civil Society?", *Nonprofit and Voluntary Sector Quarterly*, Vol. 28, No. 4, 1999.

John Mayne and Eduardo Zapico-Goni, "Monitoring Performance in the Public Sector", *Transaction Publishers*, 1997.

J. W. Meyer and B. Rowan, "Institutionalized Organizations: Formal Structure as Myth and Ceremony", *American Journal of Sociology*, Vol. 83, No. 2, 1997.

Korten, David, *Getting to the 21st Century: Voluntary Action and Perspectives*, West Hartford, Conn. Kumarian Press, 1990.

K. Polanyi, "The Great Transformation: The Political and Economic Origins of Our Time", Bostor, MA: Bea-con Press, 1944.

Laster, M. Salamon, "Global Civil Society: Dimensions of the Nonprofit Sector", *The Johns Hopkins Center for Civil Society Studies*, 1999.

L. M. Salamom, "Rethinking Public Management: Third-Party Government and the Changing Forms of Government Action", *Public policy*, 1981.

Michael Edwards, "Too close for comfort? the impact of official aid on non-governmental organizations", World Development, Vol. 24, No. 6, 1996.

M. Granovetter, "Economic Action and Social Structure: The Problem of

Embeddedness", *American Journal of Sociology*, Vol. 91, No. 3, 1985.

M. Ralph and A. Kramer, "Third Sector in the Third Millennium?", International Journal of Voluntary and Nonpfit Organizations, *Voluntas*, Vol. 11, No. 1, 2000.

P. B. Checkland, "Towards a system-based methodology for real world problem solving", *Journal of System Engineering*, 1972.

R. S. Kaplan and D. P. Norton, "The balance scorecard: measures that drive performance", *Harvard Business Review*, 1992.

S. Zkin and Dimaggio, "Structures of Capital: The Social Organization of Economy", *London: Cambridge University Press*, 1990.

Yu Jianxing and Chen Kejian, "Does Nonprofit Marketization Facilitate or Inhibit the Development of Civil Society? A Comparative Study of China and the USA", *International Journal of Voluntary and Nonprofit Organizations*, Vol. 29, No. 5, 2018.

致　　谢

　　以社会团体、民办非企业单位（社会服务机构）及基金会为主体组成的社会组织，是中国式现代化建设的重要力量。习近平总书记多次对社会组织发展做出重要指示批示，为新时代社会组织健康有序发展提供了根本遵循和行动指南。"十四五"时期，各级民政部门会同相关部门深入贯彻落实习近平总书记重要指示精神和党中央、国务院决策部署，推动社会组织发展取得新成绩。社会组织作为国家治理和社会治理的重要力量，为西部地区公共资源的链接整合与优化配置提供新方式。社会组织评估的制度化建设，使其能够以评促改、以评促建，在承接政府职能、助力乡村振兴、帮扶弱势群体、保护生态环境及传承民族文化等方面更好发挥作用。为此，全面描述与深入分析西部地区社会组织发展评估水平和状况、挫折与困境既是公共管理同仁学术关怀之所系，也对全国社会组织发展领域具有重要创新应用价值。在进行大量前期实践调研和资料准备后，西部地区社会组织发展评估课题组于2021年7月正式组建，以严谨求实的学术态度和不畏艰辛的学术精神展开写作，披阅三载，增删数次，慨叹社会组织发展问题之庞大与深刻，环境之复杂，范围之广泛，影响之深远，涉及民众关切，关乎长治久安。课题组竭力用相对学理的分析驾驭琐碎庞杂的材料，尽可能反映社会组织自身建设及其参与社会治理的现实困境、资源约束与政策需求，以期望本书能给从事社会组织发展研究的学界同仁、从政官员和其他读者带来些许启发，为构建功能完善、竞争有序、诚信自律、充满活力的社会组织发展格局尽绵薄之力。

在付梓之际，特别感谢以南开大学周恩来政府管理学院和内蒙古农业大学人文社会科学学院为中心的研究团队。在本书写作的三年时间中，全体同仁精诚合作，共同经历定期讨论、互相辩难、最终统稿，正是他们的高度敬业与无私奉献保证了本书的写作水平。书稿由研究团队共同完成，刘银喜教授负责研究框架设计和理论分析，王瑜副教授组织调研访谈、数据分析和书稿撰写校对等；南开大学、内蒙古大学、内蒙古农业大学先后有10多位博士硕士研究生参与了调研访谈和资料收集工作，其中内蒙古农业大学研究生李玉璞参与第五、六章节内容的撰写和校对，内蒙古大学民族社会学博士研究生胡晓宇参与第七章节内容的撰写和校对。感谢天津师范大学政治与行政学院任梅教授、天津工业大学张春颜教授等在本研究过程中的支持和指正！感谢四川省、陕西省、广西壮族自治区、内蒙古自治区以及呼和浩特市、西安市、南宁市等地接受我们调研、访谈的民政部门工作人员、社会组织负责人、社区工作者。他们提供的翔实材料、调研支持以及对社会组织发展问题的深刻思索于本书撰写有诸多启发，充实了本书的案例研究。

最后需要指出的是，社会组织发展的外部环境、内在机理与评估因素亦处于动态变化之中，加上我们的研究能力与时空限制，本书缺憾，在所难免，祈望学界批评。在今后的学术跋涉中，定当上下求索，笃行不息，为社会组织高质量发展再书华章。